starkeSeiten
Wirtschaft | Politik

von:
Uli Boldt
Thomas Hoffmann
Heinrich Lübbert
Stefan Schlösser

Ernst Klett Verlag
Stuttgart · Leipzig

So lernst du mit starkeSeiten

Die Einstiegsseiten

führen in ein neues Thema ein und zeigen, was dich in dem Kapitel erwartet.

Auf den Basisseiten

erfährst du alles Wichtige zu einem Thema.

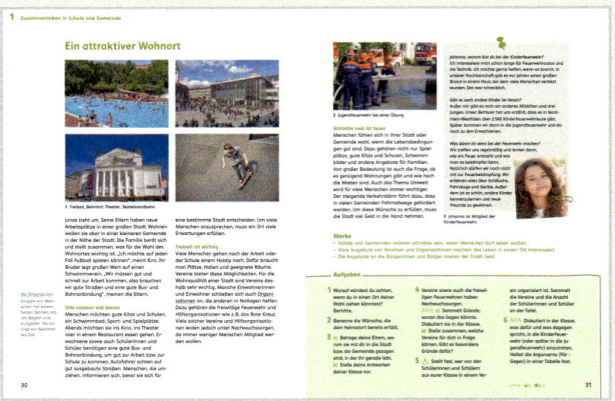

Die Methodenseiten

erklären dir Schritt für Schritt, wie du eine Methode anwendest.

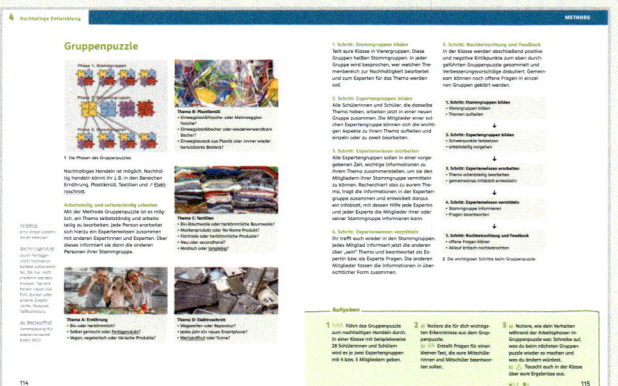

Die Trainingsseiten

enthalten Aufgaben zum Wiederholen und Üben.

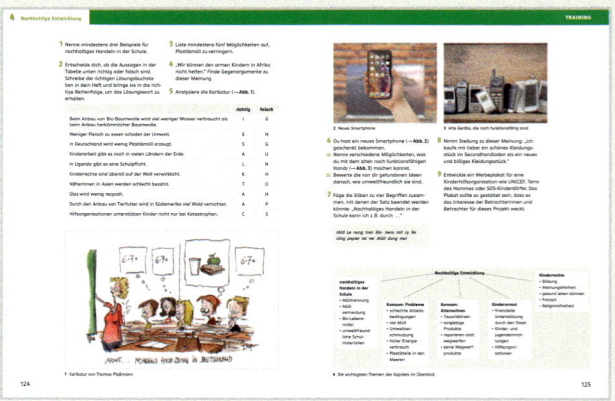

Die Extraseiten

bieten zusätzliche Materialien zu Inhalten und Kompetenzen des E-Niveaus.

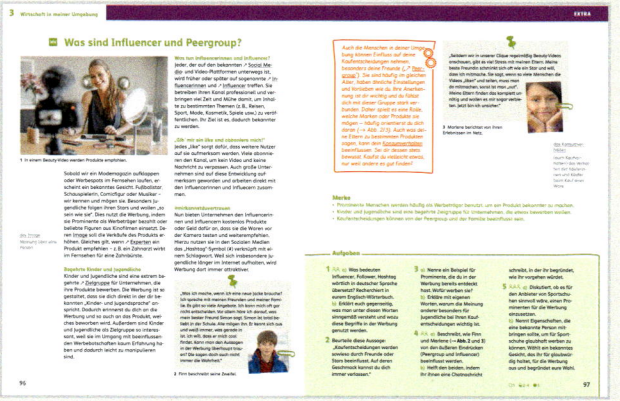

Im Lexikon

kannst du wichtige Begriffe nachschlagen.

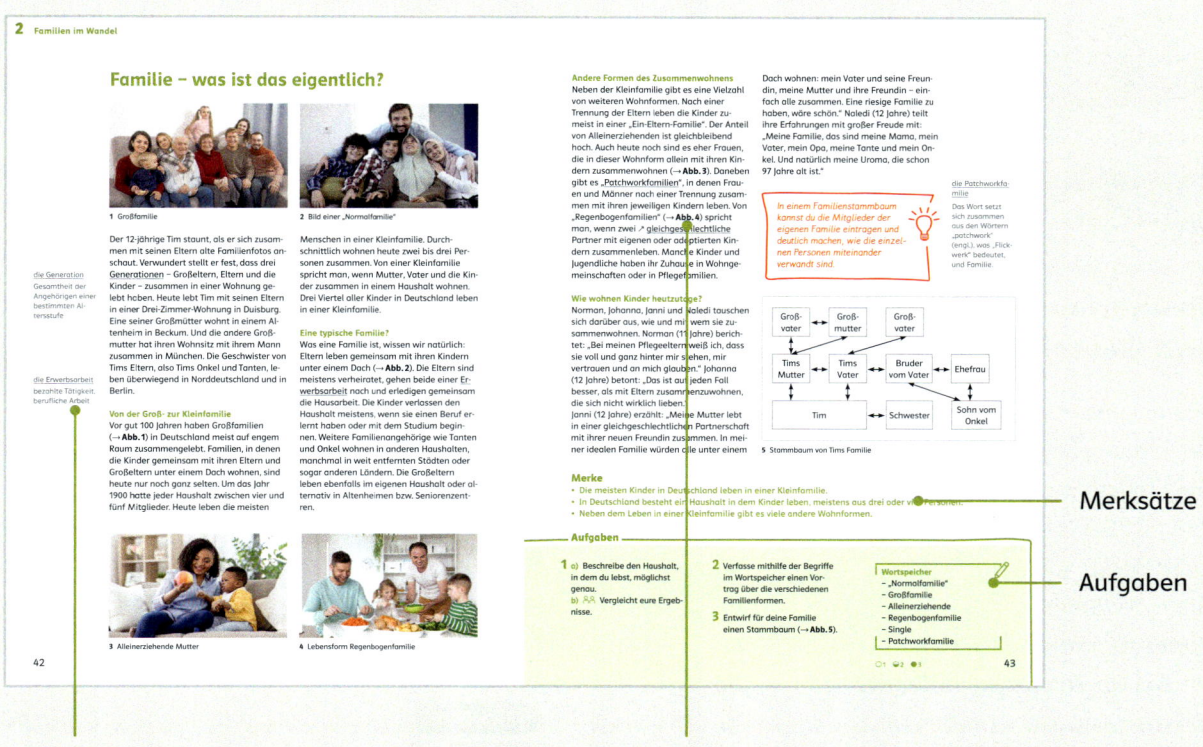

Begriffserklärungen   **Bildverweis**

Merksätze

Aufgaben

Aufgaben, Symbole und Kästen

Aufgaben:

 Partneraufgabe

Gruppenaufgabe

Klassenaufgabe

1 Aufgaben, bei denen du dich mit den wichtigsten Inhalten der Doppelseiten beschäftigst

🌐 Online-Codes führen dich zu Podcasts und Online-Materialien zum jeweiligen Kapitelthema.

Symbole:

○ leicht

◑ mittel

● schwer

↗ Mit diesem Symbol sind Begriffe gekennzeichnet, die im Lexikon erklärt werden.

MK kennzeichnet Seiten oder einzelne Aufgaben zum Thema Medienkompetenz.

Kästen:

Kästen mit der Glühbirne geben dir wichtige Tipps.

Kompetenzkästen stärken deine wirtschaftliche Kompetenz.

Wortspeicher ✏️

Im Wortspeicher findest du wichtige Fachbegriffe, die sich auf das jeweilige Thema der Doppelseite beziehen.

3 Wirtschaft in meiner Umgebung 66

4 Nachhaltige Entwicklung 100

Zusammenleben in Schule und Gemeinde

Wir alle haben Rechte und Pflichten. In der Schule erlebt ihr sie jeden Tag. Das Gleiche gilt für Erwachsene in ihrem Alltag. Unser Zusammenleben beruht auf den Grundsätzen der Demokratie. Das Wichtigste sind die Wahlen: Ihr wählt eure Klassensprecherinnen und Klassensprecher, eure Eltern wählen die Bürgermeisterin oder den Bürgermeister.

Ich werde ...

- die Bedeutung von Wahlen erkennen.
- verstehen, wie wichtig Regeln und Gesetze für das Zusammenleben sind.
- erfahren, wie Bürgerinnen und Bürger auf die Politik Einfluss nehmen können.
- lernen, warum Städte und Gemeinden manchmal Schulhöfe nicht verschönern können und Schwimmbäder schließen müssen.

Wusstest du, dass ...

- Vertrauenslehrerinnen oder Vertrauenslehrer gewählt werden?
- es in den Städten und Gemeinden eine Person gibt, die man Finanzministerin bzw. Finanzminister nennt, und die sich in ihrem Beruf den ganzen Tag mit Geld beschäftigt?
- Hundehalter für ihre Tiere Steuern zahlen müssen?

Podcast
Mini-Hörspiel zum
Einstieg
3k5ky2

Wir wählen unseren Klassensprecher

Er soll ein Junge und der Größte der Klasse sein. Außerdem soll er gute Noten haben und gut zuhören können.

Er soll sich mit unserem Klassenlehrer gut verstehen, sich durchsetzen und seine Mitschüler verteidigen können.

Sie soll ein Mädchen und bei unserem Klassenlehrer beliebt sein. Und sie soll ihre eigenen Interessen durchsetzen.

1 Welche Eigenschaften muss eine Klassensprecherin bzw. ein Klassensprecher mitbringen?

Heute ist Klassensprecherwahl (→ **Abb. 1**): Die Schülerinnen und Schüler überlegen, wen sie wählen könnten und schauen sich in der Klasse um. Wer wäre denn geeignet? Tobias? Der streitet oft. Und Tamara? Die verpetzt alle. Jan könnte man wählen, aber eigentlich ist er ein Angeber und Tina ist zwar nett, drückt sich aber immer vor der Arbeit. Die Wahl ist nicht einfach.

Für die Klasse sprechen

Die Klassensprecherinnen und Klassensprecher sind die Vertreter für alle Schülerinnen und Schüler einer Klasse. Sie sollen Ideen und Wünsche der Klasse sammeln und an die Lehrerinnen und Lehrer weitergeben. Bei Konflikten mit Lehrkräften sollen sie ihre Mitschülerinnen und Mitschüler unterstützen. Klassensprecher arbeiten auch als Schülerrat in der Schülervertretung (SV) mit (→ **Abb. 2**). Sie wählen die Schülersprecherinnen und Schülersprecher sowie die ↗ Vertrauenslehrerinnen und Vertrauenslehrer. Sie vertreten im Schülerrat die Interessen ihrer Klassen und berichten im Klassenraum über die Ergebnisse der Schülerratssitzungen.

der Konflikt
ein anderes Wort für Streit oder Auseinandersetzung

Die Wahl beginnt

Ehe es an die Wahl geht, sollten sich die Schülerinnen und Schüler in der Klasse darüber klar werden, welche Eigenschaften für das Klassensprecheramt wichtig sind. Die Vorschläge werden an der Tafel gesammelt. Alle Schülerinnen und Schüler nehmen an der Wahl teil. Niemand darf von der Wahl ausgeschlossen werden. Dieser ↗ Wahlgrundsatz gilt für die Klassensprecherwahl genauso wie für die Bundestags- oder Landtagswahlen, an denen erwachsene Personen teilnehmen.

Die Auszählung

Für alle Wahlen gilt, dass die Mehrheit zählt. Diejenige Kandidatin oder derjenige Kandidat ist gewählt, die oder der die meisten abgegebenen Stimmen erhält. Dabei gilt ein weiterer Wahlgrundsatz: Alle Stimmen zählen gleich viel. Erhalten zwei ↗ Kandidaten gleich viele Stimmen, kommt es zu einer Stichwahl. In dieser stehen nur diese beiden Kandidaten zur Wahl. Die Wahl ist beendet, wenn die gewählten Kandidaten die Wahl annehmen.

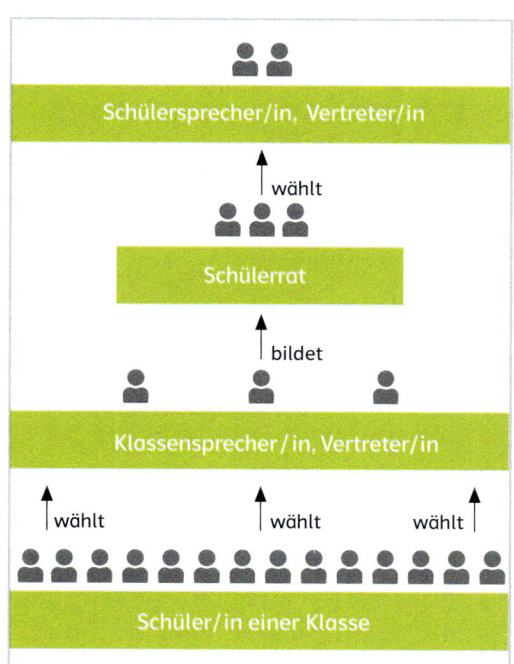

2 Der Aufbau einer Schülervertretung

Luisa, welche Aufgaben hast du als Klassensprecherin?
Ich werde von meinen Mitschülerinnen und Mitschülern angesprochen, wenn sie Probleme oder Beschwerden haben. Manchmal haben sie auch Ideen, wie Sachen besser gemacht werden könnten. Dann gehe ich zu der Lehrerin oder dem Lehrer und bespreche das mit ihm oder ihr. Aber ich schalte mich auch ein, wenn es Streit zwischen Schülerinnen und Schülern in unserer Klasse gibt. Wenn das Problem nicht zu lösen ist, bitte ich unseren Klassenlehrer um Hilfe.

Worauf musst du als Klassensprecherin besonders achten?
Es ist ganz wichtig, dass ich für alle meine Mitschülerinnen und Mitschüler gleichermaßen ansprechbar bin. Es spielt keine Rolle, mit wem ich befreundet bin oder mit wem ich mich persönlich nicht so gut verstehe. Ich muss also so <u>neutral</u> wie möglich sein.

3 Klassensprecherin Luisa (11 Jahre)

<u>neutral</u>
ausgewogen; keiner bestimmten Seite zugehörend

Merke

- Klassensprecherinnen bzw. Klassensprecher übernehmen verantwortungsvolle Aufgaben.
- Gewählt ist, wer die Mehrheit (also die meisten Stimmen) erhält.
- Jede Stimme zählt gleich und die Wahl ist geheim.

Aufgaben

1 Nenne die Aufgaben einer Klassensprecherin bzw. eines Klassensprechers. Nutze den Abschnitt „Für die Klasse sprechen" und **Abb. 1**.

2 a) 𖠋𖠋𖠋 Diskutiert die in **Abb. 1** genannten Eigenschaften.
b) 𖠋𖠋𖠋 Zählt diejenigen auf, die eine gute Klassensprecherin bzw. ein guter Klassensprecher haben muss und ordnet sie nach ihrer Wichtigkeit.

c) 𖠋𖠋𖠋 Präsentiert eure Auswahl vor der Klasse.
d) 𖠋 Fasst an der Tafel zusammen, wo es die meisten Übereinstimmungen bzw. Unterschiede gibt.

3 Nimm Stellung zu dem Wahlgrundsatz, dass niemand bei der Klassensprecherwahl ausgeschlossen werden darf.

4 𖠋𖠋 Erklärt euch gegenseitig das Schaubild (→ **Abb. 2**).

5 Vergleiche die Aussagen aus **Abb. 1** mit den Antworten von

Luisa (→ **Abb. 3**). Welche Gemeinsamkeiten und Unterschiede stellst du fest?

6 Erläutere den Ablauf einer Klassensprecherwahl mithilfe der Begriffe im Wortspeicher.

Wortspeicher
– Klassensprecheramt
– Kandidaten
– Wahlgrundsatz
– Stichwahl

Regeln in der Schule

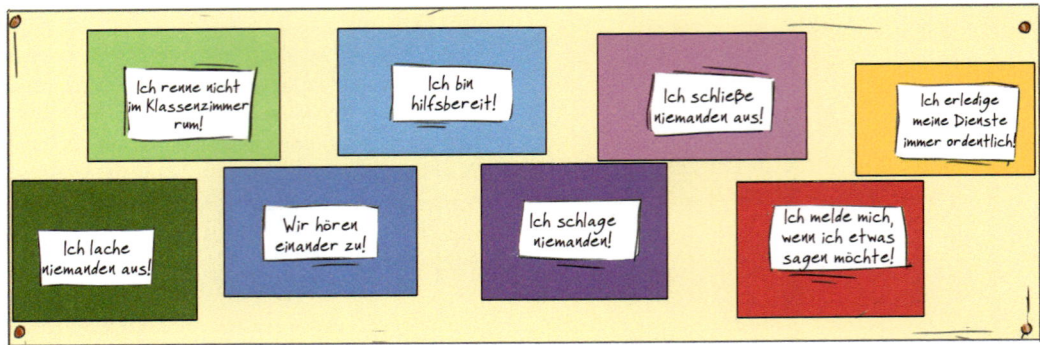

1 Gesprächs- und Umgangsregeln in der Schule

Herr Hofmann, Klassenlehrer der 5a, ist unzufrieden. Einige Schülerinnen und Schüler seiner Klasse sind während der Unterrichtsstunde sehr unruhig und laut. Deswegen schreibt er zu Beginn seiner Stunde Folgendes an die Tafel: „Regeln in der Schule".

Warum gehst du in die Schule?

„Warum seid ihr eigentlich hier?", fragt Herr Hofmann seine Klasse. Die Antworten kommen schnell: „Meine Eltern wollen unbedingt, dass ich zur Schule gehe", ruft Ina. „Damit wir etwas lernen und später eine Arbeit finden", meldet sich Tim.

Damit du weißt, welche Regeln in eurer Schule gelten, solltet ihr im Unterricht die Schulordnung lesen, besprechen und die wichtigsten Regeln in der Klasse aufhängen. Von der Einhaltung der Schulordnung hängt es ab, ob ihr euch in der Schule wohlfühlt und möglichst gut lernen könnt.

Man muss viel wissen

Herr Hofmann nickt: „Genau, es geht darum, dass ihr in der Schule eine Menge lernt, bevor ihr alt genug für einen Beruf seid. Besonders wichtig ist aber auch, dass ihr lernt, Regeln einzuhalten – wie z. B., dass ihr euch im Unterricht ruhig verhalten sollt (→ **Abb. 1**).

Pünktlichkeit und vieles mehr

Spiele klappen nur, wenn die Spielregeln befolgt werden. Auch in der Schule gibt es Regeln. Schülerinnen und Schüler dürfen z. B. nicht vor Unterrichtsbeginn in die Klassenräume gehen und nach der letzten Stunde müssen alle das Schulgebäude verlassen. Solche Regeln finden sich in der ↗ Schulordnung. Sie legt die Rechte und Pflichten fest und beschreibt, wie man sich im Unterricht, auf dem Pausenhof und im Schulgebäude zu verhalten hat. Regeln sind nicht nur Verbote, sondern auch Hilfen, um sich in der Schule wohlzufühlen und keinen Schaden zu erleiden.

Schon gehört? Kaugummi kauen soll in der Pause erlaubt werden.

Warum nicht auch im Unterricht? Mit Kaugummi kann ich mich besser konzentrieren.

2 Mitbestimmung in der Schule

Welche Regeln für dich und deine Mitschülerinnen und Mitschüler gelten, findest du in der Schulordnung deiner Schule. Viele Schulen veröffentlichen ihre Schulordnung im Internet auf ihrer Homepage oder geben sie allen Schülerinnen und Schülern in gedruckter Form.

Die Schule reagiert

Regeln müssen befolgt werden. Es kommt aber immer wieder vor, dass Schülerinnen oder Schüler gegen diese verstoßen. In solchen Fällen muss die Schule reagieren. Lehrerinnen, Lehrer und die Schulleitung haben dann die Pflicht, einzugreifen und die bestehenden Regeln durchzusetzen. Wenn Regeln verletzt werden, folgen Konsequenzen, auch in Form von Strafen. Nur wenn das geschieht, kann das Leben und Lernen in der Schule angenehmer und einfacher werden. Und dafür ist die Schule schließlich da.

die Konsequenz
Auswirkung, Ergebnis oder Folge einer Handlung

Merke

- Regeln sind auch in der Schule unverzichtbar.
- Jede Schule besitzt eine Schulordnung.
- Verstöße gegen die Regeln haben negative Konsequenzen.

Aufgaben

1 Erkläre, warum Herr Hofmann sich ärgert.

2 ⧎ **a)** Zählt wichtige Gesprächs- und Umgangsregeln auf, die das Miteinander in der Schule gestalten (→ **Abb. 1**).
b) Ordnet die Regeln nach ihrer Wichtigkeit.

3 Erkläre, warum Regeln in der Klasse und generell in der Schule unverzichtbar sind.

4 **a)** ⧎ Erstellt eine zweispaltige Tabelle, die eure Pflichten und Rechte in der Schule auflistet. Nehmt dazu die Schulordnung eurer Schule zur Hand.

b) ⧎⧎ Beurteilt anhand von zwei Regelverstößen, welche Konsequenzen folgen sollten.

5 ⧎⧎ Diskutiert: Sollten Kaugummis in Schule und Unterricht erlaubt sein (→ **Abb. 2**)?

6 ⧎ Erstellt ein Klassenplakat, das die wichtigsten Regeln auflistet. (→ **Abb. 1**).

○ 1, 2   ◐ 3, 4   ● 5, 6

13

Ordnung muss sein

1 Ist das in der Schule erlaubt?

Azra ist noch sehr müde. Letzte Nacht hat sie noch lange im Bett gelesen und ist erst spät eingeschlafen. Ihr fallen immer wieder die Augen zu. Frau Müller ermahnt sie zwischendurch und bittet sie nach der Stunde nach vorne. „Was ist los, Azra?" Als Azra ihre Müdigkeit erklärt, sagt Frau Müller: „Es ist wichtig, dass du ausgeschlafen zum Unterricht kommst." Dann fügt sie mit einem kleinen Augenzwinkern hinzu: „Du willst doch nicht gegen das Gesetz verstoßen, oder?"

Schulordnung

Für Schülerinnen und Schüler sind vor allem zwei Vorschriften zu beachten: die Schulordnung und das Schulgesetz.
Die Schulordnung beschreibt, wie sich Lehrkräfte sowie Schülerinnen und Schüler innerhalb der Schule und auf dem Schulgelände verhalten müssen. Sie gilt nur für die einzelne Schule. Beschlossen wird sie nicht von Politikern, sondern von der Schulkonferenz, die aus Lehrkräften, Eltern sowie Schülerinnen und Schülern besteht. Darin wird z. B. geregelt, wo man Rad fahren darf und wo sich die Schülerinnen und Schüler während der Pausen aufhalten dürfen – oder eben nicht.

Schulgesetz

Das Schulgesetz gilt für alle Schulen eines Bundeslandes. Alle Bundesländer haben ein solches Gesetz. Neben der Schulpflicht findet man im Schulgesetz viele andere Bestimmungen. Es schreibt vor, dass Schülerinnen und Schüler pünktlich zum Unterricht erscheinen und im Unterricht mitarbeiten müssen. Auch das Anfertigen der Hausaufgaben, das Befolgen der Schulordnung und der Anweisungen der Lehrerinnen und Lehrer findet man im Schulgesetz. Bei Verstößen gegen das Gesetz folgen Konsequenzen.

Muss Strafe sein?

Alicia und Marcel haben eine Unterrichtsstunde geschwänzt und sind erst zur zweiten Stunde gekommen. Nun steht ein Gespräch mit ihrer Klassenlehrerin an. Beide haben ihre Schulpflicht verletzt, also muss die Schule reagieren. Die Lehrerin könnte die Eltern von Alicia und Marcel anrufen oder die beiden ermahnen und verlangen, dass sie diese Stunde nacharbeiten.

das Bundesland
ein Teil von einem Bundesstaat (z. B. Deutschland). Deutschland besteht aus 16 Bundesländern (u. a. NRW, Bayern usw.).

die Schulpflicht
die gesetzliche Verpflichtung für Kinder ab einem bestimmten Alter, eine Schule zu besuchen

```
                              Schulgesetz


     Erzieherische Maßnahmen              Ordungsmaßnahmen
     • Gespräch (ohne/mit Eltern)          • schriftlicher Verweis (Brief)
     • Ermahnung                           • Versetzung in eine Parallel-
     • Arbeit außerhalb der Klasse           klasse
     • Nacharbeit (nach Unter-            • Ausschluss vom Unterricht
       richtszeit)                            (2 Tage bis 2 Wochen)
     • …                                    • …
```

2 Das Schulgesetz und seine Maßnahmen

Konsequenzen

Bei kleineren Verstößen kann Frau Müller ohne weitere Absprache mit der Schulleitung alle erzieherischen Maßnahmen (→ **Abb. 2, linke Seite**) <u>verhängen</u>. Ordungsmaßnahmen (→ **Abb. 2, rechte Seite**) erfolgen bei größeren Verstößen. Dabei entscheidet die Schulleitung mit, in ganz schlimmen Fällen sogar die Lehrerkonferenz, also alle Lehrkräfte.

<u>verhängen</u>
etwas (z. B. eine Strafe/Maßnahme) anordnen

3 Lara muss ihr Smartphone abgeben.

Merke
- Das Leben in der Schule wird vom Schulgesetz und der Schulordnung geregelt.
- Auf Verstöße gegen diese Regeln reagiert die Schule.
- Neben erzieherischen Maßnahmen gibt es auch Ordnungsmaßnahmen, die bei größeren Verstößen erfolgen.

Aufgaben

1 Erstelle mithilfe des Wortspeichers einen Vortrag darüber, wie sich die beiden Regelwerke unterscheiden, die in der Schule für Ordnung sorgen. Gehe auch auf die Konsequenzen ein, die Regelverstöße mit sich bringen können.

2 Erkläre, ob es sich um eine „Gesetzesverletzung" handelt, wenn Azra im Unterricht kurz einschläft.

3 👥 Nehmt zu den im Schulgesetz aufgelisteten Pflichten Stellung, die ihr als Schülerin bzw. Schüler erfüllen müsst.

4 👥 Erklärt, warum Frau Müller als Lehrerin bei einigen Verstößen gegen die Schulordnung eigenständig Maßnahmen ergreifen kann, bei anderen wiederum nicht.

5 👤 Diskutiert über die Situation in **Abb. 3**. Welche Konsequenzen drohen an eurer Schule, wenn das Smartphone im Unterricht benutzt wird?

Wortspeicher
- Schulordnung
- Schulgesetz
- erzieherische Maßnahmen
- Ordnungsmaßnahmen

1–3   4, 5

Mobbing ist Gewalt

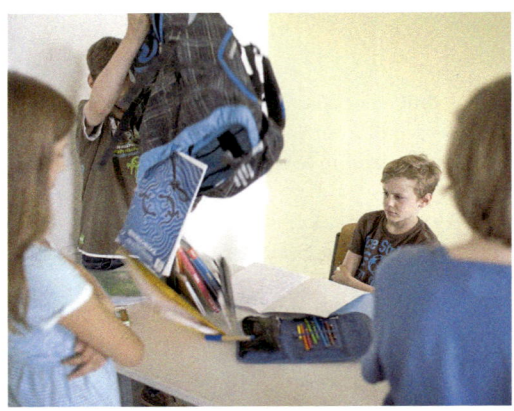 

1 Es gibt viele Arten von Mobbing.

In die Klasse 6b ist ein neuer Schüler gekommen. Zu Beginn seiner ersten Unterrichtsstunde soll er sich vorstellen. „Verrätst du uns deinen Namen?", fragt ihn der Klassenlehrer Herr Schwarz. Der Junge zögert und antwortet ängstlich: „I-Ich b-b-bin H-Henry." Henry wird ganz rot und starrt betreten zu Boden. Einige seiner Mitschülerinnen und Mitschüler kichern und tuscheln miteinander. Herr Schwarz lächelt Henry an: „Willkommen, Henry. Wir freuen uns, dass du jetzt bei uns bist."

Pausen können wehtun

Zwei Wochen später hat Herr Schwarz Pausenaufsicht. Während er über den Schulhof geht, bemerkt er eine Gruppe von Jungen und Mädchen aus seiner Klasse. Sie stehen um Henry herum und rufen nacheinander: „I-I-Ich b-b-bin H-H-Henry!" Henry steht mit

gesenktem Kopf da und er weint. Herr Schwarz geht auf die Gruppe zu und stellt sie zur Rede: „Warum seid ihr so gemein zu Henry. Was hat er euch getan?"

Mobbing

Was Henry am eigenen Leib erfährt und was Herr Schwarz sieht und hört, nennt man ↗ Mobbing. Mobbing ist eine Form von Gewalt, bei der es Täter und Opfer gibt (→ **Abb. 1 und 3**). Der Täter versucht, das Opfer durch absichtliche und wiederholte Angriffe auszugrenzen und bloßzustellen – wie in dem Fall von Henry.

2 Die Schülerinnen und Schüler machen sich über Henry lustig – auch in der Chat-Gruppe.

Was tun?

Herr Schwarz spricht noch am selben Nachmittag mit einigen Mitschülerinnen und Mitschülern von Henry. Er möchte wissen, wer Henry so quält und wann dieses Mobbing noch stattfindet. Er erfährt, dass Henry vor allem in der Pause gemobbt wird und dass sich einige Jungen und Mädchen auch in der Chat-Gruppe über ihn lustig machen (→ **Abb. 2**). „Können Sie hier nicht etwas unternehmen?", fragt Ben Herrn Schwarz.

„Mobbing ist gefährlich"
Herr Grunwald, als Schulpsychologe beschäftigen Sie sich viel mit Mobbing.
Ja, ich habe fast täglich mit Mobbing zu tun. Viele Leute verharmlosen dieses Thema, doch das ist falsch. Mobbing ist gefährlich!

Können Sie das näher erklären?
Ein „Mob" (engl.) ist eine Gruppe von Menschen, die ein böses Ziel verfolgt. Beim Mobbing verbünden sich mehrere Personen meistens gegen ein einzelnes Opfer. Das soll dann ausgegrenzt und bloßgestellt werden.

Warum ist das gefährlich?
Die Gefahr besteht darin, dass viele Menschen nicht erkennen, dass das Opfer stark unter den Mobbing-attacken leidet und nur noch mit Angst zur Schule geht. Manche Schülerinnen und Schüler haben so viel Angst, dass sie gar nicht mehr zur Schule gehen.

3 Interview mit einem Experten

Merke
- Unter Mobbing versteht man absichtliche, gezielte und wiederholte Angriffe auf Personen oder Gruppen.
- Oft ist es die Absicht der Täter, das Opfer auszugrenzen und bloßzustellen.
- Mobbing darf nicht verharmlost, sondern muss ernstgenommen werden.

Aufgaben

1 Erkläre, wie die Schülerinnen und Schüler in **Abb. 1** und **Abb. 2** gemobbt werden.

2 👥 Erklärt, was Mobbing ist und welche Formen es annehmen kann. Berücksichtigt hierbei auch die **Abb. 1–3**.

3 👥 Beschreibt euch gegenseitig eure Erfahrungen mit Mobbing. Wie habt ihr euch in diesen Situationen verhalten?

4 Herr Schwarz, Henrys Klassenlehrer, forscht nach und findet heraus, von wem und wann Henry gemobbt wird.
a) 👥 Zählt gemeinsam Ideen auf, wie Herr Schwarz reagieren könnte, um Henry zu helfen.
b) 👤 Diskutiert in der Klasse über eure Ergebnisse und sammelt die besten Ideen an der Tafel.

5 👥 Erstellt ein Plakat für euren Klassenraum, auf das ihr wichtige Tipps und Regeln schreibt, wie Mobbing in Zukunft vermieden werden kann.

Konflikte lösen

1 Konflikt auf dem Schulhof

Ein Streit ist in vollem Gange, während Herr Hofmann, Klassenlehrer der 5a, den Klassenraum betritt. Kevin und Irem schreien sich an. „Immer machst du dich über mich lustig!", ruft Irem. „Stimmt doch gar nicht. Du beleidigst mich andauernd!", schimpft Kevin. Beide gehen drohend aufeinander zu. Herr Hofmann geht dazwischen: „Jetzt setzt ihr euch beide auf euren Platz. Und dann klären wir, was vorgefallen ist."

Was war los?

Alle Schülerinnen und Schüler der Klasse setzen sich und es tritt Ruhe ein. „Also, was ist vorgefallen?", möchte Herr Hofmann wissen. Sofort rufen etliche Mädchen und Jungen in die Klasse. Man versteht nichts. Der Lehrer hebt die Hand: „Wenn alle gleichzeitig reden, können wir nichts klären. Die Klassensprecher zuerst."

Den Konflikt regeln

Nur wenn sich alle an bestimmte Regeln halten, entstehen nicht dauernd Konflikte. In einer Klasse, in der es täglich Streitigkeiten gibt, lässt sich nicht gut lernen. Viele Kinder fühlen sich unwohl, manche sogar bedroht. Streitenden Schülerinnen und Schülern sollte deswegen beigebracht werden, ihren Konflikt ohne Gewalt zu lösen. Das Ziel: ein friedliches Zusammenleben und Arbeiten in der Schule – ohne Angst oder bedrückende Gedanken.

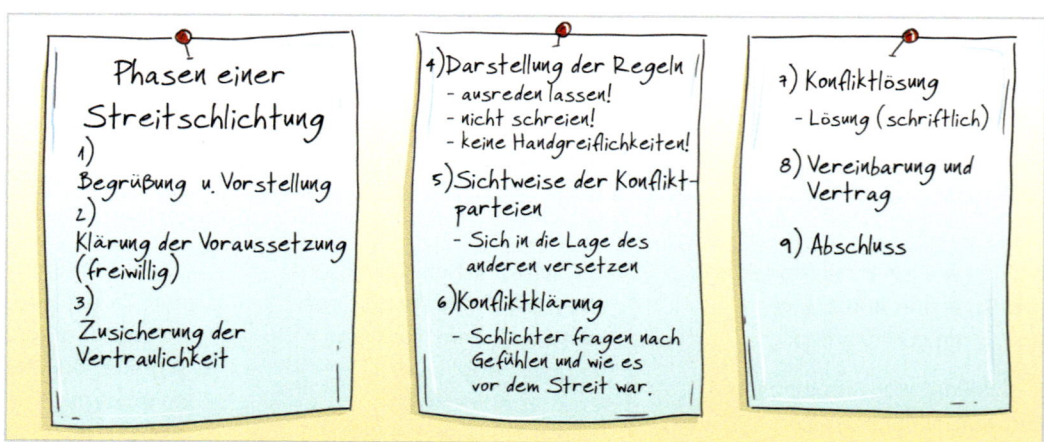

2 Phasen der Streitschlichtung

Wer schlichtet?

Herr Hofmann gibt Irem und Kevin den Auftrag, sich in der Pause bei der Streitschlichtung einzufinden. Hierbei handelt es sich um
ältere Schülerinnen und Schüler, die besonders ausgebildet sind und gelernt haben,
wie man mit Streit umgeht und ihn schlich-
tet. Als Irem und Kevin am Zimmer der
Streitschlichtung ankommen, werden sie
schon erwartet.

Streitschlichter sind neutral

Die Streitschlichter erklären erst einmal ihre
Rolle: „Wir kennen euch beide nicht gut und
stehen auf keiner Seite. Wir sind hier also
neutral. Der Zweck unseres Treffens ist es,
dass wir zusammen die Ursache für euren
Streit und dann einen Weg finden, wie ihr in
Zukunft besser und freundlicher miteinander
umgehen könnt."

Zuhören und Verstehen

Im Gespräch mit der Streitschlichtung erzählen beide ihre Sicht der Dinge. Irem und
Kevin dürfen einander nicht unterbrechen,

schlichten
klären, vermitteln

3 Während einer Streitschlichtung in der Schule

während der andere spricht. Kevin ärgert
sich darüber, dass Irem ihn oft ärgert, wenn
er im Unterricht mal eine falsche Antwort
gibt. Irem ist wütend darüber, wenn Kevin
ihr daraufhin den Vogel zeigt und sich über
ihren Schulrucksack lustig macht. Im Laufe
des Gesprächs wird klar, dass der Streit nur
ein Ende haben wird, wenn beide aufhören,
den anderen zu verärgern. Dafür sprechen
die Streitschlichter mit ihnen einige Regeln
ab.

Merke

- Auch im Schulalltag kommt es häufig zu Streitigkeiten und Konflikten.
- Um friedlich miteinander leben zu können, müssen Regeln für den Umgang mit Streit gefunden werden.
- Streitschlichter sind neutral, hören euch zu und helfen euch dabei, eine Lösung für euren Konflikt zu finden.

Aufgaben

1 👤 Beschreibt die Auseinan-
dersetzungen, die in eurer
Klasse in der letzten Zeit zu
Streitigkeiten geführt haben.

2 Nimm dazu Stellung, dass
viele beim Wort „Streit" zuerst
an körperliche Auseaindner-
setzungen denken.

3 Erstelle mithilfe der Begriffe
im Wortspeicher einen kurzen
Vortrag darüber, wie eine

Streitschlichtung funktioniert
und trage ihn anschließend
deiner Klasse vor.

4 👥👥 Recherchiert über die
Streitschlichtung an eurer
Schule und fasst die wichtigs-
ten Informationen auf einem
Infoplakat zusammen.

5 👥👥 **a)** Entwickelt einen kurzen Dialog, wie ein Gespräch

bei der Streitschlichtung ablaufen könnte.
b) Tragt diesen mit verteilten
Rollen vor der Klasse vor.

Wortspeicher ✏️
– Streitschlichter/in
– Konflikt/Auseinandersetzung
– neutral
– Lösung

Regeln in der Stadt

1 Auf einem Wochenmarkt

2 Ein Polizist kontrolliert die Geschwindigkeit von Autos vor einer Schule.

<u>gefährden</u>
in Gefahr bringen

Herr Becker nimmt seine Tochter Jana mit dem Auto auf dem Weg zur Arbeit ein Stück Richtung Schule mit. Er achtet immer darauf, nicht zu schnell zu fahren und niemanden zu <u>gefährden</u>. Doch während der Fahrt wird er von einem anderen Wagen überholt – und es blitzt. „Na, das wird teuer", denkt er sich, „in ein paar Wochen bekommt der Fahrer einen Brief von der Stadt." Wie im Straßenverkehr gibt es auch in vielen anderen Bereichen einer Stadt oder Gemeinde verschiedenste Regeln und Vorschriften. Sie legen fest, was man in einer ↗ <u>Kommune</u> darf und was man nicht darf.

Frische Äpfel
In allen Städten und Gemeinden gibt es Wochenmärkte (→ **Abb. 1**). Jana geht häufiger mit ihrer Mutter dort einkaufen, besonders Obst und Gemüse. Auf dem Wochenmarkt darf nicht jeder verkaufen, was er möchte. Die Verkäuferinnen und Verkäufer müssen sich nach der Marktordnung richten. Darin ist festgelegt, was am Markttag verkauft werden darf und was nicht. Zum Beispiel alkoholische Getränke, Tabakwaren oder lebende Tiere dürfen nicht verkauft werden. Auch eine Standgebühr müssen die Verkäuferinnen und Verkäufer bezahlen. Am Ende der Marktzeit sind die Standbesitzer verpflichtet, ihren Platz sauber zu hinterlassen.

Im Schwimmbad
In Schwimmbädern (→ **Abb. 3**) gelten klare Regeln. So ist das Springen vom Rand verboten, um andere Menschen im Wasser nicht zu verletzen. Sprungbretter werden nur freigegeben, wenn darunter nicht geschwommen wird. Wenn es zu Unfällen kommt, müssen Rettungsgeräte schnell greifbar sein und Erste-Hilfe-Räume zur Verfügung stehen. Das Aufsichtspersonal muss darin ausgebildet sein, Rettungsmaßnahmen durchführen zu können.

3 Auch in Schwimmbädern gelten klare Regeln.

Die Baumschutzverordnung

Wer denkt, er dürfe alle Bäume auf seinem eigenen Grundstück jederzeit fällen, der irrt. In vielen Städten gibt es nämlich eine <u>Baumschutzverordnung</u>. Bäume sind für die Städte wichtig, deshalb sollen sie möglichst erhalten bleiben. Wer ohne Erlaubnis einen Baum fällt, zahlt ein hohes ↗ <u>Bußgeld</u>.

Darf der Baum gefällt werden?

Janas Eltern haben einen großen Garten mit alten Bäumen. Einer davon ist zu groß und nimmt zu viel Sonne weg. Deshalb soll er gefällt werden. Janas Eltern nehmen Kontakt mit einem Unternehmen auf, das Bäume fällt und das Holz abtransportiert. Die Chefin des Betriebes sieht sich den Baum an und meint: „An sich ist das kein Problem. Aber haben Sie sich die Erlaubnis von der Stadtverwaltung geholt? Der Baum fällt nämlich unter die Baumschutzverordnung. Ohne Erlaubnis dürfen wir den Baum nicht fällen."

4 Ein Baum wird vermessen.

5 Dieser Baum durfte im Garten gefällt werden.

die Baumschutzverordnung

eine Regel, die festlegt, wann ein Baum auf einem privaten Grundstück gefällt werden darf oder nicht

Merke

- In Kommunen gelten eine Menge Regeln, an die man sich halten muss.
- Verstößt man gegen eine Regel, gibt es Strafen.
- Was die einzelnen Regeln besagen, erfährt man in der Stadtverwaltung oder im Internet.

Aufgaben

1 Nenne drei Regeln, die für den Straßenverkehr gelten.

2 a) Vergleiche die Regeln aus dem Text „Im Schwimmbad" mit deinen Erfahrungen.
b) Nenne weitere Regeln.

3 👤 Wie unterscheidet sich der Wochenmarkt von einem Supermarkt? Sammelt die Unterschiede an der Tafel.

4 Verfasse einen Vortrag über das Thema „Regeln in der Stadt". Verwende auch die Begriffe aus dem Wortspeicher.

5 Recherchiere, ob es in deinem Wohnort einen Wochenmarkt gibt und gib an, wo und wann dieser stattfindet.

6 👥 Erklärt, woran man denken muss, wenn man einen Baum vom eigenen Grundstück fällen möchte.

7 👤 Diskutiert, warum Bäume, die in der Stadt wachsen, geschützt und nicht gefällt werden sollten.

Wortspeicher
- Kommune
- Verkehrsregeln
- Marktordnung
- Baumschutzverordnung
- Bußgeld

Der Rat bestimmt die Richtung

Bei Familie Maier wird gerade diskutiert. Es stehen nämlich die Wahlen für den ↗ Stadtrat an und Frau Maier ist Kandidatin der *Freien Wähler*. „Das ist doch viel zu viel Arbeit", meckert ihre Tochter Tania, „dauernd bist du dann weg." „Und das alles umsonst", meint ihr Mann. Frau Maier wird ärgerlich: „Alle beschweren sich immer, dass sie zu wenig Mitspracherecht hätten. Dabei können sich alle Bürgerinnen und Bürger doch selbst an politischen Entscheidungen vor Ort (Kommunalpolitik) beteiligen. Da geht es schließlich um Sachen, die uns jeden Tag betreffen."

Mehrere Städte bzw. Gemeinden können gemeinsam einen ↗ Landkreis bzw. Kreis ergeben. Die Anzahl der Gemeinden je Landkreis ist sehr unterschiedlich. Der ↗ Kreistag besteht aus mehreren Menschen, die sich um die politische Vertretung des Volkes in einem Landkreis kümmern.

Der Stadt- und Gemeinderat

In den Kommunen, also den Gemeinden und Städten, muss über viele Dinge entschieden werden: Müllabfuhr, Wasser- und Stromversorgung, Kitas, Schulen, Straßenbau, Feuerwehr, Friedhöfe, Radwege. Die Liste ist fast endlos. Die Entscheidungen darüber fallen im Gemeinde- oder Stadtrat. Dort sitzen die Frauen und Männer, die von den Bürgerinnen und Bürgern gewählt werden. Alle Gewählten leben in der Gemeinde und arbeiten im Rat ↗ ehrenamtlich, werden also nicht bezahlt. Sie bekommen nur eine kleine Entschädigung für die Kosten, die ihnen entstehen.

Die Kommunalwahl

Die Wahl für den Rat der Stadt oder Gemeinde (Kommunalwahl) (→ **Abb. 1**) findet alle fünf Jahre statt. Bürgerinnen und Bürger, die 16 Jahre oder älter sind, dürfen wählen und haben dabei zwei Stimmen. Mit der ersten Stimme wählt die Bürgerin bzw. der Bürger die Mitglieder des Rates, indem sie oder er ein Kreuz beim entsprechenden Kandidaten und dessen Partei macht.
Mit der zweiten Stimme wählt die Bürgerin bzw. der Bürger die Bürgermeisterin oder den Bürgermeister.

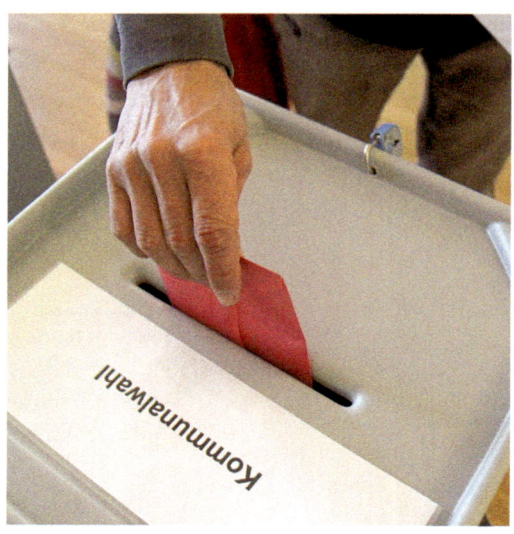

1 Stimmabgabe bei einer Kommunalwahl

2 Das Rathaus von Brilon im Sauerland

3 Ein Kletterpark wurde eingerichtet.

Wahlgrundsätze einhalten

Bei der Kommunalwahl muss darauf geachtet werden, dass die Grundsätze einer demokratischen Wahl befolgt werden. Die Wählerinnen und Wähler füllen den Stimmzettel in einer Wahlkabine aus. Niemand sieht, wo sie ihre Kreuze machen. Der Stimmzettel wird in einen Umschlag gesteckt und dann in die Wahlurne geworfen. Niemand weiß also, wer für wen seine Stimme abgegeben hat. Dieser Wahlgrundsatz nennt sich Wahlgeheimnis. Natürlich zählt jede Stimme gleich viel. Ob er überhaupt zur Wahl geht, bestimmt jeder Wähler für sich.

Mitgestalten

Die Wahl ist vorbei. Frau Maier wurde zu einem Mitglied im Rat von Neustadt gewählt. „Politik geht alle an. Gerade in den Kommunen kann man als Bürgerin und Bürger mitarbeiten. Was in der Stadt passiert, ist überschaubar. Und ich möchte daran mitwirken, wie sich meine Stadt in Zukunft entwickelt", sagt sie.

Die Mitarbeit im Rat macht natürlich Arbeit. Der Rat trifft sich ungefähr einmal im Monat. Zu Hause arbeitet Frau Maier Unterlagen durch und informiert sich über Beschlüsse in den anderen Kommunen.

„Im Stadtrat geht es eher um kleinere Entscheidungen", sagt Frau Maier, „Wir haben in den letzten Jahren dafür gesorgt, dass Schulklassen weiter im Hallenbad Schwimmunterricht haben können, und letztes Jahr ist ein Kletterpark (→ **Abb. 3**) gebaut und ein Fußballplatz angelegt worden."

🌐 **Einfach erklärt**
Was bedeuten die fünf Wahlgrundsätze?
3k5ky2

demokratisch
wenn alle Bürgerinnen und Bürger einer Gemeinde über eine Sache abgestimmt haben (z. B. in Form einer Wahl)

die Wahlurne
ein geschlossener Behälter mit Schlitz, in den die Wählerinnen und Wähler ihre Stimmzettel einwerfen

Merke

- Die Kommunalwahl muss nach den Grundsätzen einer demokratischen Wahl ablaufen.
- Wähler füllen ihre Stimmzettel in einer Wahlkabine aus. Die Zettel werfen sie danach in die Wahlurne.
- Im Rat können die Bürgerinnen und Bürger das Leben in der Stadt aktiv mitgestalten.

Aufgaben

1 Erkläre die Begriffe „Kommunalpolitik" und „Kommunalwahl".

2 Erkläre, was es bedeutet, wenn Ratsmitglieder ehrenamtlich arbeiten.

3 a) Recherchiere: Wie viele Kreise gibt es in NRW?
b) Recherchiere den Begriff „kreisfreie" Stadt. Was bedeutet er?
c) Finde heraus, wie viele kreisfreie Städte es in Nordrhein-Westfalen gibt.

4 👥 Erklärt euch gegenseitig mithilfe der Begriffe im Wortspeicher, wie eine Kommunalwahl abläuft.

5 👤 Frau Maier bewirbt sich als Kandidatin für den Stadtrat. Diskutiert über die Gründe für ihre Entscheidung und sammelt diese an der Tafel.

6 👥 Fasst zusammen, was die Mitarbeit von Frau Maier im Stadtrat für sie und ihre Familie bedeutet.

7 👥👥 Fändet ihr es gut, wenn eure Eltern für den Stadtrat kandidieren würden? Tauscht euch aus und stellt eure Meinungen der Klasse vor.

> **Wortspeicher**
> – Stadt- und Gemeinderat
> – Ehrenamt
> – Wahlkabine
> – Wahlurne
> – Wahlgrundsätze

Wer ist das Oberhaupt in der Stadt?

1 Henriette Reker ist die Oberbürgermeisterin von Köln, der größten Stadt Nordrhein-Westfalens.

Frau Möller liest jeden Tag den Lokalteil der Zeitung. „Ich möchte wissen, was in meiner Stadt passiert", sagt sie, „und welche Politiker sich für meine Interessen einsetzen." Am häufigsten liest sie Berichte über die Bürgermeisterin ihrer Stadt. Bürgermeisterinnen und Bürgermeister sind in der Presse ständig zu sehen, sie sind das „Gesicht" ihrer Kommune. „Die Bürgermeisterin war schon wieder auf einer Kirmes", meint Frau Möller. „Das ist ja ein netter Job."

Bürgermeisterinnen und Bürgermeister sind fleißig

Was auf den ersten Blick wie ein „netter Job" wirkt, stellt sich bei genauerem Hinsehen eher als eine anstrengende Tätigkeit heraus. Bürgermeisterinnen oder Bürgermeister haben sehr lange Arbeitstage und kaum Urlaub (→ **Abb. 2**). Sie arbeiten an ganz verschiedenen Orten, hauptsächlich im Rathaus. Sie haben Pressetermine, halten Reden und sprechen mit Bürgerinnen und Bürgern sowie Firmen. Sie sitzen die meiste Zeit am Schreibtisch, sie telefonieren, lesen und beantworten täglich Hunderte von E-Mails und Briefen. Untersuchungen haben gezeigt, dass viele von ihnen mehr als 70 Stunden pro Woche arbeiten.

die Tagesordnung
Auflistung der Themen, die bei einer Sitzung/Versammlung behandelt werden sollen

> *Wusstest du, dass es in Großstädten häufig mehrere Bürgermeisterinnen oder Bürgermeister gibt? Allgemein bekannt ist dort die Oberbürgermeisterin oder der Oberbürgermeister. Zudem gibt es in manchen Städten der einzelnen Bundesländer Bezirksbürgermeisterinnen und -meister für die einzelnen Bezirke (Stadtteile), z.B. in Köln neun, in Düsseldorf und Bielefeld zehn.*

Frau Wortmann, wie würden Sie ihren Arbeitsalltag als Bürgermeisterin beschreiben?
Meine Arbeit macht mir Spaß. Aber wer als Bürgermeister arbeiten möchte, dem sollte klar sein, dass er sein Privatleben weitgehend aufgibt für Arbeit rund um die Uhr. Ich arbeite selten weniger als 12 Stunden am Tag, meistens mehr. Urlaub mache ich zwischendurch nur mal kurz und auch dann muss ich jederzeit erreichbar sein. Das Familienleben bleibt da manchmal auf der Strecke.

Haben Sie mit dem Stadtrat zu tun?
Ja, das habe ich. Im Stadtrat werden wichtige Entscheidungen für eine Stadt oder Gemeinde getroffen. Ich berufe den Rat ein, erstelle die Tagesordnung und leite die Ratssitzungen. Und ich darf bei den Beschlüssen des Rates mitstimmen, obwohl ich kein gewähltes Mitglied des Rates bin.

2 Fragen an die Bürgermeisterin Frau Wortmann

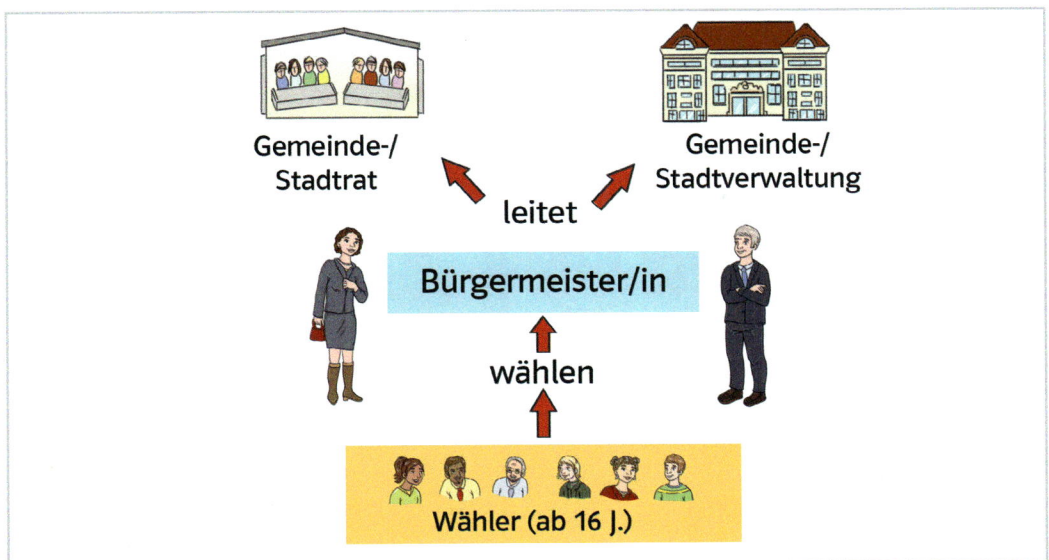

3 So läuft die Wahl zur Bürgermeisterin bzw. zum Bürgermeister ab.

Die Bürgermeisterwahl

Bürgermeisterinnen und Bürgermeister werden gewählt. Neben der Stimme für den Stadt- oder Gemeinderat haben alle Wahlberechtigten, die 16 Jahre oder älter sind, eine Stimme bei der Bürgermeisterwahl (→ **Abb. 3**).

Auf einem eigenen Stimmzettel kreuzen sie einen der Kandidaten an. Doch nicht jeder kann das Oberhaupt der Stadt werden. In NRW muss man mindestens 23 und darf höchstens 68 Jahre alt sein, wenn man <u>kandidiert</u>. Außerdem muss man den deutschen Pass besitzen oder Bürgerin bzw. Bürger der Europäischen Union (EU) sein.

<u>kandidieren</u>
sich zur Wahl stellen

Merke

- Bürgermeisterinnen oder Bürgermeister werden gewählt. Wählen darf man ab 16 Jahren.
- Die Kandidaten, die sich zur Wahl stellen, müssen z. B. in NRW zwischen 23 und 68 Jahre alt sein.
- Bürgermeisterinnen oder Bürgermeister leiten die Stadtverwaltung und die Ratssitzungen.

Aufgaben

1 Erkläre, warum Bürgermeisterinnen bzw. Bürgermeister als „Gesicht" ihrer Kommunen bezeichnet werden.

2 Fasst die alltäglichen Arbeiten einer Bürgermeisterin bzw. eines Bürgermeisters in einer Liste zusammen.

3 Entscheidet für die folgenden in Deutschland lebenden Personen, ob diese für das Bürgermeisteramt kandidieren dürften. (Tipp: Nur eine Antwort ist richtig.)
a) Veronika, 16, aus Italien
b) Dilan, 30, türkischer Staatsbürger
c) Martin, 14, deutscher Staatsbürger
d) Jacub, 30, dänischer Staatsbürger

4 Deine Mutter bzw. dein Vater möchte für das Bürgermeisteramt kandidieren. Nimm Stellung zu dieser Idee.

5 **MK** Recherchiert im Internet, wer in eurer Stadt Bürgermeisterin bzw. Bürgermeister ist, und erstellt eine kurze Personenbeschreibung.

6 Erklärt euch gegenseitig den Unterschied zwischen Bürgermeistern und Oberbürgermeistern.

○ 1, 2, 6   ◐ 3, 5   ● 4

Bürgerinnen und Bürger reden mit

1 Die Bürgerinitiative „Radweg sofort!"

2 Radfahrer auf einem Radweg

Herr und Frau Sager sind wütend. Ihre Kinder fahren bei gutem Wetter mit dem Fahrrad zur Schule. Ein Teil der Strecke hat jedoch keinen Radweg. Ein 12-jähriger Schüler wurde nun von einem Auto erfasst und verletzt. Schon lange hatten Eltern auf die Gefahr hingewiesen, doch der Radweg wurde bisher nicht weiter ausgebaut. Viele Eltern haben sich nun zusammengesetzt und Forderungen an den Stadtrat formuliert. Sie wollen, dass der Radweg schnell gebaut wird (→ **Abb. 1**). „Dazu ist die Stadt doch wohl verpflichtet!", meint Frau Sager.

Eine Bürgerinitiative gründen

das Anliegen
Wunsch, Bitte

Wenn eine einzelne Bürgerin oder ein einzelner Bürger ein Anliegen hat, wird das kaum wahrgenommen. ↗ Bürgerinitiativen dagegen sind Bündnisse vieler Menschen. Sie sind organisiert und haben ein klares Ziel. Außerdem wenden sie sich nicht nur an die Politiker, sondern sie nehmen Kontakt zur Zeitung/zum Radio auf. Sie geben Interviews und veranstalten Informationsabende. Wenn nichts passiert, organisieren sie Demonstrationen, z. B. vor dem Rathaus (→ **Abb. 3**).

Viel zu beachten

Will die Initiative erfolgreich sein, so muss sie sich gut über das Thema informieren. Für den Bau eines Radweges muss vieles beachtet werden, bis die Stadt überhaupt bauen darf:
- Führt der neue Radweg über ein privates Grundstück, muss dessen Besitzerin bzw. Besitzer dieses Stück vorher an die Gemeinde verkaufen.
- Die Stadt muss die Kosten für den Bau berechnen und prüfen, ob das benötigte Geld vorhanden ist.
- Gesetze und Bauvorschriften müssen stets beachtet und eingehalten werden.

Auch du hast die Möglichkeit, dich an einer Bürger- oder Schülerinitiative zu beteiligen. Wenn dir ein Thema sehr wichtig ist, schließe dich mit anderen zusammen, die ebenfalls ein Interesse daran haben.

3 Bürgerprotest am 03.12.2012 in Bonn: Die Menschen forderten eine bessere Förderung der Sportvereine durch die Stadt.

Viele Bürgerinitiativen

Bürgerinitiativen haben unterschiedlichste Ziele: Viele setzen sich für, andere wiederum gegen den Bau von neuen Straßen ein. In der Nähe von Flughäfen protestieren die Anwohnerinnen und Anwohner oft gegen den Fluglärm und wollen, dass nächtliche Flugverbote durchgesetzt werden. Andere fordern Umwelt- und Landschaftsschutz, kämpfen gegen Tierversuche oder für Radwege (→ **Abb. 1**). Bürgerinitiativen entstehen meistens dann, wenn Menschen das Gefühl haben, die Politik setze sich nicht ausreichend für ihre Wünsche und Bedürfnisse ein.

Merke

- Bürgerinnen und Bürger besitzen ebenfalls die Möglichkeit, bei politischen Entscheidungen mitzureden.
- Eine Bürgerinitiative hilft dabei, die Wünsche der Bürger deutlich zu machen (z. B. durch Demonstrationen).
- Bürgerinitiativen sind keine politischen Parteien, sondern Gruppen mit einem bestimmten Anliegen.

Aufgaben

1 Fasse zusammen, wie die Bürgerinitiative „Radweg sofort" (→ **Abb. 1**) entstanden ist.

2 Erläutere, wie eine Bürgerinitiative funktioniert. Nutze hierfür die Begriffe aus dem Wortspeicher.

3 🧑‍🤝‍🧑 Diskutiert, ob „Radweg sofort" (→ **Abb. 1**) ein guter Name für eine Bürgerinitiative ist.

4 🧑‍🤝‍🧑 Fasst die Dinge zusammen, die Bürgerinitiativen tun, um ihr Anliegen in die Öffentlichkeit zu tragen. Fallen euch noch weitere Möglichkeiten ein?

Wortspeicher
- Anliegen
- Öffentlichkeit
- Mitbestimmung
- Protest/Demonstration

Hunde in der Stadt

1 Ein Hund und seine Steuermarke

Die jährliche Hundesteuer in...

Verl	25,-
Kleve	60,-
Hamm	90,-
Winterberg	110,-
Dortmund	156,-
Mühlheim	160,-
Hagen	180,-

2 Hundesteuer für den 1. Hund in NRW (Beträge in Euro; Quelle: Kommunen in NRW, 2018)

Herr Meier regt sich auf: „Die Stadt hat die Hundesteuer erhöht. Wir müssen jetzt 300 Euro für unseren Foxy bezahlen. So eine Unverschämtheit!", beklagt er sich bei seiner Frau. „Wieso müssen wir überhaupt für unseren Hund ↗ Steuern zahlen? Und warum hat die Stadt die Steuer jetzt erhöht? Wir haben Foxy aus dem Tierheim geholt und kümmern uns um ihn. Das kostet ja auch eine Menge Geld."

Viele Hunde

In Deutschland leben fast zehn Millionen Hunde. Für die Städte und Gemeinden ist das ein Problem. Die vielen Hunde verursachen Kosten, z. B. für die Reinigung von Bürgersteigen oder die Zuschüsse an Tierheime. Aus diesem Grund erheben die Städte und Gemeinden eine Hundesteuer. Wie hoch diese Steuer ist, bestimmt jede Kommune für sich selbst (→ **Abb. 2**). Mit der Hundemarke beweist der Hundehalter, dass er seinen Hund angemeldet und die Hundesteuer bezahlt hat (→ **Abb. 1**).

Kampfhund beißt zu

Ein Yorkshire Terrier ist gestern von einem American Staffordshire angegriffen und schwer verletzt worden. Wie die Polizei mitteilte, hatte der Halter seinen Kampfhund nicht angeleint, was dazu führte, dass dieser auf den Yorkshire Terrier loslaufen und ihn angreifen konnte. Bei dieser Attacke wurde auch der Besitzer des Yorkshire Terriers verletzt, als dieser versuchte, seinen Hund hochzuheben.

Dem Besitzer des Kampfhundes droht nun eine hohe Geldstrafe.

3 American Staffordshire gelten laut Gesetz als gefährliche Hunde.

Teure Hunde

Die Steuer für Hunde in einer Stadt ist unterschiedlich hoch. Die Kampfhundesteuer für gefährliche Hunderassen (→ **Abb. 3**) beträgt je nach Stadt bis zu 1.200 Euro im Jahr. Manche Städte verpflichten die Halterinnen und Halter, eine Versicherung für Schäden abzuschließen, die ihr Hund anrichten kann.
Es gibt auch steuerfreie Hunde, z. B. Blindenhunde (→ **Abb. 4**). In manchen Kommunen sind auch Hunde, die aus dem Tierheim aufgenommen werden, für eine bestimmte Zeit von der Hundesteuer befreit.

Hundegesetz

In ganz Nordrhein-Westfalen gilt das Landeshundegesetz. Zweck des Gesetzes ist es, die Bevölkerung vor Gefahren durch Hunde zu schützen. Danach sind die Züchtung und Ausbildung „gefährlicher" Hunde verboten. Zu ihnen gehören bestimmte Rassen, aber auch alle Hunde, die schon einmal Menschen ohne Grund gebissen haben. Sie werden registriert und müssen einen Chip tragen. Diese Hunde unterliegen auch der Maulkorbpflicht. Erst nach einem ↗ <u>Verhaltenstest</u>, der nachgewiesen hat, dass der Hund nicht gefährlich ist, kann der <u>Maulkorb</u> weggelassen werden. In vielen Bereichen müssen Hunde angeleint werden.

der Maulkorb
ein Gegenstand, der bei Hunden den Einsatz des Mauls einschränkt, also insbesondere das Beißen verhindert

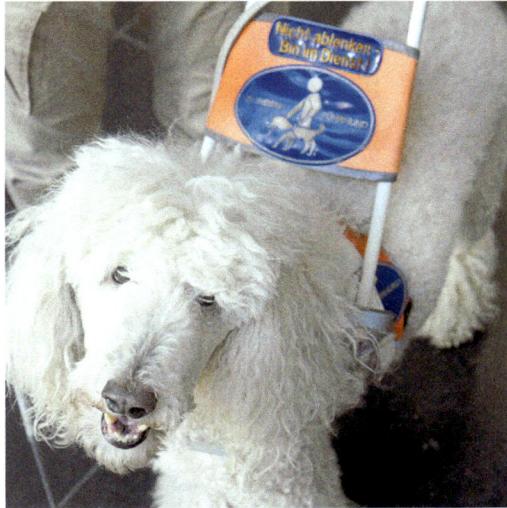

4 Ein Blindenhund führt einen Menschen.

Merke

- In Deutschland muss man auf fast alle Hunde eine Hundesteuer bezahlen.
- Die Höhe der Steuer bestimmt jede Kommune für sich selbst.
- Hunde, die als gefährlich gelten, sind besonders teuer.

Aufgaben

1 a) Erkläre, warum sich Herr Meier aufregt.
b) Beurteile, ob sein Ärger gerechtfertigt ist.

2 a) Erkläre, warum die Kommunen eine Hundesteuer erheben.
b) Erläutere, warum die Steuer in den Städten und Gemeinden unterschiedlich hoch ist (→ **Abb. 2**).

3 👥 Fasst zusammen, für welche Hunde die Hundesteuer besonders hoch ist und für welche sie (teilweise) entfällt.

4 👥 **MK** Erklärt euch gegenseitig mithilfe der Begriffe im Wortspeicher, worauf der Halter eines Kampfhundes achten muss.

5 👥 Recherchiert im Internet nach dem Landeshundegesetz. Gestaltet ein Plakat, das die Vorschriften aus diesem Gesetz übersichtlich darstellt.

6 👥👥 **a)** Recherchiert, wie hoch die Hundesteuer in eurer Kommune ist.

MK **b)** Vergleiche mithilfe einer Internetrecherche die Höhe der Steuern (→ **Abb. 2**) mit fünf weiteren großen Städten in Nordrhein-Westfalen.
c) Stellt die Ergebnisse in der Klasse vor.

> **Wortspeicher**
> – Hundesteuer
> – Landeshundegesetz
> – Hundemarke
> – Verhaltenstest
> – Maulkorb

Ein attraktiver Wohnort

1 Freibad, Bahnhof, Theater, Skateboardbahn

Jonas zieht um. Seine Eltern haben neue Arbeitsplätze in einer großen Stadt. Wohnen wollen sie aber in einer kleineren Gemeinde in der Nähe der Stadt. Die Familie berät sich und stellt zusammen, was für die Wahl des Wohnortes wichtig ist. „Ich möchte auf jeden Fall Fußball spielen können", meint Kira. Ihr Bruder legt großen Wert auf einen Schwimmverein. „Wir müssen gut und schnell zur Arbeit kommen, also brauchen wir gute Straßen und eine gute Bus- und Bahnanbindung", meinen die Eltern.

Orte müssen viel bieten
Menschen möchten gute Kitas und Schulen, ein Schwimmbad, Sport- und Spielplätze. Abends möchten sie ins Kino, ins Theater oder in einem Restaurant essen gehen. Erwachsene sowie auch Schülerinnen und Schüler benötigen eine gute Bus- und Bahnanbindung, um gut zur Arbeit bzw. zur Schule zu kommen. Autofahrer achten auf gut ausgebaute Straßen. Menschen, die umziehen, informieren sich, bevor sie sich für

eine bestimmte Stadt entscheiden. Um viele Menschen anzusprechen, muss ein Ort viele Erwartungen erfüllen (→ **Abb. 1**).

Freizeit ist wichtig
Viele Menschen gehen nach der Arbeit oder der Schule einem Hobby nach. Dafür braucht man Plätze, Hallen und geeignete Räume. Vereine bieten diese Möglichkeiten. Für die Wohnqualität einer Stadt sind Vereine deshalb sehr wichtig. Manche Einwohnerinnen und Einwohner schließen sich auch Organisationen an, die anderen in Notlagen helfen. Dazu gehören die freiwillige Feuerwehr und Hilfsorganisationen wie z.B. das Rote Kreuz. Viele solcher Vereine und ↗ Hilfsorganisationen leiden jedoch unter Nachwuchssorgen, da immer weniger Menschen Mitglied werden wollen.

die Organisation
Gruppe von Menschen mit einem festen Namen, klaren Regeln und Aufgaben. Sie verfolgt ein bestimmtes Ziel.

2 Jugendfeuerwehr bei einer Übung

Attraktiv sein ist teuer

Menschen fühlen sich in ihrer Stadt oder Gemeinde wohl, wenn die Lebensbedingungen gut sind. Dazu gehören nicht nur Spielplätze, gute Kitas und Schulen, Schwimmbäder und andere Angebote für Familien. Von großer Bedeutung ist auch die Frage, ob es genügend Wohnungen gibt und wie hoch die Mieten sind. Auch das Thema Umwelt wird für viele Menschen immer wichtiger. Der steigende Verkehrslärm führt dazu, dass in vielen Gemeinden Fahrradwege gefordert werden. Um diese Wünsche zu erfüllen, muss die Stadt viel Geld in die Hand nehmen.

Johanna, warum bist du bei der Kinderfeuerwehr?
Ich interessiere mich schon lange für Feuerwehrautos und die Technik. Ich möchte gerne helfen, wenn es brennt. In unserer Nachbarschaft gab es vor Jahren einen großen Brand in einem Haus, bei dem viele Menschen verletzt wurden. Das war schrecklich.

Gibt es noch andere Kinder im Verein?
Außer mir gibt es noch ein anderes Mädchen und drei Jungen. Unser Betreuer hat uns erzählt, dass es in Nordrhein-Westfalen über 2 500 Kinderfeuerwehrleute gibt. Später kommen wir dann in die Jugendfeuerwehr und danach zu den Erwachsenen.

Was könnt ihr denn bei der Feuerwehr machen?
Wir treffen uns regelmäßig und lernen dann, wie ein Feuer entsteht und wie man es bekämpfen kann. Natürlich dürfen wir noch nicht mit zur Feuerbekämpfung. Wir erfahren alles über Schläuche, Fahrzeuge und Geräte. Außerdem ist es schön, andere Kinder kennenzulernen und neue Freunde zu gewinnen.

3 Johanna ist Mitglied der Kinderfeuerwehr.

Merke

- Städte und Gemeinden müssen attraktiv sein, wenn Menschen dort leben wollen.
- Viele Angebote von Vereinen und Organisationen machen das Leben in einem Ort interessant.
- Die Angebote an die Bürgerinnen und Bürger kosten der Stadt Geld.

Aufgaben

1 Fasse zusammen, worauf du achten würdest, wenn du in einen Ort deiner Wahl ziehen könntest.

2 Nenne die Wünsche, die dein Heimatort bereits erfüllt.

3 a) Befrage deine Eltern, warum sie mit dir in die Stadt bzw. die Gemeinde gezogen sind, in der ihr gerade lebt.
b) Stelle deine Antworten deiner Klasse vor.

4 👥 Diskutiert in der Klasse, woran es liegen könnte, dass viele Hilfsorganisationen unter Nachwuchssorgen leiden.

5 👥 Tauscht euch in der Klasse darüber aus, wer aus eurer Klasse in einem Verein organisiert ist. Sammelt die Vereine und die Anzahl der Schülerinnen und Schüler an der Tafel.

6 👥 Diskutiert in der Klasse, was dafür und was dagegen spricht, in die Kinderfeuerwehr (oder später in die Jugendfeuerwehr) einzutreten (→ **Abb. 3**). Haltet die Argumente (für – gegen) in einer Tabelle fest.

○ 1–3   ◒ 4   ● 5, 6

Viele Aufgaben in der Gemeinde

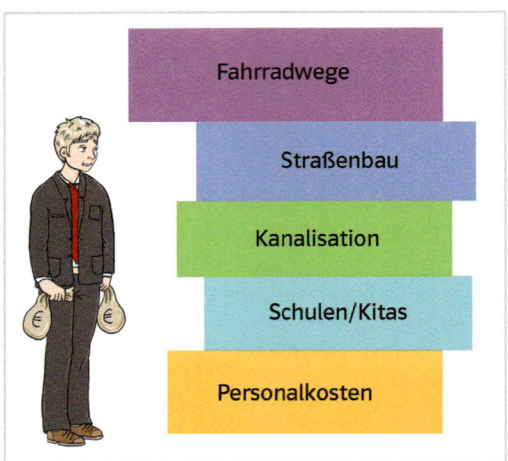

1 Eine Gemeinde – viele Aufgaben

Die Schülerinnen und Schüler der Klassen 5 sind unzufrieden. Die Klassensprecherinnen und Klassensprecher gehen gemeinsam zum Schulleiter. „Wir finden den Schulhof (→**Abb.2**) ganz ungemütlich und langweilig", meint Karoline aus der 5a. Ayla und Deniz stimmen zu: „Es gibt gar keine Spielgeräte. Und der ganze Pausenhof hat einen harten Steinboden. Wenn man da fällt, tut man sich sofort weh." Herr Winkler, der Schulleiter, nickt. „Ja, das wissen wir. Und wir bemühen uns seit Jahren bei der Stadt um den Umbau des Schulhofes. In den nächsten Jahren sollen Spielgeräte und Klettergerüste gebaut und Grünflächen angelegt werden. Ein genaues Datum gibt es leider noch nicht."

das Gehalt
ein Geldbetrag, den ein Mensch für die Ausübung seines Berufs erhält

Wunsch und Wirklichkeit

Die Wünsche der Schülerinnen und Schüler sind berechtigt. Sie möchten einen schöneren Schulhof. Andere Bürgerinnen und Bürger wollen Lärmschutz an den Straßen, einen kleinen Park mit Teich, andere wiederum mehr Grünstreifen und Wildblumenwiesen für die Insekten. Die Gemeinden und Städte können aber nur die Wünsche erfüllen, die sie bezahlen können.
Um genügend Einnahmen zu erzielen, müssten sie z. B. die Steuern erhöhen, was erneut zu Widerstand bei den Bürgerinnen und Bürgern führen würde. Aus diesem Grund fehlt letztendlich oftmals das nötige Geld, um die Wünsche der Bevölkerung zu erfüllen.

Rechnen wie zu Hause

Die Einwohnerinnen und Einwohner einer Stadt zahlen Steuern und ↗ Gebühren, z. B. für die Müllabfuhr, den Eintritt ins Schwimmbad, das Parken eines Autos usw. Ein Großteil des Gehalts der Bürgerinnen und Bürger landet zudem bei der Finanzministerin/beim Finanzminister der Gemeinde („↗ Kämmerer"). Diese Person beschäftigt sich den ganzen Tag mit den Geldeinnahmen und -ausgaben der Kommune.
Die Gemeinde wirtschaftet im Grunde wie jede Familie: Sie hat Einnahmen und Ausgaben und muss stets aufpassen, dass sie mit dem verfügbaren Geld auskommt.

Während sich kreisfreie Städte und Gemeinden selbst um anfallende Aufgaben kümmern, übernimmt in ↗ Landkreisen (bzw. Kreisen) der ↗ Kreistag die politische Vertretung des Volkes und kümmert sich somit um die zu erledigenden Aufgaben (z. B. Müllentsorgung).

2 Ein trister Schulhof

3 Eltern und Gärtner bepflanzen ehrenamtlich in den Sommerferien den Schulhof.

Geld für einen neuen Schulhof

Nicht nur in der Schule von Karoline, Ayla und Deniz spielen die Kinder auf einem alten Schulhof. In vielen Städten sind die Schulen in einem schlechten Zustand: alte Tische und Bänke, dreckige Toiletten, langweiliger Pausenhof (→ **Abb. 2**). Schülerinnen und Schüler, deren Eltern sowie die Lehrkräfte möchten deswegen, dass die Schulen renoviert, modernisiert und verschönert werden. Doch bevor der Stadtrat solche Baumaßnahmen beschließt, muss er wissen, was das kostet. Weil viele Bürgerinnen und Bürger gar nicht wissen, wie viel Geld die Stadt hat und was einzelne Projekte kosten, haben sie oft kein Verständnis dafür, wenn ihre Wünsche nicht erfüllt werden.

Ein Interview mit dem Kämmerer

Karoline und Deniz befragen den Kämmerer ihrer Stadt:

Unser Schulhof ist sehr alt und es gibt kaum Spielgeräte. Können Sie uns sagen, wann er verschönert wird?

Wenn ich es könnte, täte ich es sofort, denn ein guter Pausenhof ist wichtig. Der Rat muss das entscheiden.

Wofür gibt die Stadt denn noch alles Geld aus?

Grundsätzlich gibt es Aufgaben, die die Stadt erfüllen muss – die sogenannten Pflichtaufgaben. Dazu gehören vor allem die Versorgung mit Wasser, Strom und Gas sowie die Reparatur bzw. der Ausbau von Straßen. Die Versorgung eines einzigen Kilometers Wohnstraße mit Wohngebäuden auf beiden Seiten kostet fast zwei Millionen Euro. Daneben gibt es dann die freiwilligen Aufgaben, die dann erfüllt werden, wenn das Geld da ist, wie z. B. die Verschönerung eures Pausenhofs.

Aber so teuer kann ein Pausenhof doch nicht sein, oder?

Leider fallen auch hier hohe Kosten an. Der Umbau eines ähnlichen Pausenhofs in der Nachbargemeinde hat über 300.000 Euro gekostet. Bei so einem Umbau muss also immer geprüft werden, welche anderen wichtigen Ausgaben anstehen.

4 Interview mit einem Kämmerer

Merke

- Der Kommune steht ein bestimmter Geldbetrag zur Verfügung, um die Wünsche der Bürger zu erfüllen.
- Es gibt Aufgaben, die die Kommunen erfüllen müssen („Pflichtaufgaben").
- Der Kämmerer ist der „Finanzminister" der Kommune und verwaltet das Geld.

Aufgaben

1 🏃‍♀️ Erklärt, warum es für die Gemeinden und Städte ein Problem ist, wenn alle Einwohnerinnen und Einwohner einer Stadt unterschiedliche Wünsche haben.

2 🏃‍♀️ Erläutert, welche Aufgaben die Kommunen finanzieren müssen (→ **Abb. 4**)?

3 🏃‍♀️ Nennt weitere Aufgaben und diskutiert, ob es sich dabei um Pflicht- oder um freiwillige Aufgaben handelt.

4 🧍 Das Geld, das die Kommune ausgibt, muss sie vorher einnehmen. Diskutiert in der Klasse, woher das Geld kommt und sammelt eure Ideen an der Tafel.

5 🧍 Ladet den Kämmerer eurer Stadt in den Unterricht ein. Bereitet Fragen zu den Einnahmen und Ausgaben der Stadt vor (→ **Abb. 1, 4**).

6 🏃‍♀️🏃 Diskutiert, welche Dinge ihr beim Ausbau eines Pausenhofs anschaffen würdet. Welche sind sinnvoll, welche weniger?

1 Finde mithilfe der angegebenen Seiten die Begriffe heraus und notiere sie in dein Heft oder deine Mappe.
a) Er/Sie vertritt alle Mitglieder der Klasse (S.10/11).
b) Sie beschreibt, was in der Schule erlaubt ist und was nicht (S.14/15).
c) Sie vermitteln bei Konflikten zwischen Schülerinnen und Schülern (S.18/19).
d) Es gilt für alle Schulen des Landes NRW (S.14/15).
e) Unter Umständen ist eine Stichwahl nötig (S.10/11).
f) Ein Schüler wird bewusst ausgegrenzt und bloßgestellt (S.16/17).

2 Für das Leben und Lernen in der Schule ist eine Reihe von Dingen wichtig. Lies die folgenden Sätze und suche die Informationen aus den Texten (S.10–13). Formuliere die entsprechenden Antworten in deinem Heft oder deiner Mappe.
a) So werden die Klassensprecher gewählt.
b) Folgende Eigenschaften sollten eine Klassensprecherin bzw. ein Klassensprecher mitbringen.
c) Diese Lehrkraft ist Ansprechpartner bei Wünschen und Beschwerden von Schülerinnen und Schülern.
d) Dies sind Beispiele für Regeln, die jeder in der Schule beachten sollte.

3 Richtig oder falsch? Notiere die richtigen Antworten schriftlich. Schreibe dir für jede richtige Antwort fünf Punkte auf. (Tipp: Wenn du die richtigen Lösungen findest, hast du 15 Punkte.)
Die Klassensprecherin bzw. der Klassensprecher ist dafür verantwortlich, dass…
a) … Ruhe herrscht, wenn die Lehrperson nicht anwesend ist.
b) … die Beschlüsse der Schülervertretung (SV) in der Klasse vorgetragen werden.
c) … Wünsche und Klagen von Schülerinnen und Schülern an die Lehrkräfte weitergegeben werden.
d) … die Stimmung in der Klasse gut ist.
e) … die Klasse bei den Sitzungen der Schülervertretung (SV) gut vertreten wird.

4 Ordne die untenstehenden Wörter in die richtige Reihenfolge, sodass sich ein kompletter Satz ergibt. Übertrage ihn in dein Heft oder deine Mappe.
• Wenn
• Konsequenzen
• auch
• Regeln
• Strafen.
• gebrochen
• werden,
• folgen
• in Form von

5 Was fehlt? Schreibe die richtigen Sätze auf. Die untenstehenden Begriffe helfen dir.
Wenn Menschen bei der Kommunalwahl ihre Stimmen abgeben, …
a) haben nur … das Recht zu wählen.
b) wird der/die … gewählt.
c) stellen Parteien … auf.
d) geht es um den … – oder …
e) geben die Wählerinnen und Wähler … Stimmen ab.
f) müssen sie mindestens … Jahre alt sein.
  • zwei
  • Kandidaten
  • Bürgermeisterin bzw. Bürgermeister
  • Gemeinde- oder Stadtrat
  • Deutsche und EU-Bürger
  • 16

1 Raus auf den Schulhof!

6 Jede Stadt oder Gemeinde braucht Regeln für das Zusammenleben der Menschen. Schreibe die folgenden Sätze mit den fehlenden Begriffen in dein Heft oder deine Mappe.

a) Bei jedem Wochenmarkt gilt die … der Stadt.

b) Ob ein großer Baum gefällt werden darf, richtet sich nach der …

c) Regeln, die die Gemeinden und Städte erlassen, heißen …o… oder S…

d) Wer gegen diese Regeln verstößt, zahlt ein …

7 Die Menschen in der Stadt möchten oft mehr mitbestimmen, als nur alle vier Jahre wählen zu gehen. Fasse in einigen Sätzen in deinem Heft oder deiner Mappe zusammen, was eine Bürgerinitiative (→ **Abb. 2**) ist und wie sie in den Gemeinden und Städten Einfluss nehmen kann.

8 Silbenrätsel: Schreibe die Lösungswörter in dein Heft oder deine Mappe.

auf/ben/bing/Blin/de/den/er/ga/ge/hun/Käm/mer/Mob/nung/ord/Pflicht/schlich/Schul/Schul/setz/Streit/tung

1. Sie sagt dir, was du in der Schule tun und nicht tun darfst.
2. So nennt man es, wenn jemand von anderen schikaniert wird.
3. Sie hilft dir, wenn du mit einer Mitschülerin oder einem Mitschüler Streit hast.
4. Dieses Gesetz beinhaltet Regeln für die Schule und gilt für ganz NRW.
5. Die Finanzministerin bzw. der Finanzminister einer Gemeinde
6. Für sie muss keine Steuer bezahlt werden.
7. Sie muss jede Kommune erfüllen.

2 Beispiel für eine Bürgerinitiative gegen zu viel Straßenverkehr

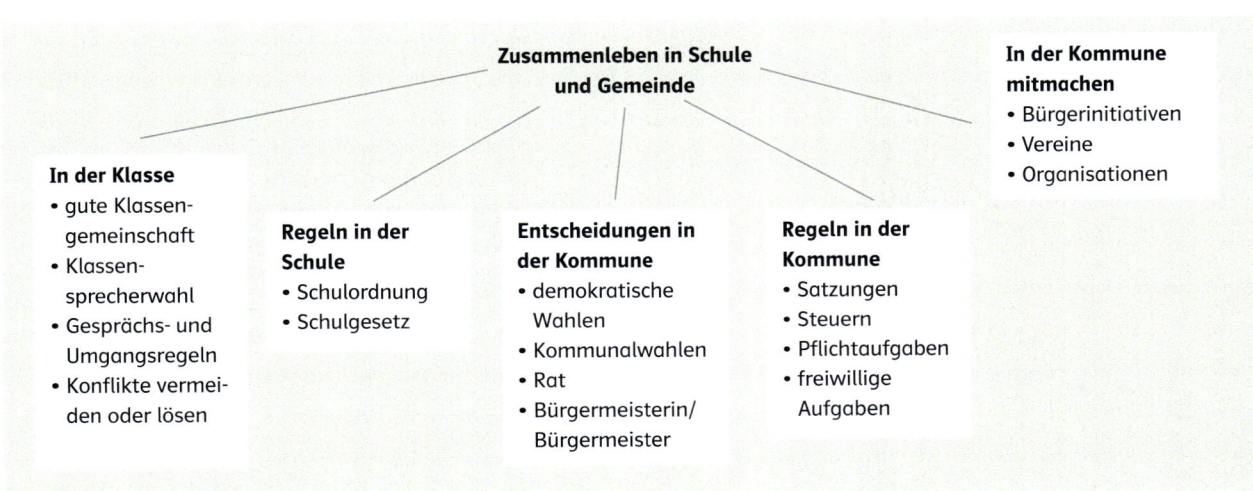

3 Die wichtigsten Themen des Kapitels im Überblick

Zusammenleben in Schule und Gemeinde

In der Klasse
- gute Klassengemeinschaft
- Klassensprecherwahl
- Gesprächs- und Umgangsregeln
- Konflikte vermeiden oder lösen

Regeln in der Schule
- Schulordnung
- Schulgesetz

Entscheidungen in der Kommune
- demokratische Wahlen
- Kommunalwahlen
- Rat
- Bürgermeisterin/Bürgermeister

Regeln in der Kommune
- Satzungen
- Steuern
- Pflichtaufgaben
- freiwillige Aufgaben

In der Kommune mitmachen
- Bürgerinitiativen
- Vereine
- Organisationen

Der Staat schützt seine Kinder

1 Julia und Finja im Gespräch

2 Spiele mit unterschiedlichen Altersfreigaben

Julia und Finja unterhalten sich. „Mein Bruder Marc hat mir gestern erzählt, dass er sich im Elektronikmarkt ein Computerspiel kaufen wollte, das erst ab 16 Jahren freigegeben ist", erzählt Finja. „Und?", fragt sie Julia. „Hat er es bekommen? Dein Bruder ist doch gerade einmal 14 Jahre." „Nein, hat er nicht", antwortet Finja. „Die Verkäuferin wollte seinen <u>Personalausweis</u> sehen, aber den konnte er ihr nicht zeigen, da er ja noch nicht 16 ist." „Da hat er sich bestimmt geärgert", vermutet Julia. „Aber die Verkäuferin ist verpflichtet, ihn zu fragen, sonst macht sie sich strafbar."

<u>der Personalausweis</u>

amtlicher Ausweis für eine Person ab 16 Jahren mit Bild, Angaben zur Person und Unterschrift der Inhaberin bzw. des Inhabers

Jugendschutz

Dafür zu sorgen, dass Kinder gut aufwachsen und vor schädlichen Dingen wie Drogen und Gewalt geschützt werden, ist eine wichtige Aufgabe des Staates. Um dies zu erreichen wurde das Jugendschutzgesetz (JSchG) entwickelt. Es beinhaltet Regelungen zu all den Dingen, die junge Menschen unter 18 Jahren gefährden können, z.B. der Aufenthalt in Gaststätten, Diskotheken und Spielhallen. Daneben gibt es Verbote bei Alkohol und Tabakwaren.

Verletzbar ist nicht nur der Körper

Rauchen und Alkohol sind für junge Menschen besonders schädlich. Aber auch die Seele kann Schaden erleiden. Junge Menschen sind noch empfindlicher und können durch Gewaltdarstellungen in Filmen und/Computerspielen in ihrer Entwicklung Schaden nehmen. Wenn Gewalt als harmlos dargestellt wird, besteht die Gefahr, dass diese von den Kindern nicht ausreichend ernst genommen wird. Deswegen werden jüngeren Menschen beispielsweise auch Kinobesuche untersagt, wenn sie das erforderliche Mindestalter noch nicht erreicht haben und sich den Film zudem ohne Begleitung eines Erziehungsberechtigten ansehen wollen.

Taschengeld aufbessern?

Sicherlich möchtest du mehr Geld haben, als du an Taschengeld bekommst. Neben Geldgeschenken zu besonderen Anlässen gibt es nur die Möglichkeit, sich etwas durch Arbeit zu verdienen. Aber: Solange du noch nicht 13 Jahre alt bist, darfst du überhaupt nicht gegen Bezahlung arbeiten. Das bestimmt das Jugendarbeitsschutzgesetz. Es will dich davor schützen, dass du dir durch zu viel und zu schwere Arbeit schadest und andere an dir Geld verdienen.

Du kannst das komplette Jugendarbeitsschutzgesetz online abrufen. Du findest es, indem du die Abkürzung JSchG in eine Suchmaschine eingibst. Du kannst dann entweder die einzelnen Paragraphen lesen oder das Gesetz nach bestimmten Stichwörtern durchsuchen.

Geld verdienen – ab wann?

Erst ab dem 13. Geburtstag darfst du kleine Arbeiten gegen Bezahlung annehmen. Ab dem 15. Geburtstag darfst du regelmäßig und mehr arbeiten und Geld verdienen – aber nur, wenn es deine schulischen Leistungen nicht verschlechtert.

Merke

- Der Staat hat die Pflicht, Kinder und Jugendliche vor Gefahren zu schützen (z. B. durch Altersbeschränkungen).
- Auch Filme und Computerspiele können Kinder gefährden.
- Alle Regelungen sind im Jugendschutzgesetz und im Jugendarbeitsschutzgesetz festgehalten.

Aufgaben

1 Erkläre, warum Marc nach seinem Personalausweis gefragt wurde.

2 Fasst an der Tafel zusammen, für welche Bereiche das Jugendschutzgesetz Regelungen aufstellt.

3 Fasse die Gründe zusammen, warum auch Filme und Spiele (→ **Abb. 2**) unter das Jugendschutzgesetz fallen.

4 Erklärt, warum das Jugendschutzgesetz überhaupt nötig ist.

5 Stellt in einer Tabelle dar, in was für einem Alter man welche Arbeit ausüben darf. Das Jugendarbeitsschutzgesetz hilft euch dabei.

6 Nimm Stellung zu folgender Frage: Sollten deiner Meinung nach Kinder mit 14 Jahren bereits regelmäßig in den Ferien arbeiten dürfen?

7 Pia (14 Jahre) und Timo (15 Jahre) wollen sich im Kino ohne ihre Eltern einen Film ansehen, der erst ab 16 Jahren freigegeben ist. Erkläre mithilfe der Begriffe im Wortspeicher, warum das nicht erlaubt ist.

Wortspeicher
- Jugendschutzgesetz
- Regelung
- Altersbeschränkung
- Strafe

○ 1–3   ◔ 4, 5, 7   ● 6

Prügelstrafe adé

1 Prügelnder Lehrer (Zeichnung aus der Mitte des 19. Jahrhunderts)

Wenn Johannas Uropa ihr von seiner Schulzeit erzählt, traut sie kaum ihren Ohren. „Wenn der Lehrer schlechte Laune hatte oder ein Kind frech war, dann gab es Schläge. Eine Ohrfeige war gar nichts. Sonst regierte der <u>Rohrstock</u>." Jungen schlugen die Lehrer mit dem Stock auf den Hosenboden, Mädchen bekamen mit dem Lineal Schläge auf die Finger. Noch bis nach 1970 waren Schläge an den Schulen in Nordrhein-Westfalen verbreitet. Auch Ohrfeigen oder das Ziehen an Ohren oder Haaren nannte man „körperliche ↗ <u>Züchtigung</u>".

der Rohrstock
leichter, hohler, leicht elastischer Holzstab zum Schlagen als Bestrafung

Auf die „Eselsbank"

Nicht nur Schläge waren in den Schulen früher üblich, auch andere Dinge, die heute verboten sind. Wer den Unterricht störte, musste mit dem Gesicht zur Rückwand des Klassenzimmers stehen. Schülerinnen und Schüler, die die Lehrkraft für weniger klug hielt, wurden in die letzte Bankreihe, die „Eselsbank", gesetzt. Oder die Schülerin bzw. der Schüler musste eine Eselsmütze aufsetzen und sich vor die Klasse stellen, denn der Esel galt früher als unintelligentes Tier. Die anderen Schülerinnen und Schüler lachten sie oder ihn dann aus.

Das Gesetz schützt vor Prügel und anderer Gewalt

1973 wurde in ganz Deutschland die Prügelstrafe in der Schule verboten. Damit schützte der Staat die Kinder in der Schule vor Gewaltanwendungen. Seit dem Jahr 2000 steht fest im Gesetz verankert, dass niemand – weder Lehrkräfte noch andere Erwachsene – Kinder und Jugendliche körperlich schaden, seelisch verletzen oder entwürdigend behandeln dürfen.

Wenn dir Gewalt angetan wird oder wenn du siehst, wie andere geschlagen werden, solltest du nicht zögern, etwas dagegen zu tun. In der Schule sind Lehrkräfte oder Schulsozialarbeiter deine Ansprechpartner. Außerhalb der Schule kannst du dich natürlich an deine Eltern, Verwandten oder die Polizei wenden. Wenn du niemanden kennst, den du persönlich ansprechen kannst, sieh im Internet nach, welche Kinder-Notrufnummer für dich in deiner Stadt oder im Landkreis zutrifft.

Dorfschulen hatten bis ins letzte Jahrhundert oft Klassen mit 50 oder mehr Kindern. Dort wurde sehr streng auf Disziplin geachtet. So ist in alten Schulordnungen zu lesen:

Jeder Schüler muss zur rechten Zeit kommen und in seiner Bank über seiner Tafel und den Büchern still und aufrecht sitzen. Dabei liegen die Hände geschlossen auf dem Tisch, der Rücken ist hinten angelehnt und die Füße werden parallel nebeneinander auf den Boden gestellt.

Das Zuflüstern von Antworten, Abschreiben oder Abschreibenlassen ist verboten.

In der Schule und auf dem Schulhof ist kein Geschrei und Geschwätz gestattet.

Sämtliche Kinder schauen dem Lehrer fest ins Auge.

Beim Antworten hat sich das Kind zu erheben, gerade zu stehen, dem Lehrer fest ins Auge zu schauen und in vollständigen Sätzen rein und laut zu sprechen.

Wer gegen diese Regeln verstößt, soll den Stock des Schulmeisters zu spüren bekommen.

2 Schulordnung von 1879

3 Ein altes Klassenzimmer aus dem 19. Jahrhundert in einem Schulmuseum

die Disziplin
das genaue Einhalten von bestimmten Vorschriften oder vorgeschriebenen Verhaltensregeln

Merke
- Bis vor 50 Jahren waren körperliche Strafen in der Schule nichts Ungewöhnliches.
- Seit den 1970er Jahren sind solche Strafen in der Schule verboten.
- Im Jahr 2000 wurde fest im Gesetz verankert, dass Kinder und Jugendliche noch stärker vor Gewaltanwendungen geschützt werden.

Aufgaben

1 a) Beschreibe die **Abb. 1** und **3**. Wie erlebten die Kinder wohl den damaligen Unterricht?
b) Vergleiche den alten Klassenraum mit deinem jetzigen.

2 Vergleiche die Schulzeit von Johannas Uropa mit deiner jetzigen.

3 Beschreibe, wie du dich fühlen würdest, wenn du mit einer „Eselsmütze" in der Klasse sitzen müsstest.

4 [MK] Recherchiert im Internet, welches Gesetz im Jahr 2000 in Kraft getreten ist, das Schülerinnen und Schüler vor Gewaltanwendungen von Erwachsenen schützt. Wenn ihr Schwierigkeiten bei der Suche habt, lasst euch von eurer Lehrkraft helfen.

5 Vergleicht die Regeln aus der Schulordnung von 1879 (→ **Abb. 2**) mit einer Schulordnung von heute. Gibt es Regeln, die auch heute noch gelten?

6 Befragt eure Großeltern oder bereits etwas ältere Personen nach ihren Erfahrungen während ihrer Schulzeit. Welche Regeln mussten sie damals einhalten und wie hat ihnen die damalige Schulzeit gefallen? Präsentiert die Antworten in der Klasse.

7 a) Versucht, eine Weile lang die alten Regeln aus **Abb. 2** zu befolgen.
b) Besprecht in der Klasse, wie ihr euch dabei gefühlt habt.

○ 1–3 ◐ 5, 6 ● 4, 7

Familien im Wandel

Die meisten Menschen wohnen mit ihren Familien zusammen. Es gibt aber auch alleinstehende Personen, Menschen in Heimen und Obdachlose. Beim Zusammenleben entstehen häufig Konflikte – fast täglich gibt es Streitigkeiten und Auseinandersetzungen wegen der Hausarbeit oder anderen Aufgaben, die erledigt werden müssen. Oft führen Konflikte zwischen den Eltern zu einer Trennung, unter der die Kinder leiden müssen.

Ich werde ...

- Konflikte in Familien kennenlernen.
- erfahren, dass auch Kinder bei der Hausarbeit mithelfen müssen.
- lernen, dass Familienmitglieder oft verschiedene Nachnamen tragen.
- feststellen, dass viele Kinder von Scheidungen und Trennungen betroffen sind.

Wusstest du, dass ...

- Frauen früher noch häufiger die Hausarbeit übernommen haben?
- man von einer Kleinfamilie spricht, wenn die Eltern nur mit ihren Kindern zusammenleben?
- Familien früher ganz anders aussahen als heute?
- für viele Menschen das Haustier ein richtiges Familienmitglied ist?

🌐 **Podcast**
Mini-Hörspiel zum Einstieg
2ig5as

Familie – was ist das eigentlich?

1 Großfamilie

2 Bild einer „Normalfamilie"

die Generation
Gesamtheit der Angehörigen einer bestimmten Altersstufe

Der 12-jährige Tim staunt, als er sich zusammen mit seinen Eltern alte Familienfotos anschaut. Verwundert stellt er fest, dass drei Generationen – Großeltern, Eltern und die Kinder – zusammen in einer Wohnung gelebt haben. Heute lebt Tim mit seinen Eltern in einer Drei-Zimmer-Wohnung in Duisburg. Eine seiner Großmütter wohnt in einem Altenheim in Beckum. Und die andere Großmutter hat ihren Wohnsitz mit ihrem Mann zusammen in München. Die Geschwister von Tims Eltern, also Tims Onkel und Tanten, leben überwiegend in Norddeutschland und in Berlin.

die Erwerbsarbeit
bezahlte Tätigkeit, berufliche Arbeit

Von der Groß- zur Kleinfamilie

Vor gut 100 Jahren haben Großfamilien (→ **Abb. 1**) in Deutschland meist auf engem Raum zusammengelebt. Familien, in denen die Kinder gemeinsam mit ihren Eltern und Großeltern unter einem Dach wohnen, sind heute nur noch ganz selten. Um das Jahr 1900 hatte jeder Haushalt zwischen vier und fünf Mitglieder. Heute leben die meisten

🌐 **Einfach erklärt**
Wie viele Haushalte gibt es eigentlich in Deutschland?
2ig5as

Menschen in einer Kleinfamilie. Durchschnittlich wohnen heute zwei bis drei Personen zusammen. Von einer Kleinfamilie spricht man, wenn Mutter, Vater und die Kinder zusammen in einem Haushalt wohnen. Drei Viertel aller Kinder in Deutschland leben in einer Kleinfamilie.

Eine typische Familie?

Was eine Familie ist, wissen wir natürlich: Eltern leben gemeinsam mit ihren Kindern unter einem Dach (→ **Abb. 2**). Die Eltern sind meistens verheiratet, gehen beide einer Erwerbsarbeit nach und erledigen gemeinsam die Hausarbeit. Die Kinder verlassen den Haushalt meistens, wenn sie einen Beruf erlernt haben oder mit dem Studium beginnen. Weitere Familienangehörige wie Tanten und Onkel wohnen in anderen Haushalten, manchmal in weit entfernten Städten oder sogar anderen Ländern. Die Großeltern leben ebenfalls im eigenen Haushalt oder alternativ in Altenheimen bzw. Seniorenzentren.

3 Alleinerziehende Mutter

4 Lebensform Regenbogenfamilie

Andere Formen des Zusammenwohnens

Neben der Kleinfamilie gibt es eine Vielzahl von weiteren Wohnformen. Nach einer Trennung der Eltern leben die Kinder zumeist in einer „Ein-Eltern-Familie". Der Anteil von Alleinerziehenden ist gleichbleibend hoch. Auch heute noch sind es eher Frauen, die in dieser Wohnform allein mit ihren Kindern zusammenwohnen (→ **Abb. 3**). Daneben gibt es „Patchworkfamilien", in denen Frauen und Männer nach einer Trennung zusammen mit ihren jeweiligen Kindern leben. Von „Regenbogenfamilien" (→ **Abb. 4**) spricht man, wenn zwei ↗ gleichgeschlechtliche Partner mit eigenen oder adoptierten Kindern zusammenleben. Manche Kinder und Jugendliche haben ihr Zuhause in Wohngemeinschaften oder in Pflegefamilien.

Wie wohnen Kinder heutzutage?

Norman, Johanna, Janni und Naledi tauschen sich darüber aus, wie und mit wem sie zusammenwohnen. Norman (11 Jahre) berichtet: „Bei meinen Pflegeeltern weiß ich, dass sie voll und ganz hinter mir stehen, mir vertrauen und an mich glauben." Johanna (12 Jahre) betont: „Das ist auf jeden Fall besser, als mit Eltern zusammenzuwohnen, die sich nicht wirklich lieben."

Janni (12 Jahre) erzählt: „Meine Mutter lebt in einer gleichgeschlechtlichen Partnerschaft mit ihrer neuen Freundin zusammen. In meiner idealen Familie würden alle unter einem Dach wohnen: mein Vater und seine Freundin, meine Mutter und ihre Freundin – einfach alle zusammen. Eine riesige Familie zu haben, wäre schön." Naledi (12 Jahre) teilt ihre Erfahrungen mit großer Freude mit: „Meine Familie, das sind meine Mama, mein Vater, mein Opa, meine Tante und mein Onkel. Und natürlich meine Uroma, die schon 97 Jahre alt ist."

> *In einem Familienstammbaum kannst du die Mitglieder der eigenen Familie eintragen und deutlich machen, wie die einzelnen Personen miteinander verwandt sind.*

die Patchworkfamilie

Das Wort setzt sich zusammen aus den Wörtern „patchwork" (engl.), was „Flickwerk" bedeutet, und Familie.

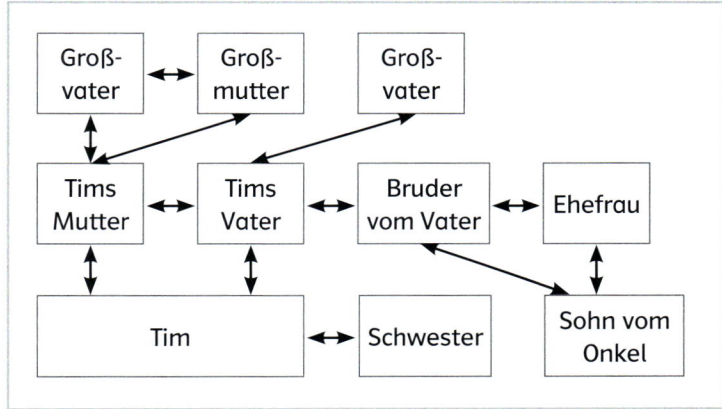

5 Stammbaum von Tims Familie

Merke

- Die meisten Kinder in Deutschland leben in einer Kleinfamilie.
- In Deutschland besteht ein Haushalt, in dem Kinder leben, meistens aus drei oder vier Personen.
- Neben dem Leben in einer Kleinfamilie gibt es viele andere Wohnformen.

Aufgaben

1 a) Beschreibe den Haushalt, in dem du lebst, möglichst genau.
b) 👥 Vergleicht eure Ergebnisse.

2 Verfasse mithilfe der Begriffe im Wortspeicher einen Vortrag über die verschiedenen Familienformen.

3 Entwirf für deine Familie einen Stammbaum (→ **Abb. 5**).

Wortspeicher
- „Normalfamilie"
- Großfamilie
- Alleinerziehende
- Regenbogenfamilie
- Single
- Patchworkfamilie

○1 ◗2 ●3

Alleine oder zusammen leben?

1 Bens Familie diskutiert.

Verschiedene Wohnformen führen zu ganz unterschiedlichen Situationen im Zusammenleben. Während eine „Normalfamilie" regelmäßig zum Abendessen zusammenkommt, kann es beispielsweise in einer Wohngemeinschaft (WG) dazu kommen, dass sich dessen Mitglieder mehrere Tage gar nicht sehen. Wohnt ein Mensch ganz alleine in einem „Singlehaushalt", gestaltet sie oder er den Tagesablauf ganz individuell nach den eigenen Wünschen.

Alleine oder zusammen wohnen?

Menschen nutzen die unterschiedlichsten Wohnformen: Menschen wohnen in einer Normal- oder Großfamilie, in einer WG, alleine in einem Singlehaushalt, in einem Seniorenzentrum oder in einem Heim (meistens Kinder und Jugendliche). Jede Wohnform bringt Vor-, aber auch Nachteile mit sich.

der Trubel
geschäftiges Treiben, aufgeregtes Durcheinander

Der 14-jährige Ben sitzt mit seinem Vater am Küchentisch. Beim Essen fragt Ben seinen Vater, dessen Eltern vor einem halben Jahr in ein Seniorenheim gezogen sind, wie er früher gelebt hat. „Oh, das ist eine lange Geschichte", antwortet der Vater. „Nachdem ich bei Oma und Opa ausgezogen bin, habe ich erst einmal in einer WG gelebt. Danach habe ich alleine gewohnt. Nach ein paar Jahren habe ich dann deine Mutter kennengelernt und bin mit ihr zusammengezogen."

Bens Schwester Luisa (18 Jahre) möchte gerne zu Hause ausziehen. Gespannt verfolgt Ben am nächsten Tag das Gespräch zwischen ihr und ihren Eltern (→ **Abb. 1 und 2**):

Luisa: „Ich möchte ausziehen. Aber ich weiß noch nicht, wie ich wohnen möchte."
Mutter Nina: „Hat dir das Gespräch mit Ricarda nicht geholfen?"
Luisa: „Ja doch, aber sie hat ja auch Glück, weil sie mit zwei Freunden eine WG gründen will. Und eine Wohnung haben sie auch schon gefunden. Sie hätten sogar noch ein Zimmer frei."
Vater Christian: „Eine WG ist doch nichts für dich. Zwar sind die Mieten dort günstiger, aber es gibt dort auch immer viel Trubel und Streitigkeiten. Das habe ich in meiner WG so erlebt."
Mutter Nina: „Aber es gibt auch viele Vorteile. Das Zusammenleben mit anderen jungen Leuten ist unterhaltsam und abwechslungsreich. Man kann viel gemeinsam unternehmen."
Luisa: „Ja, aber ich habe auch Angst vor Konflikten, vor allem bei der Erledigung der Aufgaben im Haushalt. Aber mit den richtigen Freundinnen und Freunden würde ich wahrscheinlich wirklich eine WG bevorzugen. Dann vermisse ich vielleicht nicht so sehr das Familienleben."
Mutter Nina: „Da die Mietkosten nicht so hoch sind, kannst du dir dann auch öfter Extras wie Wochenendausflüge leisten."
Luisa: „Ja, das stimmt. Ich sollte Ricarda fragen, ob ich ihre Freunde kennenlernen kann."

2 Luisa (18 Jahre) diskutiert mit ihren Eltern.

Leben in einer WG

Wie alle anderen Wohnformen bringt auch das Wohnen in einer WG Vor- und Nachteile mit sich. Die Wohnform ist billiger als das Anmieten eines Apartments. Zudem lernt man eine neue Stadt kennen, sofern man etwas weiter weg zieht. Von Nachteil sind die häufigen Konflikte aufgrund unterschiedlicher Ansichten, z.B. zur Ordnung und Sauberkeit.

Leben in einem Heim

In Deutschland leben ungefähr 78 000 Kinder und Jugendliche unter 18 Jahren in Heimen. Einige haben das Elternhaus auf eigenen Wunsch verlassen, weil sie große Streitigkeiten mit ihren Eltern hatten oder ihnen sogar Gewalt angetan wurde. Kommt so etwas vor, entscheiden Sozialarbeiterinnen und Sozialarbeiter der Gemeinde, dass ein Leben außerhalb der Familie für sie besser ist. Ein Teil der Mädchen und Jungen, die in Heimen groß werden, ist jedoch auch durch eigenes gewalttätiges, aggressives oder kriminelles Verhalten aufgefallen.

Leben als Single

Alleine zu leben ist für viele Menschen ein großer Traum. Man kann in seiner Wohnung tun und lassen, was man will. Es gibt keine Eltern oder andere Mitbewohnerinnen und Mitbewohner, mit denen es eventuell Auseinandersetzungen geben könnte. Ein Nachteil ist, dass das Wohnen alleine viel teurer ist, als in einer Gemeinschaft.

das Apartment
kleine Wohnung

- Man lernt schnell Menschen kennen, wenn man in eine neue Stadt zieht.
- Es gibt Streit zwischen den Eltern und Kindern wegen des Aufräumens.
- Das Wohnen ist teuer.
- Man kann machen, was man will.
- Das abwechslungsreiche Zusammenleben macht Spaß.
- Bei körperlichen Problemen erhält man schnell Hilfe.
- Man muss seine eigene Wohnung verlassen.
- Sauberkeit und Ordnung können zu Konflikten unter den Bewohnerinnen und Bewohnern führen.

3 Unterschiedliche Wohnformen bringen Vor- und Nachteile mit sich.

Merke

- **Jede Wohnform hat Vor- und Nachteile.**
- **Die meisten Menschen wohnen in Familien.**
- **Singlehaushalte, Wohngemeinschaften und Heime sind andere Wohnformen.**

Aufgaben

1 a) Nenne die Vor- und Nachteile für das Leben
- in einer Familie,
- in einer Wohngemeinschaft,
- als Single und
- im Seniorenheim.

Sortiere deine Ideen sowie die Vor- und Nachteile aus **Abb. 3** in eine vierspaltige Tabelle ein.

MK b) Recherchiere im Internet nach weiteren Vor- und Nachteilen dieser Wohnformen.

2 a) Befrage deine Eltern und Verwandten, wie sie früher gelebt haben. Trage die erhaltenen Antworten in eine Tabelle ein.

b) 🧑‍🤝‍🧑 Vergleicht und ergänzt eure Ergebnisse.

3 a) Erläutere, welche Wohnform dir am besten gefällt. Begründe deine Einschätzung.

b) 🧑‍🤝‍🧑 Tauscht euch über eure Vorstellungen aus. Gibt es Gemeinsamkeiten und/oder Unterschiede?

b) 🧑‍🤝‍🧑 Erstellt ein Plakat mit euren Erkenntnissen, das ihr der Klasse vorstellt.

Gleiche Rechte = gleichberechtigt?

1 Artikel 3 der Verfassung der Bundesrepublik Deutschland

2 Sven hilft beim Abwasch.

gleichberechtigt
mit gleichen Rechten ausgestattet

die Immobilie
unbeweglicher Besitz (z. B. Haus, Grundstück, Gebäude)

„Männer und Frauen sind gleichberechtigt", liest Isabel der Klasse vor. Paula bezweifelt diese Aussage: „Ich glaube nicht, dass Frauen und Männer die gleichen Rechte haben. Meine Oma hat mir erzählt, dass ihr Mann ihr früher verbieten wollte, zu arbeiten. Sie sollte sich zu Hause um die Kinder kümmern." „Das ist aber schon lange her – heute ist das doch ganz anders", ergänzt Sven, dessen Mutter und Vater beide arbeiten.

Der Blick zurück: Brunhilde (geb. 1927)
„Nachdem ich die Schule verlassen habe, habe ich schnell meinen späteren Mann Wilhelm kennengelernt. Eine Berufsausbildung hatte ich nicht. Dafür aber vier Kinder. Wilhelm bestand darauf, dass eine Frau nicht arbeiten müsse. Er verbot mir sogar, eine Stelle als Putzfrau in einer Arztpraxis anzunehmen."

Der Blick zurück: Sigrid (geb. 1949)
„Ich habe nach dem Verlassen der Schule einen Beruf erlernt. Ich wollte auf jeden Fall eigenes Geld verdienen. Mit 26 Jahren habe ich meinen Mann Volker kennengelernt und bin mit ihm zusammengezogen. Nach der Geburt des ersten Kindes habe ich meine Arbeit im Kaufhaus aufgegeben. Nachdem die beiden Kinder das Haus verlassen hatten, begann ich wieder zu arbeiten. Nun arbeite ich halbtags in einer Buchhandlung."

Heute: Lisa (geb. 1985)
„Ich habe den Beruf Bürokauffrau erlernt. Nach meiner Heirat und der Geburt des zweiten Kindes habe ich die Arbeit für zwei Jahre unterbrochen. Jetzt arbeite ich halbtags in einer großen Immobilienfirma. Mein Mann Markus hat ebenfalls seine Stunden reduziert. Wir verdienen trotzdem genug Geld und haben viel Zeit für unsere Kinder. Die Hausarbeit, das Putzen, Kochen, Waschen und die Kindererziehung übernehmen wir zusammen."

Heute: Kai (geb. 1986)
„Das Leben als Hausmann habe ich mir nicht so vorgestellt. Die Belastungen der Hausarbeit lernt man wirklich erst kennen, wenn man sie jeden Tag erledigen muss. Im Haushalt fällt immer etwas an: Kochen, Fenster putzen, Wäsche waschen, staubsaugen, bügeln usw. Und dann bekommst du nur selten ein Lob oder eine Bestätigung.
Meine Freunde machen eher Witze über mein Leben als Hausmann. Sie übersehen die Bedeutung der Hausarbeit, die ja nun einmal gemacht werden muss. Ich finde, dass auch Hausarbeit entlohnt werden müsste. Was mir aber total gut gefällt ist, dass ich unsere Kinder so häufig sehe."

Gleiche Rechte – gleiche Chancen?

Viele Jahre durfte eine Ehefrau nur dann eine Erwerbsarbeit annehmen und Geld verdienen, wenn dies mit ihren Pflichten in der Ehe und Familie vereinbar war. Verheiratete Frauen waren meist für den Haushalt und die Erziehung der Kinder verantwortlich. Der Mann verdiente das Geld. Erst im Jahr 1977 änderte sich die Situation. Gesetzlich wurde festgelegt: „Die Ehegatten regeln die Haushaltsführung im gegenseitigen <u>Einvernehmen</u>." Das bedeutet, dass sich Mann und Frau gleichberechtigt um den Haushalt und die Erziehung der Kinder kümmern sollen.

Einvernehmen
Einigkeit, Übereinstimmung

3 Wer macht was im Haushalt?

In deiner eigenen Wohnung musst du dich später auch um den Haushalt kümmern.

Merke

- Frauen und Männer sind gleichberechtigt.
- Die Arbeiten im Haushalt werden von Frauen und Männern übernommen.
- Ein immer beliebteres Modell: Die Frau geht arbeiten, während sich der Mann um den Haushalt kümmert.

Aufgaben

1 a) Erkläre, was der Begriff „Gleichberechtigung" für dich bedeutet.
b) 👥 Vergleicht und ergänzt eure Ergebnisse.

2 👥 **a)** Beschreibt den Inhalt der **Abb. 3** in eigenen Worten.
b) Erklärt die Reaktion des Mädchens.

3 👥 Erläutert, wie sich die Rolle der Frau im Laufe der Geschichte verändert hat. Die Textabschnitte auf S. 46 helfen euch dabei.

4 Fasse zusammen, was Kai an seiner aktuellen Lebenssituation gut findet und was er bemängelt.

5 a) Recherchiere, ob die Mütter und die Großmütter deiner Eltern erwerbstätig gewesen sind.
b) 👥 Vergleicht eure Ergebnisse.

○ 1, 4   ◐ 2, 3   ● 5

Wieso immer ich? – Familienkonflikte

Essen ist fertig! Manuel, holst du bitte Sprudel aus dem Keller. Christina, deck bitte den Tisch.

Ich muss noch meine Hausaufgaben erledigen!

Ich war erst gestern im Keller. Heute ist Christina dran. Ich habe auch schon die Spülmaschine ausgeräumt.

Haha, das stimmt gar nicht, das waren ja nur die Milchbecher vom Frühstück.

Wenn ihr für heute genug gearbeitet habt, kann ich ja die nächsten Wochen Urlaub machen.

Ich habe nämlich neben meinem Halbtagsjob die ganze Woche das Essen gekocht, die Wäsche gewaschen, gebügelt …

1 Alltag bei Familie Jensen

Die Situation aus **Abb. 1** kennst du bestimmt aus deinem gewohnten Familienalltag. Die Hausarbeit, das Aufräumen der eigenen Zimmer, die Nutzung des Fernsehers und des Smartphones, der Zeitpunkt des Zubettgehens und die Erledigung der Hausaufgaben sind immer wieder Themen, die Anlass für Streitigkeiten und Konflikte geben. In allen Familien hört man Aussagen wie: „Wieso denn immer ich?" oder „Mein Bruder/Meine Schwester sollte sich auch mal darum kümmern!" Was viele nicht wissen: Kinder sind verpflichtet, Aufgaben im Haushalt zu übernehmen, die ihrem Alter entsprechen.

Konflikte lösen

Konflikte gehören zum Leben dazu. In einer Familie haben die einzelnen Familienmitglieder oft unterschiedliche Meinungen. Wichtig ist, dass man lernt, mit Konflikten umzugehen. Dazu sollte man immer die Meinung der anderen Person erfragen und ihr gut zuhören. In einem oder auch mehreren Gesprächen versucht man dann, eine Lösung für das Problem zu finden.

die Ehescheidung (kurz Scheidung)

Auflösung einer Ehe

Noah, Anastasia, Karolin, Max und Leonie (alle 12 Jahre alt) sprechen über die Frage, wer bei ihnen zu Hause die Hausarbeit übernimmt:

Noah: „Mein Vater kümmert sich um alles. Wenn ich nach Hause komme, ist das Essen fertig, mein Zimmer aufgeräumt. So muss das auch sein!"

Anastasia: „Ich muss mein Zimmer selber sauber halten und in der Küche helfen. Meine Geschwister helfen auch. Das ist bei uns klar geregelt."

Karolin: „Also, ich drücke mich, wo ich kann, und warte immer so lange, bis es Zoff gibt. Manchmal handeln wir auch etwas aus …"

Max: „Ich überlasse meiner Schwester die Hausarbeit. Ich habe schon genug mit meinen Hausaufgaben zu tun. Außerdem will ich genug Zeit haben, um noch PC spielen zu können."

Leonie: „Nach der Scheidung meiner Eltern, muss unsere Mutter arbeiten gehen, sonst reicht das Geld nicht aus. Deshalb haben mein Bruder und ich feste Aufgaben, wie z.B. Wäsche zusammenlegen, Müll rausbringen, Tisch abräumen und unsere Zimmer saubermachen."

2 Wer macht was zu Hause?

Mutter Kerstin (38 Jahre)

Mutter Kerstin hat eine Vollzeitstelle in ihrem Betrieb, d.h., sie arbeitet in der Regel ca. 8 Stunden pro Tag. Wenn sie dann am späten Nachmittag nach Hause kommt, muss noch ein Teil der Hausarbeit erledigt werden: Aufräumen, Abendessen vorbereiten, Spülmaschine ein- bzw. ausräumen – diese Arbeiten fallen jeden Tag an. Manchmal ist sie über das Verhalten von Christina und Manuel enttäuscht, da sie so wenig im Haushalt mithelfen.

Tochter Christina (11 Jahre)

Christina kann heute nicht helfen, weil sie viele Hausaufgaben machen muss. Sie erledigt sowieso viel mehr Aufgaben im Haushalt als ihr Bruder Manuel. Weil sie keine Zeit hat, ist sie der Meinung, dass Manuel heute einmal ihre Pflichten übernehmen sollte. Sie ist wütend darüber, dass ihr Bruder ihr vorrechnet, wie viel er im Haushalt hilft. Dabei erledigt er oft nur Kleinigkeiten. Verständnis für ihre Mutter hat sie aber auch.

Vater Thomas (40 Jahre)

Vater Thomas hat ebenfalls eine Vollzeitstelle in seinem Betrieb. Da er früh morgens das Haus verlässt, kommt er schon am Nachmittag nach Hause. So kann er sich bereits um einige Dinge im Haushalt kümmern: Staubsaugen, Einkäufe erledigen und Wäsche bügeln. Seiner Meinung nach helfen die Kinder zu wenig im Haushalt. Für Thomas ist es selbstverständlich, dass die Kinder ihre Eltern bei der Hausarbeit unterstützen.

Sohn Manuel (13 Jahre)

Manuel hat kein Verständnis dafür, dass Christina nicht helfen kann, weil sie ihre Hausaufgaben erst fertig machen möchte. Das kann sie schließlich auch nach dem Essen noch tun. Seiner Meinung nach sollte sie heute sogar den Tisch decken und Getränke holen. Er hat schließlich gestern schon etwas für den Haushalt getan. Er denkt, jedes Kind sollte genau gleichviel im Haushalt mit anpacken. Wenn er mal etwas mehr tun muss, fühlt er sich ungerecht behandelt.

3 Vier Familienmitglieder – vier Meinungen

„Ich bin überhaupt noch nicht müde!"
Diesen Satz von Kindern hört man in vielen Familien. Doch nicht nur dieser Satz ist bekannt und führt in vielen Familien zu Streitigkeiten. Neben dieser Aussage gibt es noch weitere Sätze, die zu großen Konflikten führen können:

- „Alle anderen aus meiner Klasse dürfen das. Nur ich nicht!"
- „Das benutze ich doch morgen wieder. Warum soll ich das wegräumen?"
- „Igitt, ich will keinen Rosenkohl essen. Der schmeckt eklig!"

Merke
- In einer Familie gibt es immer wieder Auseinandersetzungen zwischen Eltern und ihren Kindern.
- Wichtig ist, dass man lernt, mit Konflikten umzugehen und sie im besten Fall zu lösen.

Aufgaben

1 a) Erläutere, welche Aussagen (→ **Abb. 2**) auf dein Leben zutreffen.
b) 🧑‍🤝‍🧑 Vergleicht eure Ergebnisse.

2 a) 🧑‍🤝‍🧑 Tauscht euch darüber aus, welche Themen bei euch zu Hause zu Konflikten führen.

b) Erklärt euch gegenseitig, wie die Konflikte bei euch zu Hause gelöst werden.

3 🧑‍🤝‍🧑 **a)** Fasst die Meinungen der der vier Familienmitglieder (→ **Abb. 3**) in eigenen Worten zusammen.
b) Erläutert und begründet, welchen Meinungen ihr zustimmt.

c) Erläutert und begründet, welche Meinungen ihr ablehnt.

4 🧑‍🤝‍🧑 **a)** Entwickelt ein Rollenspiel, das einen Streit innerhalb einer Familie darstellt.
b) Verteilt die Rollen und übt das Rollenspiel ein.
c) Präsentiert das Rollenspiel vor der Klasse.

○1 ◑2, 3 ●4

Das bisschen Hausarbeit

1 Vater und Sohn befüllen die Waschmaschine.

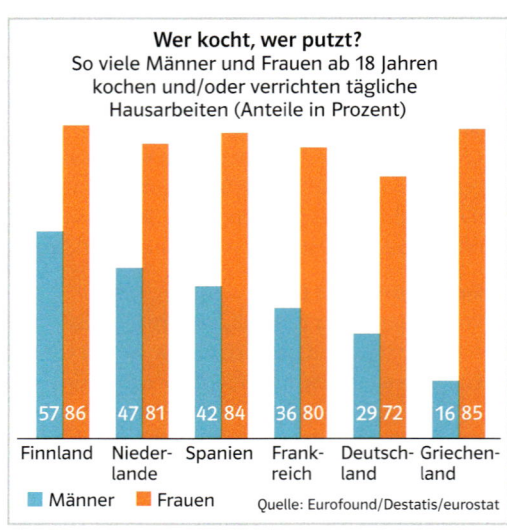

Wer kocht, wer putzt?
So viele Männer und Frauen ab 18 Jahren kochen und/oder verrichten tägliche Hausarbeiten (Anteile in Prozent)

	Finnland	Niederlande	Spanien	Frankreich	Deutschland	Griechenland
Männer	57	47	42	36	29	16
Frauen	86	81	84	80	72	85

Quelle: Eurofound/Destatis/eurostat

2 Hausarbeit von Männern und Frauen im Vergleich von sechs Ländern

die Haus- und Familienarbeit
Dazu zählen alle in einem Haushalt anfallenden Arbeiten.

entlohnen
jemandes Tätigkeit, Arbeit bezahlen

Viele Menschen betrachten die Arbeit im Haushalt nicht als „richtige" Arbeit. Das Putzen, Kochen und Backen sind allerdings ebenso wie die Kindererziehung und die Pflege kranker Familienmitglieder wichtige Nebentätigkeiten. Anders als die Erwerbsarbeit wird die Haus- und Familienarbeit jedoch nicht entlohnt. Eine besondere Herausforderung haben alleinerziehende Personen zu bewältigen: Sie müssen sowohl die Erwerbs- als auch die Haus- und Familienarbeit erledigen.

Hausarbeit früher und heute

Früher wurde die Haus- und die Familienarbeit überwiegend von Frauen erledigt. Die Frauen kochten, bügelten, putzten und betreuten die Kinder. „Das bisschen Hausarbeit ist leicht zu bewältigen", dachten viele Männer. Ein großer Teil der Frauen dachte anders: Sie fanden die Hausarbeit nicht nur anstrengend, sondern auch langweilig. Heute wollen viele Frauen auch einer Erwerbsarbeit nachgehen und viele Männer haben den Wunsch, sich mehr an der Erziehung der Kinder oder der Hausarbeit zu beteiligen. Wenn in einer Familie Mutter und Vater erwerbstätig sind, müssen sie sich einigen, wer welche Tätigkeiten übernimmt. Die Diskussion, wer welche Aufgaben der Hausarbeit übernimmt, führt dabei manchmal zu Konflikten. Auch Kinder sind gesetzlich dazu verpflichtet, im Haushalt mitzuhelfen.

Veränderungen benötigen Zeit

Männer äußern in Befragungen häufiger, dass sie sich mehr Zeit für das Familienleben wünschen. Sie geben an, sich auch mehr an den Arbeiten beteiligen zu wollen, die durch das Familienleben und die Hausarbeit entstehen. Die Erwerbsarbeit spielt im Leben der Männer aber immer noch eine größere Rolle als bei ihren Lebenspartnerinnen (→ **Abb. 2**). Die meisten Frauen arbeiten pro Woche weniger Stunden in ihrem Beruf als Männer. Veränderungen, sowohl im Bereich des Haushalts wie auch im Bereich der Erwerbsarbeit, stellen sich nicht von heute auf morgen ein – sie benötigen meistens viele Jahre.

Unterschiedliche Meinungen

Die Klasse 6b beschäftigt sich mit dem Thema Hausarbeit. Dabei wird deutlich, dass die Schülerinnen und Schüler dazu unterschiedliche Meinungen haben. Die Lehrerin notiert einzelne Äußerungen an der Tafel (→ **Abb. 3**). Im Anschluss daran sollen die Schülerinnen und Schüler schriftlich begründen, welche der Meinungen sie richtig oder falsch finden.

Florian: „Hausarbeit ist keine richtige Arbeit, deshalb wird sie auch nicht bezahlt."

Jasmin: „Eine Hausfrau hat viel mehr Freizeit, sie kann häufiger Pausen machen."

Alexander: „Jeder sollte das machen, was er am besten kann: Der Mann geht arbeiten und die Frau kümmert sich um den Haushalt."

Julia: „Der Vater kann genauso gut für die Kinder sorgen wie die Mutter."

3 Meinungen von Schülerinnen und Schülern

Wer übernimmt was im Haushalt?

Ayse streitet sich schon seit Wochen mit ihrem Ehemann Tim über die gerechte Verteilung der Hausarbeit. Sie findet, dass er mehr Aufgaben im Haushalt übernehmen sollte. Tim meint, dass das nicht möglich sei, da er einen Vollzeitjob habe. Deshalb hätte er nicht so viel Zeit für die Hausarbeit. Außerdem sei die Hausarbeit zwischen seiner Frau und ihm doch ziemlich gerecht verteilt. Nach vielen Diskussionen schlägt Ayse vor, dass sie einmal ihren Tagesablauf protokollieren könnten: „Vielleicht hilft uns das bei der Lösung unseres Problems weiter", schlägt sie ihrem Ehemann vor.

Uhrzeit	Mutter Ayse 35 Jahre, Verkäuferin im Supermarkt, arbeitet 20 Stunden in der Woche	Vater Tim 38 Jahre, Verkäufer in einem Baumarkt, arbeitet 39 Stunden in der Woche
6:00	Der Wecker klingelt, Ayse steht auf, führt den Hund aus	Tim schläft noch
6:45	Ayse schmiert Butterbrote für die Kinder	Tim bereitet das Frühstück vor
8:00	Arbeitsbeginn im Supermarkt	Arbeitsbeginn im Baumarkt
12:00	Arbeitsende, Ayse holt Emine vom Kindergarten ab und bereitet Mittagessen zu	Pause
13.30	Mittagessen mit Kerim und Emine	Arbeit im Baumarkt
15:00	Hausaufgabenhilfe, Arbeit in der Küche, Wäsche waschen, Einkaufen	Arbeit im Baumarkt
18:00	Abendessen, Garten- und Hausarbeit	Arbeitsende, Abendessen, Garten- und Hausarbeit
20:00	Freizeit, Sport im Fitnesscenter	Freizeit, Zeit mit Kerim und Emine verbringen
22:00	Ayse geht schlafen	Freizeit

4 Tagesablauf von Frau und Herrn Klein

Merke
- Hausarbeit wurde früher fast ausschließlich von Frauen durchgeführt.
- Die Anzahl der an der Hausarbeit beteiligten Männer hat deutlich zugenommen.
- Die Verteilung der Hausarbeit kann zu Streit in den Familien führen.

Aufgaben

1 a) Fasse zusammen, wie die Hausarbeit bei dir zu Hause geregelt ist. Wer übernimmt welche Tätigkeiten?
b) Erkläre, ob es bei dir zu Hause manchmal auch Konflikte wegen der Erledigung der Hausarbeit gibt.
c) 👥👥👥 Vergleicht eure Ergebnisse.

2 a) Beurteile, wie du die Meinungen der Schülerinnen und Schüler zum Thema Hausarbeit (→ **Abb. 3**) findest. Notiere deine Ergebnisse in einer Tabelle.
b) 👥👥 Vergleicht eure Ergebnisse.
c) 👥👥 Ergänzt die Meinungen zur Hausarbeit (→ **Abb. 3**) durch von euch formulierte weitere Meinungen.

3 Beschreibt die Mitarbeit von Frauen und Männern im Haushalt in den einzelnen Ländern (→ **Abb. 2**).

4 a) 👥👥 Fasst zusammen, welche Aufgaben Frau und Herr Klein (→ **Abb. 4**) täglich übernehmen.
b) Stimmst du eher der Meinung von Frau Klein oder eher der Meinung von Herrn Klein zu? Begründe deine Meinung.

○1 ◐2, 4 ●3

Eine Befragung durchführen

Hallo, haben Sie einen Moment Zeit, um bei unserer Befragung mitzumachen?

1 Auch der richtige Zeitpunkt spielt bei der Befragung eine Rolle.

anonym
ohne Namens-
nennung

Wenn ihr wissen wollt, was andere Menschen über ein Thema denken, könnt ihr eine Befragung durchführen. Damit ihr die vielen verschiedenen Antworten gut vergleichen und auswerten könnt, benutzt ihr am besten Bögen (→ **Abb.2**), die schriftlich ausgefüllt werden.
Eine Befragung von Mitschülerinnen und Mitschülern solltet ihr auf jeden Fall mit den zuständigen Lehrpersonen oder der Schulleitung absprechen. Sie erlauben die Befragung, wenn die Fragen in Ordnung sind.

1. Schritt: Ziele bestimmen und Fragebogen vorbereiten
Als Erstes ist die Frage zu klären: Was wollen wir herausfinden? Im Bereich der Familie bietet sich etwa das Ziel an, herauszufinden, welche Aufgaben Jungen und Mädchen im Haushalt übernehmen und wie viel Zeit sie dafür benötigen.
Danach muss entschieden werden, wer befragt wird. Das kann die eigene Klasse, aber auch der ganze Jahrgang oder mehrere bzw. alle Jahrgänge der Schule sein.

2. Schritt: Fragen formulieren
Fragebögen sollten so gestaltet sein, dass sie schnell und eindeutig ausfüllbar sind. Dazu eignen sich *„Ja/Nein"-Fragen* oder ihr bietet Antworten an, die *nur angekreuzt* werden müssen. Die oder der Befragte hat dann eine Wahl. Natürlich kann man auch Fragen stellen, bei denen nichts vorgegeben ist und eure Mitschülerinnen und Mitschüler selbst etwas schreiben müssen. Diese *„offenen"* Fragen machen viel mehr Arbeit, liefern aber oft die interessantesten Ergebnisse.
Sind die Fragen formuliert, geht es an die Erstellung des Fragebogens. Am besten nutzt ihr dazu ein Textverarbeitungsprogramm am PC. Meistens sind solche Umfragen anonym, also ohne Namen, denn viele Befragte geben sich ungern zu erkennen.

3. Schritt: Befragung durchführen
Bei der Durchführung gibt es zwei Vorgehensweisen: Entweder befragt ihr die Personen mündlich und tragt die Ergebnisse selbst ein oder ihr lasst die Befragten die Bögen selbst ausfüllen. In beiden Fällen solltet ihr den Befragten genau erklären, was ihr von ihnen möchtet und warum ihr die Befragung durchführt. Beim Ausfüllen sollte kein Zeitdruck entstehen, sonst bekommt ihr unvollständige Bögen zurück. Sollte die Frageaktion während einer Unterrichtsstunde stattfinden, fragt vorher die Lehrkraft um Erlaubnis.

4. Schritt: Fragebögen auswerten
Je nach Art der Frage könnt ihr tabellarische Strichlisten verwenden (linke Spalte: „ja"; rechte Spalte: „nein"). Auch die Ankreuzantworten sind dadurch einfach auszuzählen. Aufwendiger sind die freien Antworten. Diese fasst ihr am besten in Stichworten zusammen. Am anschaulichsten wird es, wenn man die Ergebnisse in Form eines Balken- oder Kreisdiagramms darstellt. Vielleicht gibt es in eurer Klasse jemanden, der sich gut mit einem Tabellenkalkulationsprogramm auf dem Computer auskennt?

Thema: Wie viel helfen Jugendliche bei der Hausarbeit?

(Bitte die entsprechenden Fragen ankreuzen.)

Die Befragung ist anonym! Zuerst ein paar Fragen zu dir.#

Alter: _____ Klassenstufe: _____ Geschlecht: ☐ weiblich   ☐ männlich

1. Wie oft hilfst du in eurem Hauhalt?

☐ täglich   ☐ mehrmals in der Woche   ☐ einmal in der Woche   ☐ nie

2. Wenn du hilfst, wie viel Zeit verbringst du an einem Tag mit der Hausarbeit?

☐ weniger als 10 Minuten

☐ weniger als 30 Minuten

☐ zwischen 30 Minuten und einer Stunde

☐ mehr als eine Stunde

3. Führt die Hausarbeit zwischen dir und deinen Eltern zu Streit?

☐ nein, nie   ☐ selten   ☐ häufig   ☐ ja, sehr oft

4. Nenne bitte die drei häufigsten Arbeiten, die du zu Hause erledigst:

1. _____

2. _____

3. _____

5. Findest du es richtig, dass größere Kinder oder Jugendliche zu Hause helfen?

☐ ja   ☐ nein

Bitte den Frageborgen wieder in der Klasse 5c abgeben. Vielen Dank für deine Antworten!!!

2 So könnte ein Fragebogen aussehen.

5. Schritt: Die Nacharbeit

Der Abschluss der Frageaktion ist dann die Überlegung, was gut und was nicht so gut gelaufen ist. Diese Nacharbeit ist wichtig, um künftige Befragungen noch besser zu machen. Ihr solltet euch deshalb die folgenden Fragen stellen:

• Wie hat die Arbeitsteilung in der Gruppe funktioniert?

• Waren die Fragebögen gut gestaltet?

• Ist die Auszählung reibungslos und korrekt gewesen?

• Welche Ergebnisse waren besonders wichtig?

• Welche Ergebnisse waren überraschend?

1. Schritt: Ziele bestimmen und Fragebogen vorbereiten

• Ziel der Befragung festlegen

• Entscheiden, wer befragt werden soll

2. Schritt: Fragen formulieren

• Fragen formulieren

3. Schritt: Befragung durchführen

• Befragung organisieren und durchführen

4. Schritt: Fragebögen auswerten

• Fragebögen auswerten, die Ergebnisse zusammenstellen

5. Schritt: Die Nacharbeit

• Überlegen, was gut war und was verbessert werden kann

3 Die wichtigsten Schritte bei einer Befragung

Aufgaben

1 👥 Sammelt Ideen für eine Befragung in den fünften Klassen an eurer Schule.

2 👥 Diskutiert darüber, in welchen Schritten ihr vorgehen wollt. Notiert dann den Ablauf.

3 👥 Entwickelt für die Befragung einen Fragebogen.

4 👥 a) Führt die Befragung durch.

b) Wertet die Ergebnisse aus.

c) Präsentiert die Ergebnisse vor der Klasse.

○1 ◐2 ●3, 4

53

Wie heißt die Familie?

1 Ein Klingelschild – viele Namen

	Mann	Frau	Kind/Kinder
1.	Abs	Abs	Abs
2.	Zwicker	Zwicker	Zwicker
3.	Abs	Zwicker	Abs
4.	Abs	Zwicker	Zwicker
5.	Abs	Abs-Zwicker	Abs
6.	Abs	Zwicker-Abs	Abs
7.	Zwicker-Abs	Zwicker	Zwicker
8.	Abs-Zwicker	Zwicker	Zwicker

2 So viele Kombinationen sind möglich.

Frau Abs und Herr Zwicker wollen heiraten. Claudia Abs ist überzeugt: „Ich möchte aber weiter Abs heißen. Ich hoffe, du hast nichts dagegen, Mark." „Warum sollte ich dagegen sein? Ich will meinen Namen ja auch behalten. Wir müssen uns nur auf einen Namen für unsere Kinder einigen", sagt Herr Zwicker. Die beiden sind sich also einig. Allerdings runzeln einige Freunde und Bekannte die Stirn: „Als Familie sollte man doch den gleichen Namen haben."

Ein gemeinsamer Name?

die Trauung
(auch Hochzeit)

Verheiratung
zweier Menschen

Bei der Trauung müssen Mann und Frau entscheiden, wie sie heißen wollen. Die beiden Partner können unterschiedliche Namen in der Ehe tragen, also zwei verschiedene Nachnamen haben. Früher war es in Deutschland höchst ungewöhnlich, dass die Frau ihren eigenen Namen behielt. Die meisten Frauen nehmen auch heute noch den Namen des Mannes an, Männer nur selten den Namen der Frau. Wenn beide Ehepartner einen gemeinsamen Namen tragen, so ist dieser automatisch auch der Familienname. Bei manchen Paaren entschließt sich einer der beiden Partner, seinen Nachnamen vor- oder nachzustellen (z. B. Abs-Zwicker).

Die Entscheidung

Ein gemeinsamer Nachname ist in Deutschland also nicht Pflicht. Aber die Ehepartner müssen den Familiennamen festlegen. Alle Kinder der Familie dürfen nur diesen einen Namen erhalten. Einigen sich die Eltern nicht innerhalb eines Monats nach der Geburt, überträgt ein Gericht einem Elternteil das Recht der Namensbestimmung. Herr Zwicker und Frau Abs sollten sich also frühzeitig auf einen ihrer beiden Namen als Familiennamen einigen.

Nicht verheiratete Eltern

Ob ein Kind den Namen der Mutter oder des Vaters bekommt, hängt also bei verheirateten Eltern vom Familiennamen ab. In Deutschland wird aber jedes dritte Kind unehelich geboren, die Eltern sind bei der Geburt ihres Kindes also gar nicht verheiratet. Aber auch dann müssen sich die Eltern einigen, welchen Nachnamen die gemeinsamen Kinder haben sollen. Trennen sie sich vor der Geburt eines Kindes, gibt es oft Streit. Wenn beide Elternteile das gemeinsame ↗ Sorgerecht haben, entscheiden sie gemeinsam über den Nachnamen des Kindes. Hat nur die Mutter das alleinige Sorgerecht, entscheidet sie allein.

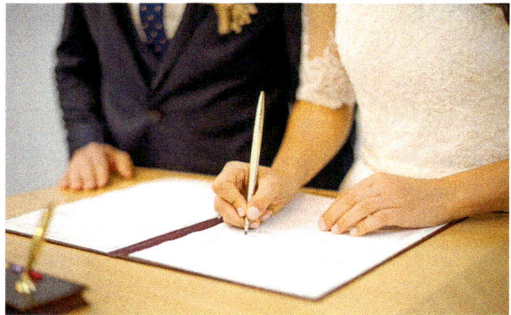

3 Wenn man heiratet, muss man auch den Familiennamen festlegen.

4 Das Standesamt ist für die Familiennamen zuständig.

Eine komplizierte Namensgebung

Die Namensgebung kann allerdings komplizierter sein, denn manche Kinder werden <u>adoptiert</u>. Sie haben dann meistens den Namen ihrer leiblichen Mutter, kommen dann aber in eine Familie mit einem anderen Namen. Das adoptierte Kind ist leiblichen Kindern völlig gleichgestellt. Meistens wollen die <u>Adoptiveltern</u>, dass ihr <u>Adoptivkind</u> sich vom Namen her nicht von der Familie unterscheidet. Das Kind bekommt dann nachträglich einen neuen Geburtsnamen. Selbst der Vorname kann geändert werden, wenn das Kind zustimmt.

<u>adoptieren</u> (von lat. adoptare) jemanden als Kind annehmen

<u>die Adoptiveltern</u> sind die nicht leiblichen Eltern eines adoptierten Kindes (<u>Adoptivkindes</u>)

Merke

• Eltern können bei der Heirat ihre eigenen Nachnamen behalten.
• Sie müssen sich auf einen gemeinsamen Familiennamen für alle ihre Kinder einigen.
• Bei unverheirateten Eltern entscheidet das Sorgerecht, welchen Namen das Kind erhält.

Aufgaben

1 a) „Ein gemeinsamer Familienname ist Pflicht." Erläutere, ob diese Aussage der Wahrheit entspricht.
b) Erläutere den Unterschied zwischen Familienname und Ehename.

2 Erläutere, wie die Namensgebung abläuft, wenn zwei Elternteile ein Kind bekommen, aber nicht verheiratet sind.

3 Erläutere mithilfe der Begriffe im Wortspeicher, wie die Namensgebung abläuft, wenn ein Kind adoptiert wird.

4 a) Nimm Stellung zur Möglichkeit, dass verheiratete Eltern nicht den gleichen Nachnamen tragen.
b) Vergleiche deine Argumente mit denen der anderen Schülerinnen und Schüler in der Klasse.

5 Diskutiert, welche Gründe es haben könnte, dass so wenige Männer den Nachnamen ihrer Frau annehmen.

6 a) Führt eine kurze Befragung in euren Parallelklassen durch: Wie viele Schülerinnen und Schüler haben Eltern mit unterschiedlichen Namen? Wie empfinden die betroffenen Kinder das?
b) Präsentiert eure Ergebnisse vor der Klasse.

Wortspeicher
– Adoptivkind
– Adoptiveltern
– Geburtsname
– Familienname

○1 ◐2–4 ●5, 6

Ein Name für das Kind

1 Welcher Vorname soll es werden?

Claudia • Daniela • Denise
Friederike • Hannah • Heidi
Jasmin • Jeanette • Jennifer
Katrin • Kerstin • Kim

das Standesamt
Hier kann man staatlich heiraten oder die Geburt bzw. den Tod einer Person registrieren lassen.

das Kindergeld
Geldbetrag, den der Staat Eltern zur Verfügung stellt

Die Klasse 6b hat eine neue Schülerin. Als sie sich vorstellen soll, zögert sie. Dann sagt sie leise: „Ich heiße Florida Meier." Kaum hat sie ihren Namen genannt, da kichern einige Mitschülerinnen und Mitschüler. „Ich war schon mal in Florida!", ruft ein Junge laut in den Raum. Jetzt lachen die meisten Kinder laut. Auch die neue Schülerin muss lachen. Der Klassenlehrer Herr Strasser ruft die Klasse zur Ordnung. Nach kurzer Zeit kehrt wieder Ruhe ein.

Im Standesamt

Wenn ein Kind geboren ist, sind die Eltern verpflichtet, die Geburt zu melden. Mit der Bescheinigung des Krankenhauses oder der Hebamme (bei einer Geburt zu Hause) gehen die Eltern zum Standesamt der Stadt, in der das Kind geboren wurde. Dort bekommen sie die Geburtsurkunde. Sie ist ein wichtiges Dokument für das ganze Leben. Die Eltern müssen diese Urkunde z. B. vorlegen, wenn sie Kindergeld beantragen. Dem Standesamt geben sie den Familien- und den gewünschten Vornamen des Kindes an. Erst dann hat das Kind offiziell einen Namen.

Ungewöhnliche Namen

Bisher wählten vor allem Prominente unübliche und Phantasienamen für ihre Kinder. Hollywood-Stars wählten zum Beispiel Namen wie Apple, Dandelion (engl. für Löwenzahn) oder Fifi Trixibelle. Auch in Deutschland dürfen Eltern ihren Kindern ungewöhnliche Namen geben, z. B. Milka, Champagna oder Rapunzel.
Aber: Ob ein Kind tatsächlich den gewünschten Namen bekommt, entscheidet das Standesamt. Voraussetzung ist, dass das Geschlecht des Kindes erkennbar ist und der Name dem Kind nicht sein Leben lang schadet.

Verbotene Namen

Immer häufiger möchten Eltern ihren Kindern Namen geben, die vom Standesamt abgelehnt werden. Solche Namen spiegeln oft die Vorlieben der Eltern wider, z. B. Möhre, Kirsche oder Pfefferminza.
Namen begleiten Kinder ein Leben lang, weshalb sich Eltern bei der Namensfindung gut überlegen sollten, welchen Namen sie für ihr Kind wählen.

Namen und Familie

Früher war es üblich, dass Kinder Namen bekamen, die in der Familie Tradition hatten. Mädchen hießen wie die Mutter, Großmutter oder die Patentante, Jungen wie der Vater, Großvater oder der Patenonkel. Die Namen erinnerten an die Eltern und Großeltern und ehrten sie auf diese Weise auch nach dem Tod. Allerdings wurden so über viele Generationen immer die gleichen Namen getragen. Diese Tradition ist in den meisten Familien aufgegeben worden. Eltern orientieren sich stark an Namen, deren Klang sie mögen oder die sie modern finden.

Geburtsurkunde

Standesamt	Neustadt
Registernummer	---
Ort, Tag der Geburt	Neustadt, 01.05.2012
Kind	
Geburtsname	Meier
Vorname(n)	Florida
Geschlecht	weiblich

2 So sieht eine Geburtsurkunde aus.

die Generation
Gesamtheit der Angehörigen einer bestimmten Altersstufe

Wenn du wissen willst, was dein eigener Name bedeutet, so sieh in einem Namenslexikon nach (Buch, Internet: Was bedeutet mein Name?).
So kommt bspw. der Name Ben von Benjamin („der Glückliche"), Emma bedeutet entweder „die Große" oder, wie andere Namensforscher glauben, „die Fleißige" (von Imme = altes Wort für Biene).

Merke

- **Der Vorname eines Kindes muss das Geschlecht erkennen lassen.**
- **Nach der Geburt des Kindes bekommen die Eltern beim Standesamt die Geburtsurkunde.**
- **Kinder werden nur noch selten nach ihren Großeltern oder anderen Verwandten benannt.**

Aufgaben

1 Gestalte deine eigene Geburtsurkunde (→ **Abb. 2**).

2 👥 Kennt ihr ebenfalls Personen mit ungewöhnlichen Vornamen? Tauscht euch aus.

3 👥 Beschreibe mithilfe der Begriffe im Wortspeicher, wie ein Kind nach der Geburt zu seinem Namen kommt.

4 a) Erläutere, wer darüber entscheidet, ob das Kind den von den Eltern gewünschten Namen tatsächlich erhalten kann.
b) Findest du das richtig? Begründe deine Meinung.

5 Erkläre, worauf früher bei der Namensgebung geachtet wurde.

6 Erläutere, ob du einen der erlaubten, aber ungewöhnlichen Namen tragen wollen würdest.

7 Schreibe einen Brief an die Eltern, die für ihr Kind den Namen „Satan" beantragen.

Wortspeicher
- Geschlecht
- Krankenhaus/Hebamme
- Standesamt
- Geburtsurkunde

Scheiden tut weh

1 Eine Trennung der Eltern ist schmerzhaft für die Kinder.

die Ehescheidung (kurz <u>Scheidung</u>)

Auflösung einer Ehe

Christians Eltern streiten sehr oft. Er und seine kleine Schwester Clara sind dann immer traurig. Sie möchten, dass ihre Eltern sich gut verstehen. Es wäre schön, wenn sie alle zusammen etwas unternehmen könnten, z. B. ins Kino oder Pizza essen gehen. Doch schon länger kommt es immer wieder zu Konflikten innerhalb der Familie.

Die Scheidung

<u>das Besuchsrecht</u> (auch Umgangsrecht) erlaubt einem Elternteil den Umgang mit dem eigenen Kind, wenn beide Elternteile getrennt leben

Wenn eine Ehe beendet wird, nennt man das Scheidung. Weil Ehen offiziell auf dem Standesamt der Stadt geschlossen werden, muss eine solche Ehe auch offiziell vor einem Gericht aufgelöst werden. Sind die Eltern nicht verheiratet, spricht man von einer Trennung. Die Lebenspartnerinnen und Lebenspartner entscheiden dann selbst, wie sie ihre Beziehung beenden. Sobald es ein Kind oder mehrere Kinder gibt, steht die Frage an, wie das Sorge- und <u>Besuchsrecht</u> geregelt wird.

Vor dem Familiengericht

Selbst wenn Eltern sich ohne großen Streit trennen oder scheiden lassen, gibt es oftmals trotzdem Diskussionen darüber, was mit dem Kind bzw. den Kindern passieren soll. Ist der Streit nicht zu lösen, kommt er vor das ↗ <u>Familiengericht</u>. Die Richterin bzw. der Richter befragt dann das Kind nach seinen Wünschen. Ab dem Schulalter ist das fast immer der Fall. Damit die Kinder ohne Angst und Aufregung antworten können, haben viele Gerichte besondere Befragungszimmer, in denen es Spielsachen gibt. Ab dem 14. Lebensjahr entscheidet dann das Kind allein, zu welchem Elternteil es geht.

Es ist zwar schon ein Jahr her, aber die <u>Scheidung</u> macht mich noch immer traurig. Ich wünschte, meine Eltern kämen wieder zusammen. Ich verstehe zwar, dass sie sich nicht mehr richtig verstanden haben, aber ich finde, Erwachsene sollten nicht so schnell auseinandergehen. Ich habe gehört, dass es ganz viele Scheidungskinder gibt. Auch in meiner Klasse sind es einige und es werden immer mehr.

Wenn Eltern sich nicht mehr verstehen, sollten sie vielleicht erst einmal ein paar Wochen ausziehen. Vielleicht vertragen sie sich danach dann wieder.

2 Linas Eltern haben sich vor einem Jahr scheiden lassen.

Das Sorgerecht der Eltern

Auch nach der Scheidung bzw. Trennung sind Eltern verpflichtet, sich fürsorglich um ihre Kinder zu kümmern. Sie haben also das elterliche Sorgerecht. Während der Ehe haben sie das gemeinsame Sorgerecht. Dieses Recht ist zugleich auch die Pflicht, sich um das Wohl des Kindes zu kümmern. Außerdem vertreten sie das Kind. Sie schließen z.B. einen Kaufvertrag (z.B. für ein neues Fahrrad) ab und melden es in der Kita oder Schule an. Die meisten Geschiedenen üben auch nach der Scheidung das Sorgerecht gemeinsam aus.

Sind die Eltern nicht verheiratet, hat die Mutter nach der Trennung das alleinige Sorgerecht. Voraussetzung hierfür ist, dass die Eltern vorher nicht schon das gemeinsame Sorgerecht festgelegt haben.

Wo wohne ich nach einer Scheidung?

Solange die Eltern verheiratet sind, wohnen sie in der Regel mit ihren Kindern zusammen. Nach der Scheidung kann es passieren, dass der Elternteil, bei dem sich das gemeinsame Kind aufhält, wegzieht. Für das Kind heißt das: Umzug in eine andere Wohnung, manchmal sogar in eine andere Stadt. Das kann dazu führen, dass der Kontakt zum anderen Elternteil, aber auch zu Freundinnen und Freunden abbricht.

Scheidungskinder in Deutschland (2006–2018)

149.000 145.000 132.000 121.000

2006 2010 2015 2018

Quelle: © Statistisches Bundesamt (Destatis), 2019

3 So viele Kinder sind pro Jahr von Ehescheidungen betroffen.

Wenn du dir Sorgen machst, wie es nach der Scheidung deiner Eltern weitergehen soll, dann sprich mit ihnen offen über deine Sorgen. Es ist wichtig, dass Eltern, die sich getrennt haben, erfahren, wie ihre Kinder sich fühlen und was sie bedrückt. Nur dann können sie besser für dich sorgen.

Merke

- Ehen werden auf dem Standesamt geschlossen und von einem Gericht geschieden.
- Vor dem Familiengericht wird im Streitfall entschieden, bei welchem Elternteil das Kind wohnt.
- Bei unverheirateten Eltern hat die Mutter nach der Trennung das alleinige Sorgerecht, wenn die Eltern nicht vorher das gemeinsame Sorgerecht festgelegt haben.

Aufgaben

1 Erkläre den Unterschied zwischen einer Scheidung und einer Trennung.

2 Erläutere, wo die Eheschließung (Trauung) und wo die Scheidung stattfindet.

3 Nehmt Stellung zu der Idee von Lina (→ **Abb. 2**), dass Eltern zunächst einmal eine zeitlang getrennt leben sollten, bevor sie sich offiziell trennen bzw. scheiden lassen.

4 Erkläre die Begriffe „gemeinsames Sorgerecht" und „alleiniges Sorgerecht" in eigenen Worten.

5 Erkläre, was mit Kindern passiert, deren Eltern unverheiratet sind und sich trennen wollen.

6 Diskutiert die Frage, ob sich Eltern lieber scheiden lassen oder trotz Streitigkeiten auf jeden Fall zusammenbleiben sollten.

In deiner eigenen Wohnung musst du dich später auch um den Haushalt kümmern.

1 Wer macht was im Haushalt?

1 Lege in deiner Mappe eine sechsspaltige Tabelle an, in der du die sechs Wohnformen **Kleinfamilie**, **Großfamilie**, **Single**, **WG**, **Seniorenheim** und **Jugendwohngruppe** einträgst. Ordne danach die folgenden Begriffe der Spalte zu, die deiner Meinung nach zu der jeweiligen Wohnform passen. Einige Begriffe können in mehreren Spalten eingetragen werden.
- ein Kind
- Mutter
- Cousin
- Adoptivmutter, -vater
- viele Kinder
- Großeltern
- Tante
- zwei Kinder
- Papa
- Betreuer
- Urgroßmutter

2 Familie Abelt – das sind Vater Johann (35), Mutter Hannelore (37), Tochter Anna (4) und Sohn Felix (11) – will in eine neue Wohnung umziehen. Zurzeit wohnen sie zusammen mit den Großeltern in einem Haus. Benenne für jede Person jeweils zwei Wohnbedürfnisse für die neue Wohnung und notiere diese in deiner Mappe.

3 Die **Abb. 1** thematisiert die Hausarbeit. Verfasse zu der Situation eine kleine Geschichte. Was könnte davor passiert sein und wie geht die Situation weiter?

4 Notiere in deiner Mappe, ob die Antworten richtig oder falsch sind (a = …, b = …).
Wenn unverheiratete Eltern sich trennen, ….
a) … haben beide das Sorgerecht.
b) … übernimmt das Jugendamt das Sorgerecht.
c) … entscheiden die Eltern gemeinsam.
d) … geht das Sorgerecht an die Mutter, wenn die Eltern es nicht vorher anders geregelt haben.

5 Trage in deine Mappe die Lösungswörter ein (a = …, b = …).
a) Diese Bescheinigung begleitet dich das ganze Leben lang.
b) Sie haben die gleichen Rechte wie leibliche Kinder.
c) Ein fremdes Kind wird als eigenes in die Familie aufgenommen.
d) Dort wird entschieden, ob ein Kind den gewünschten Vornamen bekommt.
e) Auf diesen Namen müssen sich Verheiratete für ihr Kind einigen.

6 Beantworte die nachfolgenden Fragen.

a) Welche Namensregelung war früher bei der Eheschließung ungewöhnlich?

b) Wieso waren früher ganz andere Vornamen üblich und wie kam es, dass ein bestimmter Name immer wieder gewählt wurde?

c) Wer hilft, wenn das Kind zu Hause geboren wird?

d) Wann wird der Vorname eines Kindes abgelehnt?

7 Das Bild (→ **Abb. 2**) zeigt den Stammbaum von Leons Familie. Erstelle nach dieser Vorlage deinen eigenen Stammbaum.

8 Vervollständige die Sätze mit den untenstehenden Begriffen.

a) Bei der _____ müssen die Braut und der Bräutigam entscheiden, wie sie heißen wollen.

b) Wichtig ist, dass die Ehepartner einen _____ festlegen. Alle Kinder der Familie dürfen nur diesen Namen erhalten.

c) Trennen sich Eltern vor der Geburt des Kindes, gibt es oft Streit. Wenn beide Elternteile das _____ Sorgerecht haben, entscheiden sie gemeinsam über den Nachnamen des Kindes.

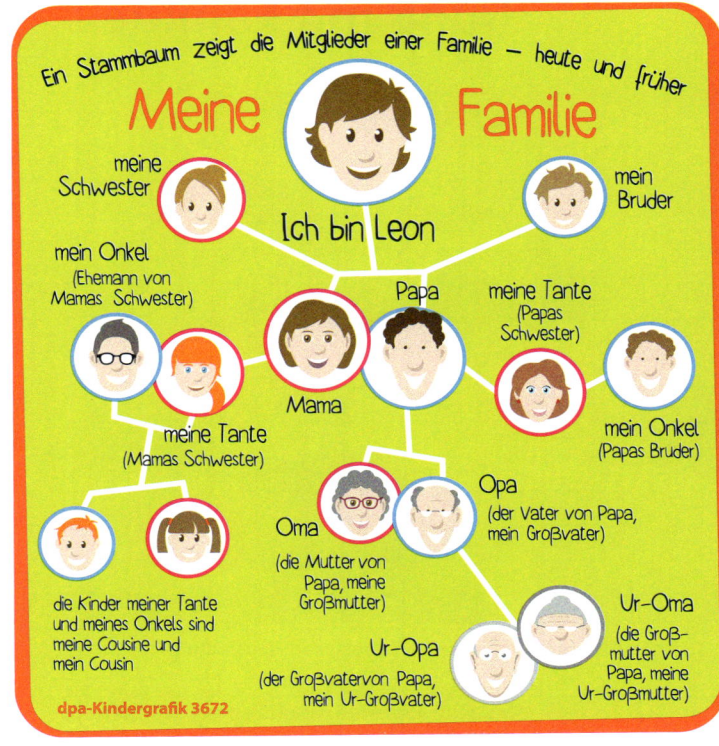

2 Ein Stammbaum

d) Hat nur die Mutter oder der Vater das _____ Sorgerecht, entscheidet sie oder er allein.

gemeinsame   **Trauung**
Familiennamen   **alleinige**

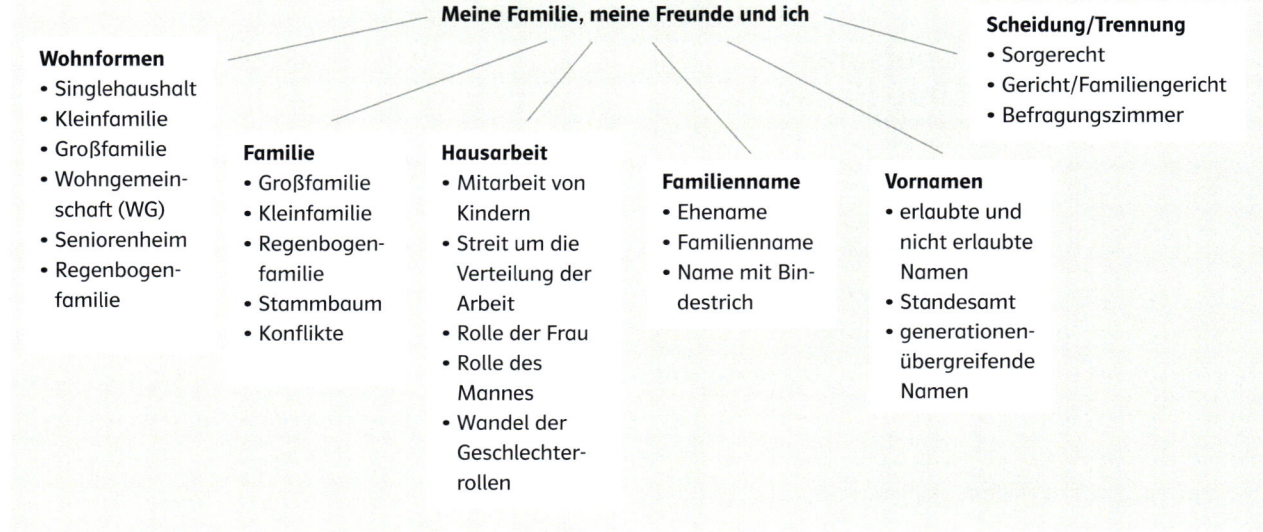

Hund mit Familie

1 Fast 15 Millionen Hunde leben in deutschen Haushalten.

Familienmitglied Timmy?

Familie Roemer besteht aus den Eltern sowie den Kindern Lilly und Oskar – und dem Hund Timmy (→ **Abb.1**). In einer Umfrage antworteten über die Hälfte der Hunde- und Katzenbesitzer, dass ihr Tier Mitglied der Familie ist. Vor allem Hunde sind für alleinstehende Personen oft der einzige Begleiter. Sie warnen vor Einbrechern, spielen mit den Kindern und sorgen durch das Gassigehen für ein gesünderes Leben ihrer Frauchen und Herrchen. Für Blinde ersetzen sie die Augen. Die Hälfte der Besitzerinnen und Besitzer fühlt sich bei Krankheit oder Traurigkeit vom Tier getröstet.

Emma und Leo

Wie eng das Verhältnis der Menschen zu Hund und Katze ist, zeigen die Namen: Emma, Bella, Lilly, Paula und Lotte waren 2018 unter den beliebtesten Namen – für Hündinnen. Buddy, Sam, Bruno, Max, Leo und Oskar finden sich unter den häufigsten Namen für Rüden. Bei Katzen geht es ähnlich menschlich zu: Luna, Lilly, Mia, Lucy, Bella, Mimi und Emma. Kater heißen Leo, Felix, Sammy, Findus, Max, Charlie und Oskar. Allein über 40 000 Rüden werden „Max" gerufen und fast 67 000 Hündinnen heißen „Luna". Früher trugen Hunde sehr häufig nicht-menschliche Namen wie Rocky, Bello oder Rex.

der **Rüde**
männlicher Hund
der **Konservierungsstoff**
Stoff, der Produkte, wie Lebensmittel oder Kosmetika, haltbar macht

Familie Roemer macht einen Wocheneinkauf. Lilly meint: „Und jetzt müssen wir noch für Timmy einkaufen." Es gibt Ente, Pute, Huhn, sogar Lamm und Wildschwein, schön verpackt. Dann etwas für die Zahnpflege, dazu Snacks, natürlich fettarm und zuckerfrei. Selbst Vegetarisches bietet der Markt „mit wenig Fett", ohne Konservierungsstoffe und künstliche Farbstoffe. Auf dem Weg zur Kasse meint Lilly dann zu ihrer Mutter: „Irgendwie ist es schon verrückt, was es alles für Hundefutter gibt, oder?"

Die Deutschen und ihre Haustiere

So viele tierische Mitbewohner lebten 2018 in deutschen Haushalten in Millionen

Katzen **14,8 Mio.**
Hunde **9,4**
Kaninchen, Meerschweinchen und Co **5,4**
Ziervögel **4,8**

© Globus 13283

2 Tierische Mitbewohner

Abschied nehmen – aber wie?

Haustiere leben nicht so lange wie Menschen. Und wenn sie sterben, stellt sich die Frage: Was tun? Oft werden die Tiere vom Tierarzt ↗ <u>eingeschläfert</u>, um ihnen ein qualvolles Leiden zu ersparen. Man kann sein Tier in der Arztpraxis lassen. Von dort wird es zu einer Tierbeseitigungsanlage gebracht. Viele Tierbesitzer möchten ihr totes Haustier lieber im heimischen Garten begraben. Wenn das nicht möglich ist, gibt es den Tierfriedhof (→ **Abb. 3**). Bestattungs<u>institute</u> für Haustiere bieten Trauerraum, Beisetzungsfeier und die Einäscherung mit der Asche in einer Urne. Wer sein Haustier weiterhin sehen möchte, kann es ↗ <u>präparieren</u> lassen.

3 Auf einem Tierfriedhof

Institut
Einrichtung, Gebäude, Anstalt

Wusstest du, dass Haustiere gesund machen? Wissenschaftler haben herausgefunden, dass Kinder, die mit Haustieren aufwachsen, mehr Selbstbewusstsein und Verantwortungsgefühl entwickeln. Sie leiden seltener an Traurigkeit oder Ängsten als Kinder ohne Haustiere. Hunde sind auch für die körperliche Gesundheit gut, wenn man regelmäßig mit ihnen Gassi geht.

Merke

- Haustiere werden immer mehr als Familienmitglieder angesehen.
- Heute bekommen Hunde und Katzen meistens menschliche Namen.
- Wenn das eigene Haustier einmal stirbt, hat man die Möglichkeit, es auf einem Tierfriedhof zu bestatten.

Aufgaben

1 Erkläre, was am Einkauf der Familie Roemer besonders ist.

2 a) Erkläre, wieso Menschen ihren Haustieren oftmals menschliche Namen geben.
b) Vergleiche beliebte Namen für Hunde und Katzen mit beliebten Vornamen für Jungen und Mädchen. Was stellst du fest?

3 Diskutiert, ob Haustiere echte Familienmitglieder sind. Begründet, was dafür spricht und was dagegen.

4 Entwickelt eine Umfrage für die fünften und sechsten Klassen an eurer Schule: Wer hat welche Haustiere und welche Namen tragen sie? Vergleicht die Ergebnisse mit den Informationen aus den Texten.

5 Fasse die Möglichkeiten zusammen, die die Besitzer nach dem Tod ihrer Haustiere haben.

○ 1, 2   ◑ 3   ● 4, 5

Hartes Familienleben

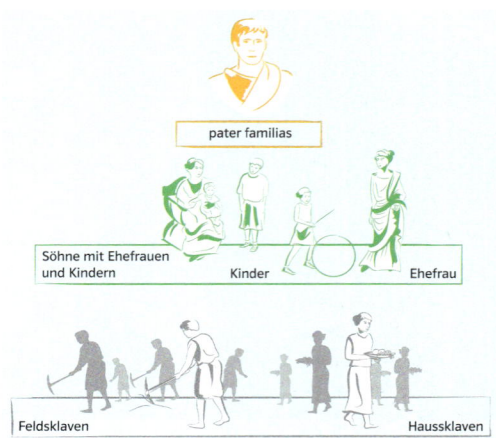

1 Familia vor 2000 Jahren

Labels in figure: pater familias; Söhne mit Ehefrauen und Kindern; Kinder; Ehefrau; Feldsklaven; Haussklaven

2 Familie heute

Im Unterricht spricht die Klasse über die alten Römer. „Unser Wort *Familie* kommt von den Römern", erzählt die Geschichtslehrerin Frau Altmann. „Aber das Wort hatte eine andere Bedeutung. Die heutige Familie setzt sich aus den Eltern und ihren Kindern zusammen, manchmal wohnen auch noch Großeltern mit im Haus." „Aber die römischen Eltern hatten doch auch Kinder", meint Elisa, „also muss es doch das Gleiche gewesen sein."

Familia war nicht Familie

Vor 2000 Jahren sprachen die Römer von der „familia". Zur „familia" (→ **Abb.1**) gehörten alle unter dem gemeinsamen Dach lebenden Personen. Der Chef war der „pater familias". Zur „familia" gehörten die Ehefrau, die eigenen Kinder des Ehepaares, die Sklaven und Freigelassenen, die Sklavenkinder, die der „pater" mit Sklavinnen zeugte. Selbst das Vieh zählte zur „familia". Der Name „pater" bedeutete, dass das männliche Oberhaupt Macht über den ganzen Haushalt besaß. Sklaven und Tiere durfte der „pater" töten. Alle waren ihm zu absolutem Gehorsam verpflichtet.

der Gehorsam
widerspruchsloses Befolgen von Aufforderungen gegenüber einer Person

die Halbgeschwister
Geschwister mit nur einem gemeinsamen Elternteil, z.B.: Tom und Lea haben zwar denselben Vater, aber nicht dieselbe Mutter

Haus und Hof statt Familie

Auch später war der Begriff „Familie" nicht gebräuchlich. Die allermeisten Menschen waren Bauern und lebten auf Höfen. Auf den Höfen lebten mehrere Generationen zusammen. Auch unverheiratete Verwandte und das gesamte ↗ Gesinde, also die Knechte und Mägde eines Gutshofs, gehörten zum Haushalt. Der Herr des Hauses hatte nicht nur das Sagen, sondern auch das Recht zur Züchtigung, der körperlichen Bestrafung. Schläge waren an der Tagesordnung. Für Kinder galt, dass sie zur Arbeit eingeteilt wurden, sobald sie laufen und etwas tun konnten. Schulen und Freizeitangebote gab es für die Kinder nicht.

Ein hartes Kinderleben

Noch vor 150 Jahren galt die Regel, dass Kinderzimmer überflüssig seien. Kinder trugen die gleiche Kleidung wie Erwachsene, nur einige Nummern kleiner. Da es nur wenige Räume gab, schliefen alle Erwachsenen und Kinder im gleichen Raum, oft mehrere Personen im gleichen Bett. Ein Raum wurde oft mit Kühen oder Pferden geteilt. Einige Kinder lernten nie ihre Mütter kennen, weil diese bei der Geburt starben. Der Mann heiratete dann meistens eine jüngere Frau. So hatten die Kinder jüngere oder ältere Halbgeschwister.

Stiefeltern und Stiefkinder

Geheiratet wurde nicht aus Liebe, sondern die Ehen wurden von den Vätern vereinbart. Dabei achteten sie darauf, dass die Ehe der Familie des Bräutigams Land oder Geld einbrachte. Es ging darum, dem Hof Vorteile zu verschaffen. Die Braut musste Geld oder Wertsachen mit in die Ehe bringen („↗ Mitgift"). Mädchen von armen Eltern fanden schwerer einen Ehemann. Verheirate Frauen mussten die Kinder der früheren Ehefrau versorgen, die schon gestorben war.

Spielt draußen

Früher war es ganz normal, draußen an der frischen Luft zu spielen und zu toben (→ **Abb. 3**).
In vielen Familien gab es damals mehrere Kinder. Die Wohnungen oder Häuser waren zum Spielen zu klein und es gab noch keine elektronischen Spielgeräte. Draußen traf man viele andere Kinder und gewann schnell Freunde. Beliebt waren Hüpf-,

3 Spielende Kinder um 1900 auf dem Kölner Heumarkt

Versteck- und Fangspiele. Die Jungen spielten oft mit alten Bällen Fußball, Mädchen schoben ihren Puppenwagen oder übten mit ihren Freundinnen Seilspringen.

Merke

- Früher umfasste die „familia" alle unter einem Dach lebenden Menschen.
- Ehen wurden von den Vätern verabredet, Liebe spielte dabei keine Rolle.
- Da die Wohnungen und Häuser früher zu klein zum Spielen waren, spielten die Kinder meist draußen.

Aufgaben

1 Vergleiche **Abb. 1** und **Abb. 2** miteinander. Was stellst du fest?

2 Beschreibe mithilfe der Begriffe im Wortspeicher, was die römische „familia" (→ **Abb. 1**) damals ausmachte.

3 Erkläre, warum nicht alle Kinder des „pater familias" gleichberechtigte Geschwister waren.

4 Diskutiert über die Gründe, warum Kinder früher viel Zeit an der frischen Luft verbracht und draußen gespielt haben und dies heute nicht mehr so ist. Fasst eure Ideen an der Tafel zusammen.

5 a) Teilt euch auf: Eine/r von euch erstellt einen Tagebucheintrag eines 12-jährigen Kindes aus der Zeit von 1900 (→ **Abb. 3**). Der/die andere verfasst einen Tagebucheintrag eines 12-jährigen Kindes aus der heutigen Zeit.
b) Tragt die Einträge anschließend vor der Klasse vor.
c) Vergleicht abschließend eure Einträge untereinander. Welche Gemeinsamkeiten und Unterschiede stellt ihr fest?

> **Wortspeicher**
> – pater familias
> – Gehorsam
> – Gesinde
> – Sklaven
> – Züchtigung

3

Wirtschaft in meiner Umgebung

Bereits Kinder und Jugendliche treffen Entscheidungen über ihre Lieblingsprodukte, begegnen Werbung und tauschen zum ersten Mal Geld gegen Waren.
Auf jeden Fall gilt: Für die meisten Dinge im Leben brauchen wir Geld. Deshalb ist es für dich wichtig, zu wissen, wie man damit am besten umgeht und worauf es beim Kaufen ankommt.

Ich werde ...

- Bedürfnisse, Bedarf und Konsum unterscheiden.

- einen Plan für mein Taschengeld aufstellen.

- erkennen, welchen Einfluss Werbung und andere Menschen auf das eigene Einkaufsverhalten haben können.

- eine Erkundung durchführen.

- Verkaufsstrategien erkennen und untersuchen.

Wusstest du, dass ...

- deine Freunde mitbestimmen, was du einkaufst?
- Süßigkeiten an der Kasse im Supermarkt „Quengelware" genannt werden?
- in manchen Produkten viel weniger Inhalt enthalten ist, als man denkt?
- ein „Influencer" viel Geld mit einer Produktempfehlung verdienen kann?

 **Podcast**
Mini-Hörspiel zum Einstieg
sh93r2

Meine Wünsche, deine Wünsche

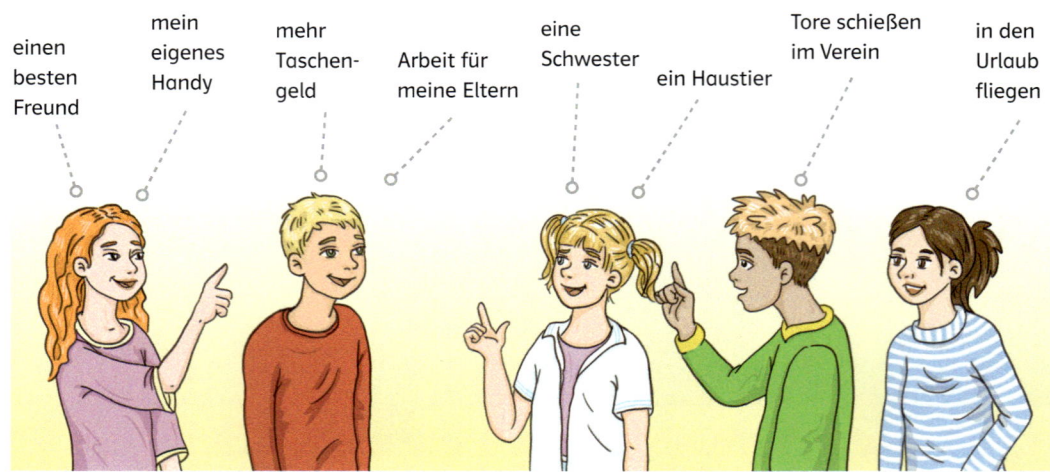

einen besten Freund

mein eigenes Handy

mehr Taschengeld

Arbeit für meine Eltern

eine Schwester

ein Haustier

Tore schießen im Verein

in den Urlaub fliegen

1 Welche Wünsche hast du?

der Umstand
etwas, was für ein Geschehen wichtig ist und es mitbestimmt

motivieren
jemanden zu etwas anspornen/ anregen

der Verzicht
eine Sache aufgeben/nicht mehr auf einer Sache bestehen

materiell (von franz. matériel): auf das Eigentum bezogen (oft wirtschaftlich bzw. finanziell)

Kennst du das? Dein Mitschüler präsentiert dir in der Schule sein neues Smartphone. Du freust dich für ihn, gleichzeitig denkst du dir: „Das wünsche ich mir auch!"
So geht es uns in vielen Situationen. Egal, ob es um Haustiere, Kleidung oder Freunde geht: Wir hätten am liebsten etwas mehr von allem. Das ist menschlich. Wir spüren in dieser Situation einen ↗ Mangel, den wir beseitigen wollen. Er motiviert uns zu einer Handlung und ein neuer Wunsch entsteht. Ein Wunsch ist ein ↗ Bedürfnis.

Wunsch erfüllen – oder verzichten?
Viele Wünsche sind abhängig von anderen Umständen, die du nicht beeinflussen kannst. Vielleicht brauchst du andere Menschen, die dir den Wunsch erfüllen – wie bei Mia (→ **Abb. 3**). Häufig bleiben Wünsche allerdings auch unerfüllbar – so wie bei Paul (→ **Abb. 2**). Wenn der Wunsch nicht erfüllt werden kann, ist es wichtig, dass du lernst, mit dem Verzicht umzugehen.

Paul, 5. Klasse:

Meinem Hund Sammy geht es seit Wochen sehr schlecht, er ist schon sehr alt. Seitdem ich klein bin, verbringen wir jeden Tag zusammen. Ich würde ihm gerne helfen. Aber es gibt nichts, was ihn gesund machen kann. Ich wünsche mir so sehr, dass er wieder gesund wird!

2 Ob sich Pauls Wunsch erfüllen lässt?

Mia, 6. Klasse:

Ich habe mir zum Geburtstag von meinen Eltern einen Ausflug in den Freizeitpark gewünscht. Mit der ganzen Familie sind wir dorthin gefahren und haben fast alle Attraktionen ausprobiert. Die Achterbahn und die Wildwasser-Rutsche fand ich richtig cool. Dafür haben mir meine Eltern ansonsten nichts geschenkt, weil es für eine vierköpfige Familie dort nicht ganz billig ist. Trotzdem bin ich überglücklich und hatte viel Spaß. Jetzt überlege ich, was ich mir zum nächsten Geburtstag wünschen soll.

3 Mia erzählt von ihrem Wunsch.

Zuerst die Grundbedürfnisse

Bevor dir der Wunsch nach einem neuen Smartphone in den Sinn kommt, hast du andere Wünsche längst befriedigt. Du bist ausgeschlafen, angezogen, satt und fühlst dich in deiner Umgebung sicher. Wir sprechen hierbei von ↗ Grundbedürfnissen, die zuerst erfüllt werden müssen. Erst dann denkst du daran, was du mit deinem Geld kaufen möchtest.

> *Bedürfnisse, die sich mit Geld erfüllen lassen, werden auch* <u>materielle</u> *Bedürfnisse genannt. Manche Wünsche lassen sich auch mit viel Geld nicht erfüllen, sie werden nicht-materielle (im-materielle) Bedürfnisse genannt.*

Bedürfnis nach Selbstverwirklichung
malen, musizieren, tanzen

Individuelle (Ich-)Bedürfnisse
respektiert und anerkannt werden

Soziale Bedürfnisse
Familie, Freunde, Partner, Liebe, Zugehörigkeit, sozialer Anschluss

Bedürfnisse nach Sicherheit
Recht und Ordnung, Schutz vor Gefahren, festes Einkommen, Absicherung, Unterkunft

Körperliche Bedürfnisse
z.B. Atmung, Schlaf, Wärme, Gesundheit, Wohnraum, Kleidung, Bewegung

4 Bedürfnisse unterscheiden mit der ↗ <u>Bedürfnispyramide</u>

Merke

- Jeder Mensch hat ganz persönliche Wünsche, die er oder sie sich erfüllen möchte.
- Nicht jeder Wunsch lässt sich erfüllen, oft müssen wir daher auf etwas verzichten.
- Wünsche verändern sich mit der Zeit und sind abhängig von den Lebensumständen des Menschen.

Aufgaben

1 a) Nenne und notiere drei unterschiedliche Wünsche, die du momentan hast.
b) Schreibe hinter jeden Wunsch, warum dir der einzelne Wunsch wichtig ist.
c) Benenne deinen wichtigsten Wunsch.
d) Erläutere, ob sich einer deiner Wünsche in letzter Zeit verändert hat.

2 a) Ordne die Bedürfnisse aus **Abb.1** den Stufen in der Bedürfnispyramide (→ **Abb.4**) zu.
b) Erläutere deine Zuordnungen.
c) Vergleicht eure Zuordnungen und markiert eventuelle Unterschiede.

3 Erklärt euch gegenseitig, warum die Wünsche der Personen in **Abb.1** so unterschiedlich sind.

4 a) Stellt euch gegenseitig eure Top-Wünsche vor.
b) Ordnet eure Wünsche den Stufen der Bedürfnispyramide zu. Welcher Stufe habt ihr die meisten eurer Wünsche zugeordnet?
c) Präsentiert eure Ergebnisse der Klasse.

5 Tauscht euch untereinander aus, wann ihr zuletzt bei einem Wunsch verzichtet habt oder warum ein Wunsch unerfüllt blieb.

○1 ◐2–4 ●5

Recht auf Taschengeld?

1 Ein großer Kauf

Hannes möchte mehr Taschengeld haben: „Ich bekomme viel weniger als meine Klassenkameraden", behauptet er. „Die kriegen alle 30 Euro oder mehr im Monat. Und ich nur 20." Laut Untersuchungen haben Kinder durchschnittlich gut 27 Euro im Monat zur Verfügung. Erstaunlich: Schon mehr als die Hälfte aller Vorschulkinder bekommt Taschengeld, allerdings weniger, nämlich rund 10 Euro im Monat.

Eine interessante Zielgruppe

Doch nicht nur Taschengeld steht Kindern und Jugendlichen zur Verfügung. Hinzu kommen auch noch Geldgeschenke zu Weihnachten, zum Geburtstag oder zum Zeugnis. Dadurch, dass Kindern und Jugendlichen ein bestimmter Geldbetrag zur Verfügung steht, den sie ausgeben dürfen, bilden sie eine interessante ↗ Zielgruppe für Unternehmen.

Ein Recht auf Taschengeld?

Eltern haben die Pflicht, ihre Kinder auf das Leben vorzubereiten. Dazu gehört auch der Umgang mit Geld.
Ein gesetzliches Recht auf Taschengeld haben Kinder jedoch nicht – sie können es also nicht von den Eltern einfordern.

Empfehlungen von Jugendämtern

Die meisten Eltern geben ihren Kindern jedoch Taschengeld, damit sie lernen, mit Geld umzugehen. Es stellt sich dann oftmals die Frage, wie hoch der Betrag sein sollte. Im Internet gibt es hierzu Empfehlungen von ↗ Jugendämtern. Die Eltern sollten sich dabei überlegen, ob sie das Taschengeld jede Woche oder monatlich auszahlen wollen.

Wie viel Taschengeld?

Die Frage, wie hoch das Taschengeld sein sollte, entscheiden die Eltern. Darüber werden sie meistens direkt mit ihren Kindern sprechen. Natürlich hängt die Höhe des Taschengeldes auch von den Finanzen der Familien ab. Orientieren können sich die Familien bei der Festlegung an den Tabellen, die z. B. von den Jugendämtern veröffentlicht werden (→ **Abb. 2**).

Taschengeld nicht kürzen

Eltern sollten einige Regeln beachten. Das Taschengeld sollte pünktlich und regelmäßig gezahlt werden. Wofür das Kind das Geld ausgibt, ist erst einmal seine Sache, solange es Grenzen beachtet. Eine Kürzung des Betrages als Strafe sollte nicht sein.
Weiterhin sollte so viel gezahlt werden, dass das Kind auch einen kleinen Betrag sparen kann. Gleichzeitig sollte es nicht zu viel Geld sein, damit es lernt, für größere Anschaffungen Geld zurückzulegen.

Taschengeld ist wichtig

Wer Geld haben möchte, muss normalerweise arbeiten gehen. ↗ Kinderarbeit ist bei uns jedoch verboten. Kinder können eigenes Geld erhalten, wenn sie etwas geschenkt bekommen oder sie sich durch kleine Tätigkeiten wie Rasenmähen oder Hunde ausführen etwas dazuverdienen. Die dritte Möglichkeit: Sie erhalten Taschengeld.

Alter des Kindes	Taschengeld pro Monat
10 Jahre	15,50–18,00 €
11 Jahre	18,00–20,50 €
12 Jahre	20,50–23,00 €
13 Jahre	23,00–25,50 €
14 Jahre	25,50–30,50 €
15 Jahre	30,50–38,00 €
16 Jahre	38,00–45,50 €
17 Jahre	45,50–61,00 €
18 Jahre	61,00–76,00 €

Quelle: Deutsches Jugendinstitut, Stand 2017

2 Taschengeldempfehlung

3 Mit Taschengeld einen Wunsch erfüllen.

Wofür möchtest du dein Geld ausgeben? Mit dieser Frage beschäftigst du dich, sobald du dein erstes Taschengeld erhältst. Du hast verschiedene Möglichkeiten: Du kannst dir sofort einen oder mehrere kleine Wünsche erfüllen oder du sparst dein Taschengeld oder einen Teil davon für eine größere Anschaffung. So beschäftigst du dich mit der Frage, was Geld wert ist und wie du sinnvolle Entscheidungen triffst.

Merke
- Taschengeld kann man, muss man aber nicht bekommen. Die allermeisten Eltern geben es aber.
- Dadurch, dass Kinder und Jugendliche bereits früh Taschengeld erhalten, sind sie eine interessante Zielgruppe für Unternehmen.

Aufgaben

1 Erkläre, ob Kinder ein Recht auf Taschengeld haben.

2 Erläutere die Gründe, warum die meisten Eltern ihren Kindern Taschengeld geben.

3 Maike (→ **Abb.1**) hat lange für ihren Wunsch gespart. Verfasse eine kurze Geschichte zu der Abbildung.

4 a) Ermittle, wie viel Taschengeld laut **Abb.2** Hannes (12 Jahre) und Yasmin (15 Jahre) bekommen sollten.
b) Begründe, warum mit zunehmendem Alter das Taschengeld steigt.

5 Erläutere, wo Eltern Hilfe erhalten, wenn sie sich fragen, wie viel Taschengeld sie ihrem Kind geben sollen.

6 Macht eine Umfrage in der Klasse: Wie viel Taschengeld bekommt ihr und wofür gebt ihr es aus? Fasst die Ergebnisse in einer Tabelle zusammen.

Ein Plan für mein Taschengeld

Plan für mein Taschengeld (1 Monat)				
Meine Einnahmen	**Euro**	**Meine Ausgaben**		**Euro**
- Taschengeld (Eltern)	20,00€	- Abonnement „Soccer"		7,00€
- Nachbarn Straßenfegen	12,00€	- Kinobesuch		12,50€
- Onkel Geschenk	10,00 €	- Fastfood-Restaurant		8,50€
		- Süßigkeiten		12,00€
	42,00€			40,00€

1 Ahmeds Einnahmen und Ausgaben des letzten Monats

🌐 **Einfach erklärt**
Kannst du dir alles kaufen, was du möchtest?
sh93r2

„Sagt mal, wie geht ihr mit eurem Taschengeld um?", fragt Timo seine Freunde als sie in der Pause auf das Thema Geld zu sprechen kommen. „Ich gebe jede Woche das aus, was ich bekomme. Eigentlich mache ich mir darüber keine Gedanken", entgegnet Luise. „Ich versuche, so viel wie möglich zu sparen, indem ich mir einen ↗ Plan aufstelle", wirft Ahmed ein. „Wie geht denn sowas?", will Timo wissen. Ahmed erklärt es ihnen.

Einnahmen: Was kommt rein?
Auf der linken Seite der Tabelle (→ **Abb.1**) hat Ahmed seine Einnahmen aufgelistet. Jeden Sonntag erhält er von seinen Eltern 5 Euro. Ungefähr einmal im Monat schenkt ihm sein Patenonkel 10 Euro. Dieses Geld kommt allerdings nicht regelmäßig, sodass er sich lieber nicht darauf verlassen will. Weil Ahmed bei seinen Nachbarn die Straße fegt, erhält er hierfür pro Woche 3 Euro.

Ausgaben: Was geht raus?
Ahmed hat notiert, dass er letzten Monat für einen Kinobesuch 12,50 Euro ausgegeben hat. Einmal war er mit Freunden in einem Fastfood-Restaurant – das hat 8,50 Euro gekostet. Außerdem kauft er sich jede Woche Süßigkeiten für 3 Euro. Nächstes Jahr will er sich für 70,00 Euro ein neues Spiel für seine Spielekonsole zulegen. Dafür möchte er nun monatlich etwa 5 Euro in seine Spardose legen. Sein Onkel hat ihm versprochen, die restliche Summe zu bezahlen, wenn er 50 Euro allein angespart hat.

Zu Beginn fertigst du eine Tabelle (→ Abb. 1) an: Links stehen Einnahmen, rechts die Ausgaben. Für einen festen Zeitraum (z.B. eine Woche oder einen Monat) trägst du jede einzelne Ausgabe und jede einzelne Einnahme ein. Nach dem Ende des Zeitraums wertest du deine Beträge aus. Wenn du darin sicher bist, kannst du dir einen neuen Zeitraum überlegen. Trage alle erwarteten Einnahmen und Ausgaben ein und überprüfe, wie gut du mit deinem Geld auskommst.

Eine Empfehlung für Budgetgeld
Mit 5 Euro pro Woche erhält Ahmed (12 Jahre) etwa so viel, wie die Jugendämter bzw. das Deutsche Jugendinstitut empfehlen (→ s. S. 71, **Abb. 2**).

Wenn Eltern ihren Kindern mehr Freiheiten übertragen möchten, können sie neben dem Taschengeld ein sogenanntes „Budgetgeld" einführen. Dies geschieht meistens, wenn die Kinder bzw. Jugendlichen bereits etwas älter sind. Damit könnten z.B. Schulmaterial, Handykosten, Bus- und Bahntickets, Essen außer Haus und Kleidung bzw. Schuhe selbstständig bezahlt werden. (→ **Abb. 2**)

das Budgetgeld
Geld, über das Jugendliche – neben dem Taschengeld – eigenverantwortlich für notwendige Ausgaben verfügen können

Mehr Verantwortung für Jugendliche?

Ahmed berichtet, dass seine große Schwester (16 Jahre) ein „Budgetgeld" verwalten darf, weil sie stets sorgfältig mit ihrem Geld umgegangen ist. Dadurch muss sie nun neue Ausgaben berücksichtigen und diese mit einplanen: Ein Ausflug mit der Klasse, Kleidung, Kosmetik und Shampoo, Mittagessen in der Schulmensa oder Guthaben für ein Smartphone. Sie möchte unbedingt mit ihrem Budgetgeld auskommen und plant bereits ihre Ausgaben. Einen Teil möchte sie für ungeplante und plötzliche Ausgaben sparen.

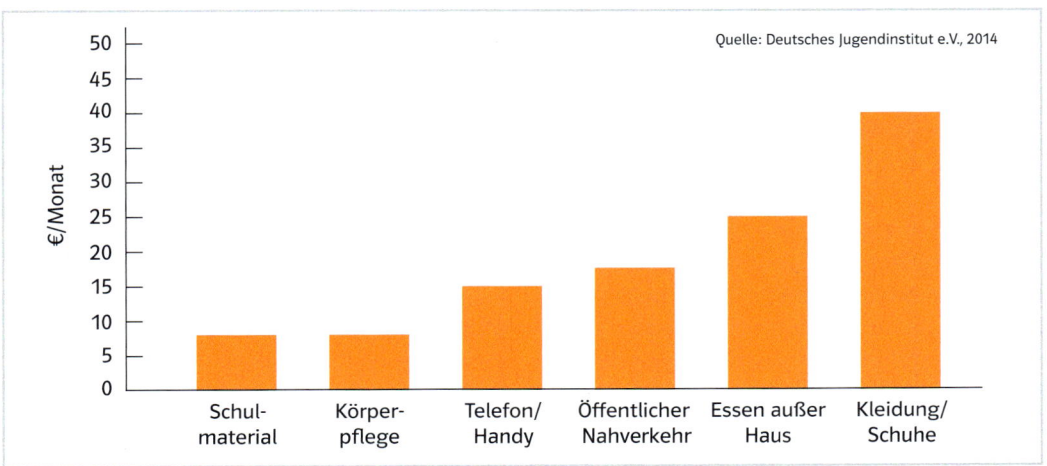

Quelle: Deutsches Jugendinstitut e.V., 2014

2 Empfehlung für ein Budgetgeld

Merke
- Um einen Plan aufzustellen, sollten Einnahmen und Ausgaben beobachtet und notiert werden.
- Wer sorgfältig mit seinem Taschengeld umgeht, lernt früh Verantwortung zu übernehmen.
- Jugendliche, die verantwortungsvoll mit ihrem Geld umgegangen sind, können ein „Budgetgeld" erhalten.

Aufgaben

1 a) Erkläre in eigenen Worten, wie Ahmed mit seinem Taschengeld umgeht.
b) Vergleiche, wie du selbst bislang mit deinem Taschengeld umgegangen bist. Notiere, was du von Ahmed übernehmen kannst.

2 a) Analysiert die Tabelle, die Ahmed aufgestellt hat (→ **Abb. 1**). Nennt den Betrag, den Ahmed am Ende des Monats spart.
b) Nenne Möglichkeiten, wie es Ahmed gelingen kann, monatlich 5 Euro für das neue Konsolenspiel zu sparen.
c) Erläutert den Unterschied zwischen normalem Taschengeld und „Budgetgeld", das Jugendliche manchmal von ihren Eltern erhalten.
d) Begründet, weshalb Ahmeds Schwester ihr Budgetgeld selbst verwalten darf.

3 Entwickle mithilfe des Wortspeichers einen Chat, in dem du einer anderen Person erklärst, welche Methode Ahmed für sein Taschengeld anwendet.

4 a) Erstelle deine eigene Taschengeldtabelle für den nächsten Monat.
b) Prüfe, ob du einen kleinen Betrag sparen kannst.
c) Nenne Möglichkeiten, wie du deine Einnahmen erhöhen und deine Ausgaben kürzen könntest.

Wortspeicher
- Plan
- Einnahmen
- Ausgaben
- Geldgeschenk

○1 ◐2, 3 ●4

Wirtschaftlich denken und handeln

1 Alena greift zu, aber das Geld ist knapp.

Alena und ihre Mutter sind zum Einkaufen in den nahegelegenen Supermarkt gefahren. Und schon beginnt zwischen den beiden eine Diskussion: Alena bleibt an jedem zweiten Regal stehen und greift zu. Wenn ihre Mutter sie nicht stoppt, ist der Wagen im Handumdrehen randvoll. Dabei hatten sie sich vorher genau überlegt, was sie für Alena zum Schuljahresbeginn einkaufen wollten (→ **Abb. 2**).

In manchen Familien ist das Geld knapp
Alenas Eltern gehen beide arbeiten, trotzdem muss die Familie auf jeden Cent achten. Alenas Mutter wartet auf Sonderangebote und vergleicht Preise. Manchmal ist das Geld am Monatsende so knapp, dass Alena auf Süßigkeiten oder ihre Lieblingszeitschrift verzichten muss. Alena hat sich daran gewöhnt, aber sie ist traurig. Einige Kinder aus ihrer Klasse kennen diese ↗ Knappheit nicht.

- *2 karierte Hefte (DIN A 4)*
- *5 linierte Hefte (DIN A 4)*
- *Tintenpatronen*
- *Ringordner*
- *3 Schnellhefter*

2 Alenas Bedürfnis: Schulmaterial kaufen

Haushalten und wirtschaften
Damit die Familie über die Runden kommt, haben Alenas Eltern verschiedene Tricks entwickelt: Sie sammeln die ↗ Belege im Supermarkt und notieren sich, wie viel Geld zum Ende des Monats noch vorhanden ist. Alenas Mutter sagt dann immer, sie möchte mit dem eigenen Geld „haushalten". Das bedeutet, sparsam zu sein und nicht verschwenderisch mit Geld umzugehen.

Für große Pläne muss man sparen
Wenn Alena etwas haben will, das die Familie nicht eingeplant hat, muss sie manchmal wochenlang warten. Zum Beispiel sind spontane Ausflüge in den Freizeitpark oder ins Kino erst möglich, wenn die Familie hierfür Geld gespart hat. Für diese Ausflüge hat sich die Familie eine kleine Spardose bereitgestellt. Dort geben Alena und ihre Eltern Münzen und Geldscheine hinein, die sie bei einem sehr günstigen Wocheneinkauf nicht ausgegeben haben.

haushalten
mit einem begrenzten Geldbetrag auskommen können

Ich brauche ein Matheheft.

Ich habe den Wunsch und genug Geld für das Heft.

Ich kaufe das Heft und benutze es.

Bedürfnis **Bedarf** **Konsum**

3 Vom Bedürfnis zum Konsum

Aus Bedarf wird Konsum

Wenn du ein ↗ Bedürfnis (z.B. ein neues Matheheft) erfüllen willst und hierfür das notwendige Geld hast, ist ein Bedarf entstanden. Wenn du das Heft nun auswählst und bezahlst, nennt man diesen Vorgang ↗ Konsum. Man sagt auch: Durch Konsum decken wir unseren Bedarf (→ **Abb. 3**).

Manchmal handeln wir unvernünftig

Viele Supermärkte bieten vor dem neuen Schuljahr Sonderangebote für Schulmaterialien wie Hefte oder Stifte an: „10 Matdehefte kaufen – 1 Heft geschenkt!" Wir wissen, dass wir eigentlich für dieses Schuljahr bloß drei oder vier karierte Hefte brauchen und erst nächstes Schuljahr wieder neue Hefte einkaufen müssten. Die überflüssigen Hefte liegen also in der Ecke herum, bekommen Knicke oder wir benutzen sie zum Kritzeln. Die totale Verschwendung, könnte man meinen.

So kannst du mit Geldknappheit umgehen: Notiere dir vor einem Einkauf deine unterschiedlichen Bedürfnisse sorgfältig. Danach prüfst du das verfügbare Geld für den Einkauf. Wenn es nicht reicht, solltest du überlegen, welcher Bedarf zuerst gedeckt werden muss. Auf manche Dinge musst du vielleicht erst einmal verzichten. Kaufe nur die Produkte, für die dein Geld ausreicht.

Merke

- Unsere Bedürfnisse sind unendlich, das zur Verfügung stehende Geld jedoch nicht.
- Wird dein Bedürfnis erfüllt, hast du deinen Bedarf gedeckt und konsumierst etwas.
- Oft handeln wir „unvernünftig", wenn wir etwas einkaufen.

Aufgaben

1 a) Erkläre den Begriff „haushalten" in eigenen Worten.
b) Erläutere, weshalb Alena nicht spontan mit ihren Eltern ins Kino gehen kann.
c) 👥 Vergleicht eure Ergebnisse.

2 Beschreibe deinen letzten Besuch in einem Geschäft, bei dem du etwas konsumiert hast. Notiere die einzelnen Phasen wie in **Abb. 3**.

3 a) Beschreibe in eigenen Worten den Konflikt zwischen Alena und ihrer Mutter beim Einkauf (→ **Abb. 1**). Nutze hierfür die Begriffe aus dem Wortspeicher.
b) Kennst du eine ähnliche Situation beim Einkauf mit deinen Eltern? Erläutere.

4 👤 Diskutiert über Situationen, in denen ihr unvernünftige Dinge gekauft habt. Welche Gründe gab es für den damaligen Kauf?

Wortspeicher
– Bedarf
– Bedürfnis
– Konsum
– Knappheit

Augen auf beim Einkauf!

1 Lockangebote sollen uns in das Geschäft locken, wo wir weitere Waren finden.

2 Ein großer Einkaufswagen verleitet dazu, mehr einzukaufen.

3 Kinder finden an den Kassen der Supermärkte oft Süßigkeiten. Diese Waren nennt man „Quengelware".

Werbebotschaften begegnen uns im Alltag überall, z.B. im Fernsehen, in mobilen Apps, im Radio oder auf der Bande am Fußballfeld. Die Werbung beeinflusst unsere Kaufentscheidungen. Wer nicht aufpasst, wird leicht von Werbebotschaften verführt.

Wer Kunden anzieht, gewinnt

Händler und Hersteller haben unterschiedliche ↗ Strategien, um uns auf sich und ihre Produkte aufmerksam zu machen. Ihr Ziel ist es, dass wir immer wieder zu ihnen kommen und möglichst mehr einkaufen, als wir uns vorgenommen haben.

Verkaufsstrategien im Geschäft

- Schaufenster und Lockangebote (→ **Abb. 1**): Wir kaufen „mit den Augen". Schön gestaltete Schaufenster machen uns neugierig.
  Besonders billige Angebote vor dem Eingang sollen uns in das Geschäft locken.
- Große Einkaufswagen (→ **Abb. 2**): Wir lassen ungerne Platz im Einkaufswagen leer. Deshalb kaufen wir bei großen Wagen oft mehr, als wir eigentlich wollten.
- Waren in der Kassenzone (→ **Abb. 3**): Wenn wir an der Kasse warten, nehmen wir aus Langeweile gerne noch etwas mit.
  Die Waren an der Kasse sollen uns zu Spontankäufen bewegen.

Verkaufsstrategien rund um den Einkauf

- Kundenkarten (→ **Abb. 4**): Wenn wir Preisnachlässe oder Bonuspunkte bekommen, die wir gegen Geld oder Waren einlösen können, kommen wir gerne wieder.
- Sonderaktionen (→ **Abb. 5**) (z.B. Preisnachlässe, Sondergrößen, Rabatte, Ausverkauf) sollen uns zeigen: Hier ist es besonders günstig.
  Wir kaufen etwas, weil es billiger erscheint, und nicht, weil wir es brauchen.
- Werbung (→ **Abb. 6**) finden wir im Radio, Fernsehen, auf Plakaten, Flyern oder im Internet.
  Sie informiert uns schon vor dem Einkauf. Wir sollen uns früh für einen Händler entscheiden.

Der Aufbau ist genau geplant

Je länger wir uns in einem Geschäft aufhalten, desto mehr kaufen wir ein. Oft benötigte Waren (z.B. Brot, Milchprodukte) stehen deshalb weit hinten im Laden. Um sie zu finden, müssen wir das ganze Geschäft durchqueren. Enge Gänge und Sonderangebote bremsen uns, damit wir nicht zu schnell an den Waren vorbeilaufen. Teure Markenprodukte stehen griffbereit in Augenhöhe, billigere darunter. Helles Licht und leise Musik sollen uns zusätzlich in „Kauflaune" versetzen.

der Spontankauf
zügiger, meist unüberlegter Kauf einer Ware

4 Kundenkarten sollen uns zu „Stamm-kunden" in einem bestimmten Markt machen.

5 Sonderaktionen dauern meist nicht lange. Wir sollen uns schnell zum Kauf entscheiden.

6 Werbung informiert uns über aktuelle Angebote. Sie spricht unsere Bedürfnisse an oder schafft neue.

	Plankauf	**Gewohnheitskauf**	**Spontankauf**	
Wie wird gekauft?	• Wir informieren uns vor dem Kauf gezielt. • Wir vergleichen und entscheiden uns nach langer Über-legung.	• Wir wissen schon vorher, was wir kaufen wollen. • Wir informieren uns nicht speziell über andere Produkte.	• Wir entscheiden uns <u>spontan</u>, weil uns etwas gefällt. • Wir holen keine Informationen über andere Produkte ein.	<u>spontan</u> ohne viel darüber nachzudenken
Was wird gekauft?	teure ↗ <u>Güter</u>, die wir selten kaufen	Güter, die wir täglich brauchen	billige, schnell verbrauchte Güter	
Beispiele	Fahrrad, Winterjacke	Waschmittel, Nahrungsmittel	Süßigkeiten, Kaugummis	

7 Verschiedene Arten von Kaufverhalten

Merke

• Beim Kaufverhalten unterscheidet man Plankauf, Gewohnheitskauf und Spontankauf.
• Schaufenstergestaltung, Kundenkarten, Preisnachlässe, Werbung und Waren in der Kassenzone sind Beispiele für Strategien, mit denen Händler ihre Verkäufe steigern wollen.

Aufgaben

1 a) 👥 Nennt zu jeder Verkaufs-strategie (→ **Abb. 1–6**) ein Beispiel aus eurer eigenen Erfahrung.
b) 👥 Erstellt eine Tabelle mit den beschriebenen Strategien. Tragt in eine Spalte eine kurze Beschreibung ein und in eine zweite das Ziel der Strategie.
c) 👤 Präsentiert eure Tabellen der Klasse.
d) 👥👥 Entwickelt Tipps, die helfen, nicht mehr einzukaufen, als ursprünglich geplant war.

2 Leo: „Bei Kleidung ist mir die Marke wichtiger als das Aus-sehen!" Lena: „Wenn mir etwas gefällt, kaufe ich es, egal von welcher Firma es ist." Arian: „Ich achte vor allem auf den Preis."
a) Nimm Stellung zu den drei Aussagen.
b) Begründe, welcher Aussage du am meisten zustimmst.

3 Begründe, warum du die folgen-den Strategien oft in Super-märkten findest:

a) Der direkte Weg zur Kasse wird durch Regale versperrt.
b) Markenartikel stehen griff-bereit in Augenhöhe, Artikel ohne Markenname weiter unten.

4 a) Nenne für die drei Arten von Kaufverhalten (→ **Abb. 7**) jeweils mindestens drei weitere typische Produktbeispiele.
b) Beurteile, welche „Verkaufs-strategie" (→ **Abb. 1–6**) bei wel-chem Kaufverhalten (→ **Abb. 7**) am wirkungsvollsten ist.

○1, 2 ◔3 ●4

Werbung in den Medien

1 Werbebeispiel als Einblendung am Bildschirm

Plötzlich wird deine Lieblingssendung an der besten Stelle für mehrere Minuten unterbrochen. Kurze Filme über Shampoo, Autos oder Kaffee sind nun zu sehen. Bei einer Sportveranstaltung stehen riesige Tafeln direkt neben dem Spielfeld oder der Rennstrecke. ↗ Unternehmen bezahlen viel Geld, damit ihre Produkte wahrgenommen werden.

Zwei Seiten der Werbung

Werbung soll uns einerseits informieren, z. B. über die technischen Merkmale oder den Preis eines Produkts. Andererseits kann Werbung auch Gefühle (Emotionen) in uns auslösen, z. B. Spaß, Wohlbefinden, Anerkennung (→ **Abb. 1**). Wichtig ist, sich darüber bewusst zu werden und die Werbeabsichten zu erkennen. So entgeht man der Gefahr, von Werbung manipuliert und getäuscht zu werden.

Werbung soll die Zielgruppe erreichen

Die werbenden Unternehmen geben jedes Jahr viel Geld für Werbung aus. Zeitungen, Internetseiten und sogar ganze Unternehmen verdienen damit Geld. Daher erforschen viele Unternehmen ihre ↗ Zielgruppe. Dies ist eine Gruppe von Personen mit vergleichbaren Merkmalen, die gezielt angesprochen werden soll.

die Werbeabsicht
das Ziel, das Firmen mit der Werbebotschaft beim Kunden erreichen möchten

manipulieren
beeinflussen, lenken

der Trend
eine Entwicklung in eine bestimmte Richtung

Kindergrafik 2394

2 Werbung will deine Aufmerksamkeit wecken.

Werbung: Die AIDA-Formel

Werbe-Experten überlegen sich, wie sie die Werbung mithilfe der AIDA-Formel (→ **Abb. 3**) gestalten können. Gesucht wird nach der besten Strategie, um ein Produkt dauerhaft verkaufen zu können. Je mehr Menschen erreicht werden, desto besser.

Erfahrungen mit anderen teilen

Durch das Internet ergeben sich neue Trends. So suchen Menschen, nachdem sie etwas in der Werbung entdeckt haben, im Netz nach dem Produkt und lesen sich die dort verfassten ↗ Bewertungen durch. Außerdem werden gute und schlechte ↗ Erfahrungsberichte mit dem Produkt im Internet oder im Bekanntenkreis geteilt. Auch dies ist ein Bestandteil der Werbung.

Fred: Hey Leute, war leider krank 🤧. Hab letzte Stunde verpasst. Könnt ihr mir erklären, was ich zu Werbung wissen muss, wenn mich Herr Schmidt morgen fragt?

Justus: Gute Besserung Fred! 🤗 Hab das mit AIDA selbst nicht verstanden. Ich chill lieber im Unterricht… Wer kann's erklären? 😰

Elena: Auch von mir gute Besserung. 🤧 🤗 Herr Schmidt hat mit uns über Werbung gesprochen, also über die 4 Schritte, wie Werbung meistens aufgebaut ist:
A: „ATTENTION": Werbung soll Aufmerksamkeit erregen.
I: „INTEREST": Beim Kunden soll Interesse geweckt werden.
D: „DESIRE": Der Kunde soll das Verlangen entwickeln, das Produkt kaufen und besitzen zu wollen.
A: „ACT": Der Kunde soll möglichst schnell dazu gebracht werden, den Kauf zu vollziehen bzw. zu handeln.

Fred: Für mich klingt das echt fies. So als ob man dich abziehen will, oder? Dinge kaufen, die du gar nicht brauchst.

Justus: Danke Elena, jetzt kapiere ich das endlich! 😀

Elena: @ Fred: Ja, wenn man da nicht aufpasst, wird man sozusagen fremdgesteuert. Man sollte sich vor dem Einkauf immer fragen: „Brauch ich das wirklich?!" 🤔 🙃
@ Justus: Kein Problem! 😉

3 Justus chattet mit seinen Freunden.

Merke

- Werbung ist in allen Medien zu finden.
- Werbung kann informieren oder die Gefühle der Zuschauerinnen und Zuschauer beeinflussen.
- Werbung kann mit der AIDA-Formel beschrieben werden.

Aufgaben

1 👥 **a)** Nennt die Medien, in denen ihr am meisten Werbung seht oder hört.
b) Beschreibt zwei Werbungen, die euch gut gefallen. Begründet eure Auswahl.

2 a) Erkläre in eigenen Worten die vier AIDA-Schritte (→ **Abb. 3**) anhand eines Werbebeispiels aus deiner persönlichen Umgebung.
b) Beschreibe, auf welchem Weg diese Werbung an Kinder herangetragen wird, und begründe, warum der Ersteller diesen Weg gewählt hat.

3 a) Analysiere, wie das Werbebeispiel (→ **Abb. 1**) die Werbeziele aus der AIDA-Formel (→ **Abb. 3**) erreicht.
b) Begründe, ob das Beispiel deiner Meinung nach eher informieren oder manipulieren will.
 c) 👥 Beurteilt, welchen Einfluss die Bewertungen von Produkten und Erfahrungsberichte im Internet und den sozialen Medien auf die Menschen haben.

4 👥 Fußballfans und Hundeliebhaber sind Zielgruppen für Werbung.
a) Erklärt euch gegenseitig das Wort „Zielgruppe".
b) Erläutert, wo sich die beiden oben genannten Zielgruppen häufig aufhalten.
c) Erörtert, durch welche Werbung man sie am besten erreichen könnte, damit sie auf Produkte eines Unternehmens aufmerksam werden.
d) Nennt drei weitere Gruppen, für die gezielte Werbung produziert wird.

Einkaufsorte: Wo kaufe ich ein?

1 Supermarkt und Discounter sind Nachbarn.

2 Tante-Emma-Laden aus den 1960er-Jahren

vielfältig
verschieden, vielseitig, unterschiedlich

Einkaufen ist vielfältiger als je zuvor. Durch den weltweiten Handel gibt es beinahe jede Ware aus Ländern der ganzen Welt bei uns zu kaufen. Neben der Vielfalt hat sich auch das Einkaufserlebnis deutlich gewandelt. Unsere Großeltern kennen noch Zeiten des ↗ Mangels und der ↗ Warenknappheit.

Mit „Tante-Emma-Läden" fing es an

der Discounter
bietet wenige Produkte, hat häufig günstige Preise

Man konnte früher nicht nach Herzenslust zugreifen, denn die Waren wurden hinter dem Tresen aufbewahrt. Man musste sagen, was man brauchte, und erhielt die Produkte in der gewünschten Anzahl. Diese Läden wurden häufig von Kaufmannsfamilien betrieben, daher auch die Bezeichnung „Tante-Emma-Laden" (→ **Abb. 2**). Die Inhaberin oder der Inhaber kannte Kunden oft beim Namen und wussten genau, was diese einkaufen wollten. Ein solcher Laden hatte selten mehr als 100 verschiedene Artikel auf ↗ Lager.

die Kaufmannsfamilie
Familie eines Mannes, der Waren anbietet oder daran mitarbeitet

Supermarkt: Produktvielfalt

exotisch
ausgefallen, ungewöhnlich

Je mehr Waren auf dem Markt erhältlich waren, desto größer wurde die Verkaufsfläche in den Läden. Kunden verlangten nach exotischen Produkten und größerer Auswahl. So entstanden Betriebe mit mehreren Filialen und angestellten Mitarbeitern. Zudem wurde die Selbstbedienung eingeführt.

die Filiale
einzelnes Geschäft einer größeren Unternehmensgruppe

Heute haben Supermärkte über 10 000 verschiedene Produkte dauerhaft im ↗ Sortiment, teilweise ergänzt durch Sonderangebote und Bedientheken für Fleisch und Käse.

Discounter: Einfach und günstig

Eine spezielle Form im deutschen ↗ Einzelhandel stellen Discounter dar. Sie haben ein kleineres Sortiment als Supermärkte und bieten keine Beratung oder Bedienung an. Dort finden sich etwa 2 000 verschiedene Artikel, die häufig nachgefragt werden, ergänzt um wöchentliche ↗ Aktionsware. Die Kunden schätzen Einfachheit und Preise der angebotenen Waren.

Fachmärkte: Spezialisierung

Während Supermärkte und Discounter mehrere Warengruppen anbieten, spezialisieren sich Fachmärkte auf wenige ↗ Warengruppen. So entstanden Fachmärkte für Elektroartikel, Tierbedarf, Getränkemärkte, Drogeriemärkte oder Baumärkte für den Heimwerkerbedarf. Dort trifft man oftmals auf Personal, das sich mit den Warengruppen besser auskennt als im Supermarkt oder Discounter. Während der Supermarkt nur zwei bis drei verschiedene Produkte einer Warengruppe anbietet, bietet der Fachmarkt eine größere Auswahl an.

Einkaufszentren: bis zu 250 Läden

Mit einem echten „Shopping-Erlebnis" und größter Auswahl werben Einkaufszentren. Deutschlands aktuell größtes Zentrum steht in Oberhausen in Nordrhein-Westfalen. Dort können Kunden auf 125 000 Quadratmetern über 250 verschiedene Geschäfte besuchen. Wer vom vielen Laufen hungrig wird, kann die unzähligen Restaurants im sogenannten „Food-Court" nutzen. Die Betreiber bieten kostenlose Parkplätze und aufwendige Dekoration zu jeder Jahreszeit an. Ein hochwertiges Gebäude soll den Besuchern ↗ Luxus vermitteln und die Verkäufe steigern.

Auf dem Vormarsch: Onlinehandel

Eine Entwicklung, die derzeit kaum zu bremsen ist, zeigt sich im Onlinehandel. Viele Warengruppen, vor allem jene ohne Beratungsbedarf, werden gerne im Internet bestellt und wieder zurückgesendet, wenn sie den Käuferinnen bzw. Käufern nicht gefallen. Die Kunden schätzen die Bequemlichkeit, von überall bestellen und einkaufen zu können. Nicht selten sind die Produkte günstiger als

Das Größte, was ich beim Einkaufen bislang erlebt habe, war ein Einkaufszentrum in den USA. Dort sagen die Kinder „we're going to the mall" – man nennt diese Gebäude dort „mall". Man kann dort tatsächlich den ganzen Tag verbringen, ohne alles gesehen zu haben. So etwas Gigantisches habe ich hier noch nicht gesehen. Kleidung, Restaurants, Kinos und Spielzeugläden unter einem Dach – ich wusste gar nicht, wohin ich zuerst gehen soll. Meine Eltern behaupten, dass man auch bei uns immer mehr solcher Shopping-Zentren entdecken kann. Fantastisch, oder?

3 Ben ist begeistert von Einkaufszentren.

im lokalen Einzelhandel, da geringere ↗ Kosten für Miete oder Personal anfallen. Viele kleinere Läden können diesem Preisdruck nicht standhalten und schließen.

der Preisdruck
Druck auf die Preise zur Schwächung der Konkurrenz

Merke

- Produktvielfalt führte zu größeren Einkaufsorten – „Tante-Emma-Läden" gibt es kaum noch.
- Supermärkte, Discounter und Fachmärkte decken den täglichen Bedarf vollständig ab.
- Einkaufszentren mit hunderten Geschäften auf großer Fläche bieten besondere Einkaufserlebnisse.

Aufgaben

1 a) Nenne vier unterschiedliche, im Text genannte Einkaufsorte.
b) Beschreibe diese vier Einkaufsorte in eigenen Worten.
c) Erläutere den Unterschied zwischen Fachmarkt und Discounter am Beispiel eines Fahrrads.

2 a) Befragt eure Eltern oder eure Großeltern und bittet um eine Schilderung ihrer Einkaufserfahrung, als sie Kinder waren. Fragt vor allem

nach dem Lieblingsladen eurer Verwandten.
- Wie sah dieser Laden aus?
- Welche Produkte haben sie dort gekauft?
- Gibt es den Laden noch?
- Welche Unterschiede zu heutigen Supermärkten können sie dir nennen?
b) Präsentiert eure Ergebnisse vor der Klasse.

3 Entwickle mithilfe des Wortspeichers einen Chat, in dem du einer anderen Person erklärst, wo man ein Glätteisen für lange Haare oder einen Selfiestick kaufen kann.

Wortspeicher
- Beratung
- Selbstbedienung
- Warengruppe
- Spezialisierung
- Auswahl
- Onlinehandel

Eine Erkundung durchführen

1 Eine Erkundungstour könnt ihr in einem Supermarkt, …

2 … aber auch in einem beliebigen Fachmarkt durchführen.

Sicherlich habt ihr den Wunsch, bald etwas Neues einzukaufen. Mal fehlt euch ein Rucksack, mal habt ihr den Wunsch, ein neues T-Shirt oder ein Computerspiel zu kaufen. Vielleicht benötigt auch jemand von euch neue Sportschuhe. Häufig besteht auch nur der Wunsch, sich eine Süßigkeit zu kaufen.

Wozu eignet sich eine Erkundung?

Ganz egal, ob ihr Kleidung, Sportartikel oder andere Dinge kauft: Viele verschiedene Händler bieten die gleichen Artikel an. Die Preise der angebotenen Waren unterscheiden sich aber häufig. Eine Erkundung eignet sich, diese Preisunterschiede festzustellen. Für eure Preiserkundung könnt ihr unterschiedliche Fachgeschäfte, Supermärkte und Fachmärkte aufsuchen. Nach Beendigung der Erkundung habt ihr bei einigen Waren die Möglichkeit, die von euch ermittelten Preise mit den Preisen im Internethandel zu vergleichen.

das Fachgeschäft bzw. der Fachmarkt
Geschäft bzw. größerer Markt, das bzw. der auf den Verkauf bestimmter Waren spezialisiert ist

1. Schritt: Sich für eine Ware entscheiden

Bildet in eurer Klasse Gruppen mit jeweils drei oder vier Personen. Diskutiert, für welche Waren ihr die Preiserkundung durchführen wollt. Einigt euch auf zwei oder drei Produkte und überlegt, welche Geschäfte ihr für die Erkundung besuchen möchtet. Bei der Festlegung der Produkte solltet ihr darauf achten, dass das einzelne Produkt genau beschrieben wird (genaue Bezeichnung, Menge, …).

2. Schritt: Erkundung vorbereiten

Trefft zusammen mit eurer Lehrkraft die Entscheidung, wann und wo ihr die Erkundung durchführen möchtet. In den meisten Fällen benötigt ihr für die Durchführung der Preiserkundung mehr als eine Zeitstunde. Einigt euch auf einen Zeitraum, an dem alle Gruppenmitglieder Zeit haben, und klärt den Ort, an dem ihr euch treffen wollt.

3. Schritt: Erkundung durchführen

Seid pünktlich am vereinbarten Treffpunkt. Sucht die unterschiedlichen Geschäfte auf und haltet eure Ergebnisse schriftlich fest. In einigen Geschäften müsst ihr mit den Verkäuferinnen oder Verkäufern in Kontakt treten, weil ihr vielleicht nicht ohne Hilfe die Preise erkennen könnt.

4. Schritt: Erkundung auswerten

Wertet nun eure Ergebnisse aus. Dabei solltet ihr vor allem den günstigsten und den teuersten Preis aufschreiben und die <u>Preisspanne</u> berechnen. Zur Vorbereitung der Ergebnispräsentation ist es ratsam, die Anzahl der besuchten Erkundungsorte festzuhalten. Beschreibt auch, ob die meisten der erkundeten Preise sich eher an dem niedrigsten oder dem höchsten Preis orientieren.

5. Schritt: Vergleich der Preise mit dem Internethandel

Bei einigen Waren kann es sinnvoll sein, die durchgeführte Preiserkundung mit den Angeboten im Internet zu vergleichen. Solltet ihr im Internet weitere Preise recherchieren, so solltet ihr auch diese Ergebnisse notieren.

6. Schritt: Ergebnisse präsentieren

Die Hauptarbeit ist nun gemacht. Eure Klasse ist gespannt auf eure Ergebnisse. Legt fest, in welcher Form ihr euer Wissen vermitteln möchtet. Einigt euch, ob ihr eure Ergebnisse in Form einer PowerPoint-Präsentation, eines Infoblatts, eines Plakats oder einer Mindmap präsentieren wollt. Legt zudem fest, wer von euch die Präsentation vor der Klasse durchführen soll.

1. Schritt: Sich für eine Ware entscheiden
• Diskussion: Welche Ware wählen wir?
• Einigung auf zwei oder drei Waren

2. Schritt: Erkundung vorbereiten
• Festlegung der Erkundungsorte
• Einigung auf den Erkundungszeitpunkt

3. Schritt: Erkundung durchführen
• Aufsuchen der Erkundungsorte
• Protokollieren der Preise

4. Schritt: Erkundung auswerten
• gewonnene Erkenntnisse formulieren
• Fakten und Tendenzen benennen

5. Schritt: Vergleich der Preise mit dem Internethandel
• Durchführung einer Internetrecherche
• Notieren der Ergebnisse

6. Schritt: Ergebnisse präsentieren
• Vorbereitung der Präsentation
• Durchführung der Präsentation

4 Die wichtigsten Schritte bei einer Erkundung

die Preisspanne
Spanne zwischen dem höchsten und niedrigsten Preis, zu dem eine Ware angeboten wird

Name des Geschäfts	Ort	Hersteller/ Marke	Preis	Merkmale
...	...	...	...	...
...	...	...	...	...

3 Preiserkundung

Aufgaben

1 👥 Plant eine Preiserkundung zu einem Produkt eurer Wahl. Orientiert euch bei eurer Planung an dem Ablaufschema (→ **Abb. 4**). Führt die Erkundung anschließend durch.

2 👥 **a)** Recherchiert zum **MK** Produkt aus Aufgabe 1 Preise im Internet. Notiert die gefundenen Ergebnisse in einer Tabelle (→ **Abb. 3**).
b) Vergleicht eure gefundenen Ergebnisse untereinander. Gibt es Gemeinsamkeiten und/oder Unterschiede?

3 **a)** Dokumentiere für ein neues Smartphone deiner Wahl den Preis über einen längeren Zeitraum bei verschiedenen Händlern.
b) Präsentiere vor der Klasse, wie sich der Preis im Laufe der Zeit verändert hat.

○1 ◗2, 3

Erst informieren – dann kaufen

Mogelpackung des Jahres
KINGz-Chips - 65 % der Stimmen

Vorher   *Nachher*

180 Gramm   100 Gramm
1,79 Euro   1,79 Euro

1 Leser haben abgestimmt: Die KINGz-Chips sind die Mogelpackung des Jahres.

Es ist nicht immer leicht, beim Einkauf den Überblick zu behalten. Die vielen verschiedenen Angebote unterscheiden sich oft stark in der Qualität, dem Aussehen oder dem Preis. Nicht alle Produkte halten, was sie versprechen.

Wahl zur Mogelpackung des Jahres
Bei der Online-Umfrage einer ↗ Verbraucherzentrale stimmten mehr als die Hälfte von fast 40 000 Teilnehmerinnen und Teilnehmern für das Produkt, dessen Füllmenge der Hersteller im vergangenen Jahr drastisch von 170 auf 100 Gramm gesenkt hatte (→ **Abb. 1**). Die Chips wurden dadurch um bis zu 70 Prozent teurer.

Mogelpackungen
Verpackungen täuschen manchmal etwas vor. Manchmal sind die Verpackungen größer, als es für deren Inhalt notwendig wäre. Die Größe der Verpackung ändert sich häufig ebenso wie die Inhaltsmengen. Die Preise bleiben meistens gleich. Hinzu kommt, dass kleinere Veränderungen an den Verpackun-

---

Die Tricks eines Chips-Herstellers
„Diese Packungsänderung ist schon extrem dreist", berichtet ein Experte für Verbraucherschutz-Fragen. „Leider ist der Hersteller KINGz-Chips in der Vergangenheit schon mehrfach durch solche versteckten Preiserhöhungen aufgefallen, die Kunden sollten da sehr genau hinschauen!"
Die neue Chipstüte der Marke KINGz ist deutlich kleiner als die alte Variante und es befinden sich insgesamt weniger Chips in der Tüte. „Verbraucher bekommen weniger Inhalt, aber bezogen auf die Anzahl der enthaltenen Chips mehr Müll für ihr Geld", so der Experte weiter.

2 Das sagt ein Experte zur Mogelpackung.

gen selten bemerkt werden. Wenn eine Verpackung zu weniger als 70 Prozent gefüllt ist, gilt sie als „Mogelpackung" und ist unzulässig.

Beratung in Anspruch nehmen
In der Beratungsstelle einer örtlichen Verbraucherzentrale kann man persönlichen Rat und Hilfe erhalten. Die Mitarbeiterinnen und Mitarbeiter beraten gegen Gebühr zu verschiedenen Themen (z. B. Telefon und Internet, Gesundheit und Pflege usw.). Verbraucherzentralen der einzelnen Bundesländer erhalten staatliche Zuschüsse. Nur so ist es möglich, dass sie unabhängig bewerten und beraten können. Auf diese Weise wird sichergestellt, dass sie nicht durch Händler oder Hersteller der Produkte beeinflusst werden.

---

der Zuschuss
Betrag, der jemandem zur Verfügung gestellt wird, um ihm bei der Finanzierung einer Sache zu helfen

unabhängig:
frei, eigenständig, selbstständig

3 Sind hier Mogelpackungen dabei?

Verbraucherberatung in den Medien

Welches Smartphone ist günstig, welche Waschmaschine sparsam? Was ist wirklich in Ketchup drin? In verschiedenen Verbraucherzeitschriften kannst du die Ergebnisse der Produkttests nachlesen, die solche Fragen untersuchen. Die ↗ <u>Stiftung Warentest</u> veröffentlicht ihre Ergebnisse z. B. in den Zeitschriften „test" oder „Finanztest" und im Internet. Positive Ergebnisse nutzen die Herstellerinnen und Hersteller der Produkte oft in ihrer Werbung.

Merke

- Verbraucherschutzorganisationen bieten unabhängige Informationen zu Verbraucherthemen.
- Man kann sich in einer Beratungsstelle, in Zeitschriften und im Internet informieren.
- Bei Produkttests werden Produkte und Dienstleistungen nach bestimmten Merkmalen beurteilt.

Aufgaben

1 Beschreibe mit eigenen Worten, was eine Mogelpackung ist.

2 a) Untersuche, ob es sich in **Abb. 3** um Mogelpackungen handelt.
b) Erläutere, welche Vorteile die „Verpackungstricks" für die Hersteller haben.

3 a) Erkläre, warum die Chips (→ **Abb. 1**) zur Mogelpackung des Jahres vorgeschlagen wurden.
b) ᙭ Vergleicht eure Ergebnisse und ergänzt diese.

MK c) ᙭ Recherchiert weitere Beispiele für Mogelpackungen im Internet (Stichwörter „Verbraucherzentrale" und „Mogelpackung").

4 ᙭ Erstellt für eure Eltern ein Info-Blatt zur Verbraucherzentrale.
a) Ermittelt die Adresse und die Öffnungszeiten der nächsten Beratungsstelle.
b) Nennt die Themen, zu denen man bei der Verbraucherzentrale Informationen bekommt.

c) Beschreibt ein Aufgabengebiet der Verbraucherzentrale möglichst genau.

5 ᙭ Besorgt euch eine Zeitschrift der Stiftung Warentest und wählt pro Gruppe je ein Thema aus.
a) Stellt die zentralen Informationen auf einem DIN-A3-Infoplakat dar.
b) Präsentiert euer Plakat in einem Kurzvortrag von max. 5 Minuten vor der Klasse.

Die Geschichte des Geldes

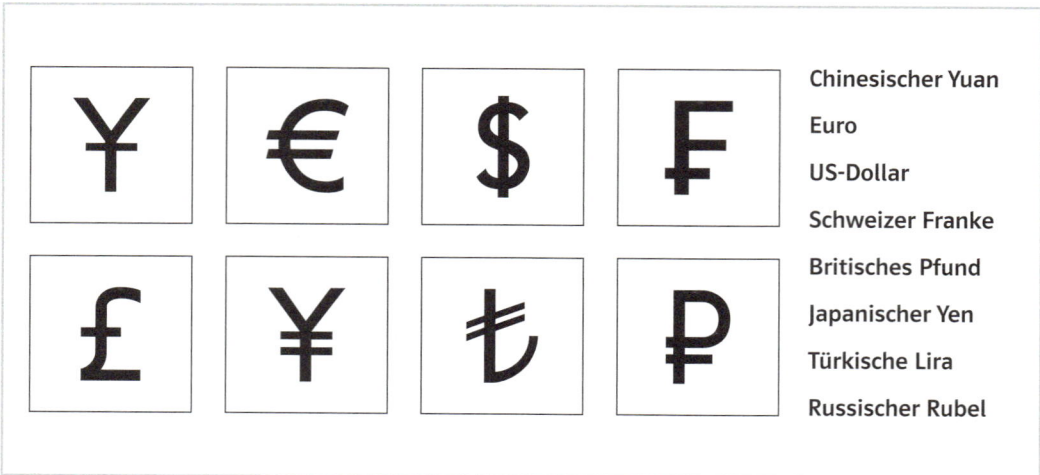

Chinesischer Yuan

Euro

US-Dollar

Schweizer Franke

Britisches Pfund

Japanischer Yen

Türkische Lira

Russischer Rubel

1 Währungen aus aller Welt

Die Klasse 5b besteht aus 25 Kindern. Ihre Lehrerin, Frau Werner, bittet die Schülerinnen und Schüler zu Beginn der Schulstunde, ihnen bekannte ↗ Währungen aufzuzählen. „Russicher Rubel", startet Eugen. „Thailändische Baht", ergänzt Maei-Ling. „Türkische Lira", ruft Kaya. Am Ende stehen viele unterschiedliche Währungen an der Tafel. Valentina fragt verwundert: „Wieso gibt es so viele Währungen? Deutschland und mein Heimatland Italien haben das gleiche Geld, wieso geht das nicht überall?" Frau Werner schmunzelt: „Gute Frage! Machen wir eine Zeitreise …".

Mit dem Tausch fing alles an

der Naturaltausch
Tausch einer Ware
gegen eine andere
Ware

Mit dem Naturaltausch begann die Geschichte des Geldes. Dabei tauschten unsere Vorfahren z. B. Nahrungsmittel oder Kleidung. Das konnte Schwierigkeiten geben, wenn man sich nicht auf den Wert einer Ware einigen konnte oder benötigte Dinge gerade nicht zum Tausch angeboten wurden. Deshalb schuf man ein „Zwischentauschmittel", das ↗ Naturalgeld, z. B. Gewürze, Perlen, wertvolle Steine oder Muscheln. Mit ihnen konnten später die benötigten Waren eingetauscht werden.

Vom Metall zur Münze: das Bargeld

Häufig dienten Metalle wie Kupfer, Gold und Silber als Naturalgeld. Dieses Geld war haltbar und gut zu transportieren. Der Wert des Geldes wurde durch das Gewicht bestimmt. Hierzu musste stets eine Waage vorhanden sein. Daher wurden Münzen hergestellt, die gleich aussahen und immer das gleiche Gewicht hatten. Sie konnten direkt abgezählt werden. Später wurde Papiergeld hergestellt, um das Zählen zu verkürzen und das Gewicht zu reduzieren. Münz- und Papiergeld bezeichnet man auch als Bargeld.

Buchgeld hat Bargeld überholt

An der Supermarktkasse kannst du beobachten, dass Erwachsene ohne Bargeld und stattdessen mit einer kleinen Karte bezahlen. Händler buchen das Geld direkt vom Bankkonto des Kunden ab, weshalb man dieses Geld auch Buchgeld nennt. Man führt die Plastikkarte der Bank in ein Lesegerät ein, mithilfe eines ↗ Codes wird die Zahlung bestätigt. Aktuell liegt das „kontaktlose Bezahlen" im Trend. Hierzu hält man die Karte oder sogar sein Smartphone vor das Lesegerät, über ein Funksignal werden die Daten übertragen und der Kauf erfolgt.

Unterschiedliche Währungen

Geschichtlich betrachtet hat beinahe jedes Land oder jedes Königreich seine eigene Währung erfunden. Die Regierungen konnten z. B. die Preise festlegen und direkt auf die Tauschgeschäfte Einfluss nehmen. Mittlerweile schließen sich Regionen, z. B. in Europa, zu einem einheitlichen ↗ Währungsraum zusammen, um Vorteile zu haben. Ob eines Tages eine „Weltwährung" eingeführt wird, ist heute nicht absehbar. Hierzu müssten sich erst alle Länder der Erde einig sein.

Rechnen, tauschen und vergleichen

Heute erfüllt Geld drei zentrale Funktionen:
1. Alle ↗ Güter können in einem Preis ausgedrückt werden, z. B. „1 Euro für einen Stift".
2. Mit Geld kann man den Wert von Gütern berechnen („Drei Stifte kosten 3 Euro.") und vergleichen („Ein Heft kostet so viel wie ein Stift.").
3. Außerdem kann man Geld deutlich einfacher gegen Waren tauschen als zu Zeiten des Naturaltausches („Ich brauche einen Stift und biete ein Heft dafür.").

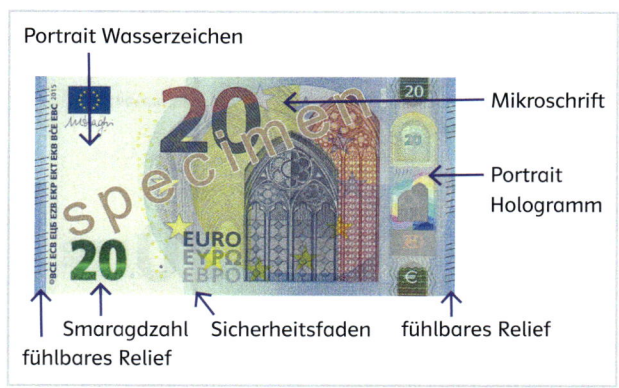

2 Mehrere Merkmale schützen Geldscheine vor ↗ Fälschungen.

Geld speichern und sparen

Eine sehr bedeutende Eigenschaft des Geldes liegt in seiner Funktion als Aufbewahrungsmittel. So musste man früher darum fürchten, dass Nahrungsmittel verderben oder Muscheln zerbrechen. Das Geld, vor allem wenn es heute auf einem Bankkonto aufbewahrt wird, ist nahezu sicher und unbegrenzt haltbar. So gelingt es leichter, das Geld zu sparen und für einen Zeitpunkt in der Zukunft aufzubewahren.

Merke

- Bevor Münzen und Währungen erfunden wurden, musste man mit Naturalgeld tauschen.
- Heute kann man mit Bargeld oder mit Buchgeld bezahlen.
- Die drei Funktionen des Geldes sind: Tauschmittel, Recheneinheit und Wertspeicher.

Aufgaben

1 👥👥👥 **a)** Erstellt eine dreispaltige Tabelle (Symbol, Währungsname, Land).

MK **b)** Recherchiert im Internet und sucht nach den passenden Ländern zur jeweiligen Währung (→ **Abb.1**).

c) Vergleicht eure Ergebnisse in der Klasse.

2 a) Beschreibe in eigenen Worten, wie man vor Einführung des Geldes bezahlt hat.

b) Erläutere den Unterschied zwischen Buchgeld und Bargeld.

c) Erkläre, wie Buchgeld zu Bargeld umgewandelt wird – und umgekehrt.

d) Erkläre, was „kontaktloses Bezahlen" ist.

3 Nenne die drei Zwecke, zu denen man Geld nutzen kann.

4 a) Liste die Merkmale eines Euroscheines auf (→ **Abb.2**) und beschreibe in eigenen Worten, was du auf einem 5-Euro-Schein erkennen kannst.

MK **b)** Recherchiere im Internet die Bedeutung der Fremdwörter und erläutere diese.

5 a) 👥👥 Beobachtet in einem Geschäft eurer Wahl, in welcher Form die Kunden bezahlen. Notiert die Anzahl von Barzahlungen und bargeldlosen Zahlungen.

b) Vergleicht eure Ergebnisse untereinander am nächsten Tag. Wurde häufiger oder seltener mit Buchgeld bezahlt?

Wirtschaft – ein Beispiel aus dem Alltag

Olga, Jessy und Adrian waren am Wochenende einkaufen. Zusammen haben sie mehrere Läden besucht und das ↗ Angebot an Heften mir karierten Blättern verglichen. Jeder hat sich für ein anderes Heft entschieden. Ihre unterschiedlichen Kaufgründe haben sie nach Wichtigkeit sortiert und notiert (→ **Abb. 1–3**).

1 Olgas Entscheidung

2 Jessys Favorit

3 Adrians Wahl

- farbiges, modernes Design
- kariert, ohne Rand
- glänzende, glatte Oberfläche
- dickeres Papier
- Preis: 0,75 Euro für ein Heft
- gekauft im Drogeriemarkt (500 m entfernt)
- Größe DIN-A4 – 40 Blatt

- gekauft im Schreibwarenladen in der Stadt (4 km entfernt)
- das Geschäft spendet 10 Cent pro Heft für den Tierschutzverein
- Größe DIN-A4 – 32 Blatt
- besteht aus recyceltem Papier
- „Blauer Engel"-Siegel
- einfache, matte Oberfläche
- kariert, mit weißem Rand
- Preis: 1,98 Euro für zwei Hefte

- Werbeaktion nur an diesem Wochenende: 3er-Pack für 1,59 Euro
- kariert, mit weißem Rand
- Größe DIN-A4 – 40 Blatt
- gekauft im Discounter (2,5 km entfernt)
- einfache Oberfläche
- einfarbiger Einband

Merke
- **Wirtschaft fängt beim täglichen Einkauf an.**
- **Auch bei der Wahl des richtigen Schulheftes solltest du stets das Angebot vergleichen.**

Aufgaben

1 👥 **a)** Fasst zusammen, welche Merkmale ein Schulheft (→ **Abb. 1–3**) aufweisen kann.
b) Vergleicht eure Merkmale und ergänzt, falls ihr weitere entdeckt.
c) Diskutiert, welche Merkmale für euch neu und unbekannt sind und notiert diese.

2 **a)** Berechne anhand des Preises, welches Heft das günstigste ist und welches das teuerste.
b) 👥 Erklärt euch gegenseitig, weshalb die Hefte verschiedene Preise aufweisen.

3 👥 Überprüft die Reihenfolge der Merkmale, die Olga, Jessy und Adrian nennen. Stellt Vermutungen an, weshalb die drei jeweils eine andere Reihenfolge haben.

4 👥👥 Recherchiert im Internet, für welche Eigenschaft das „Blaue Engel"-Siegel steht.
[MK]

5 👥👥 **a)** Jetzt seid ihr dran: Für welches Schulheft (→ **Abb. 1–3**) entscheidet ihr euch? Nennt eure Kaufgründe und sortiert sie nach Wichtigkeit.
b) Präsentiert euer Schulheft und eure Liste vor der Klasse.

○ 1, 2 ◐ 3, 4 ● 5

Am Markt trifft Angebot auf Nachfrage

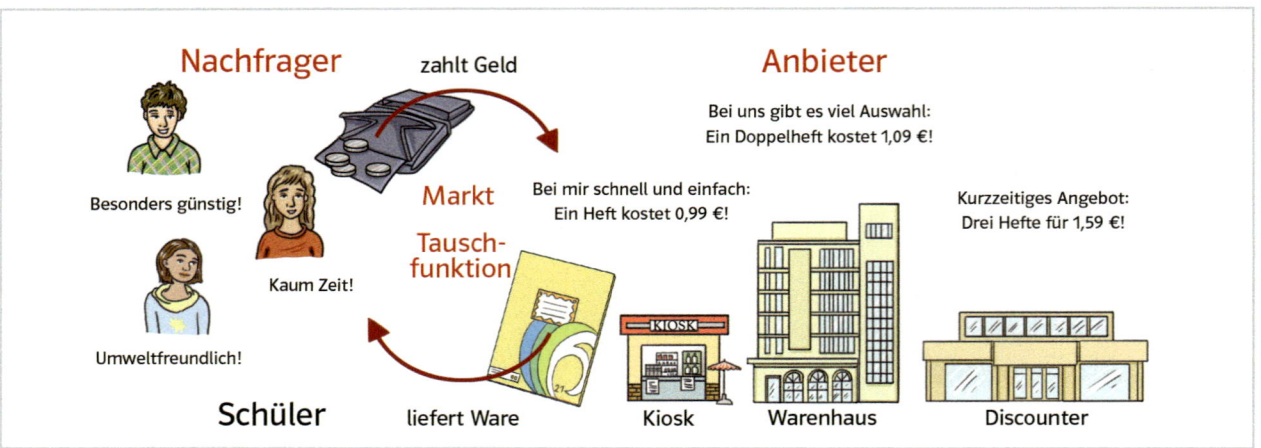

1 Viele Marktteilnehmer mit unterschiedlichen Interessen

Zu Beginn des Schuljahres erleben wir beim Kauf von Schulheften, dass verschiedene Anbieter unterschiedliche Preise verlangen. Wer legt fest, dass ein Schulheft im Discounter z. B. 0,59 Euro kostet, während in einem Kiosk ein Preis von 0,99 Euro verlangt wird?

Markt: Anbieter trifft Nachfrager

Ob Discounter, Warenhaus oder Kiosk – alle Anbieter (Verkäuferinnen und Verkäufer) bieten Produkte am Markt an und hoffen, dass sie gekauft werden. Als Schülerin oder Schüler bist du in der Position des Nachfragers (Käuferinnen und Käufer). Du hast Bedarf an dem Schulheft, du fragst es also nach. Der Ort, an dem sich beide Seiten treffen, wird ↗ Markt genannt. Dort tauschen die Käufer und Verkäufer Geld gegen Ware. Dabei muss der Markt kein spezieller Ort sein, an dem sich beide Seiten persönlich treffen. Er kann sich auch im Internet befinden und somit „unsichtbar" sein.

Auf das Geld achten

Am Markt kannst du dich als Nachfrager über das ↗ Angebot informieren. Du solltest dabei wissen, auf welchen Betrag du zurückgreifen kannst, also wie viel Geld du höchstens ausgeben möchtest. Und natürlich solltest du dir darüber im Klaren sein, welche Erwartungen dein gewünschtes Produkt erfüllen soll.

Angebote für jeden Kundenwunsch

Kunden haben unterschiedliche ↗ Bedürfnisse. Anbieter versuchen auf diese Bedürfnisse einzugehen, damit möglichst viele Kunden zu ihnen kommen:

1. **Jessy** bevorzugt ein Schulheft, das umweltfreundlich hergestellt wurde. Sie verbindet den Kauf mit ihrer wöchentlichen Tour in die Innenstadt. Nachdem Jessy ihr Heft gefunden hat, möchte sie ein Computerspiel testen und sich nach einer neuen Jeans umschauen.
2. **Olga** will möglichst wenig Zeit mit dem Kauf verbringen. Der Kiosk punktet bei Olga mit seiner schnellen Erreichbarkeit. Sie kauft ihr Schulheft dort und schaut nicht auf den Preis, sie hat ein höheres ↗ Budget.
3. **Adrian** möchte Geld sparen. Für Schulhefte möchte er wenig Geld ausgeben. Ihm ist es egal, ob das Heft gut aussieht oder wie es produziert wurde. Er hat auch mehr Zeit als Olga. Deshalb läuft er zum Discounter.

2 Die Bedürfnisse von Kunden sind verschieden.

Neue Pizzeria zieht Kunden an

Nachdem Jessy, Olga und Adrian ihre Schulhefte eingekauft haben, verabreden sie sich zum Pizzaessen. Jessy schlägt vor, dass sie sich in der neu eröffneten Pizzeria „Maria classica" (→ **Abb. 3**) treffen. Dort soll die Pizza besonders gut schmecken. Adrian berichtet, dass seit der Eröffnung viele Pizzerien deutlich leerer sind als vorher. Olga wirft ein: „Unsere alte Lieblingspizzeria „Napoli" macht gerade eine Aktionswoche. Dort gibt es zwei Pizzen zum Preis von einer!"

Pizzabäckerin Maria

Bevor ich meine Pizzeria eröffnete, habe ich mir ganz genau meine Konkurrenz im Umkreis von zehn Kilometern angeschaut. Wir stehen in einem harten ↗ <u>Wettbewerb</u>. Ich habe Speisekarten verglichen und berechnet, was ich an meinen Pizzen mindestens verdienen muss, um dauerhaft am Markt bleiben zu können. Kunden sind sehr anspruchsvoll. Wer Geld verdienen will, muss durch besondere Qualität punkten!

3 Maria hat den Markt erkundet.

> *Auf einem Markt triffst du Angebot und Nachfrage. Beide Seiten haben unterschiedliche Ziele. Verkäufer möchten an dir möglichst viel Geld verdienen und möchten deine Wünsche zufriedenstellen.*
> *Als Käufer erwartest du möglichst niedrige Preise und suchst zu jenem Preis eine größtmögliche Qualität. Außerdem wünschst du dir als Käufer Auswahl bei den Produkten.*

Merke

- Märkte dienen als Treffpunkt, um Waren und Dienstleistungen gegen Geld zu tauschen.
- Käufer handeln als „Nachfrager" am Markt, Verkäufer stellen das Angebot.
- Käufer müssen darauf achten, wie viel Geld sie ausgeben können.

Aufgaben

1 a) Begründe anhand der **Abb. 1**, welche Person bei welchem Anbieter kaufen wird.
b) Erkläre in eigenen Worten, was ein Markt ist.
c) 🧑‍🤝‍🧑 Beschreibt einen Markt mit Anbieter und Nachfrager für folgende Güter:
- Haarschnitt
- Brötchen
- Sport und Freizeit

2 a) Erläutere die Vorgehensweise von Pizzabäckerin Maria (→ **Abb. 3**). Aus welchen Gründen hat sie ihre Konkurrenz angeschaut? Nimm den Wortspeicher zur Hilfe.
b) Nenne verschiedene Kriterien, die Maria bei ihren Beobachtungen notiert haben könnte.

3 🧑‍🤝‍🧑 Zum Schuljahresbeginn bieten Discounter für kurze Zeit Schulhefte zu günstigen Preisen an. Kioske und Warenhäuser verlangen für ein Heft immer den gleichen Preis. Stellt Vermutungen an, welchen Einfluss das Angebot des Discounters in dieser Zeit auf Warenhaus und Kiosk hat.

4 🧑 Diskutiert das bekannte Sprichwort „Konkurrenz belebt das Geschäft".

Wortspeicher
- Wettbewerb
- Angebot
- Nachfrage
- Markt

Kaufentscheidungen sinnvoll treffen

So regelmäßig wie dem täglichen Zähneputzen widmen wir uns dem Geldausgeben – auch „konsumieren" genannt. Dabei spielt es keine Rolle, ob wir uns zum Eisessen treffen oder zum lange geplanten Kauf eines Fahrrads. Gerade beim spontanen Einkaufsbummel lauern einige Fallen. Auch der Preis allein bietet häufig keine gute Orientierung.

Kriterien einer Kaufentscheidung

Steht der Entschluss zum Kauf eines Artikels fest, ist die Auswahl an möglichen Händlern groß. Der <u>Einzelhändler</u> am Ort, die große Supermarktkette oder das Internet – die Angebotsunterschiede beim Preis, bei der Qualität und beim Service sind enorm. Da stellt

die <u>Einzelhändlerin/der Einzelhändler</u>
Person oder Firma, die Waren ohne weitere Be- oder Verarbeitung an die Verbraucher verkauft

sich die Frage nach dem geeigneten Anbieter für das gewünschte Produkt.
Das wichtigste Kriterium ist zunächst der Preis. Ein Preisvergleich vorab hilft, nicht unnötig viel Geld auszugeben. Internetseiten mit Preisvergleichen aller Anbieter eines Produkts helfen da weiter. Bei kleineren Anschaffungen reicht es oft aus, sich bei Freunden und Bekannten zu erkundigen.

Billig gekauft – ist oft doppelt gekauft

Ein Schnäppchen ist nur dann von Nutzen, wenn das Produkt nicht bereits nach wenigen Anwendungen kaputtgeht. Die Qualität spielt beim Kauf eine sehr wichtige Rolle. Informieren kannst du dich über das Produkt auf unterschiedliche Art und Weisen:
- Erwachsene können berichten, ob sie bereits Erfahrungen beim Kauf von ähnlichen Produkten gemacht haben.
- Unabhängige Beratungsstellen testen Produkte für die Verbraucherinnen und Verbraucher kostenlos.
- Die ↗ <u>Stiftung Warentest</u> und „ÖKO-TEST" veröffentlichen Testergebnisse regelmäßig in ihren Zeitschriften und im Internet.

Service: der Dienst am Kunden

Zudem sollte bedacht werden, dass viele Produkte im Lauf ihrer Benutzung, z.B. aufgrund einer Reparatur, noch einmal den Kontakt zum Hersteller oder dem Händler erforderlich machen. Gerade beim Kauf von Fahrrädern oder Computern ist es sinnvoll, sich hierüber Gedanken zu machen.

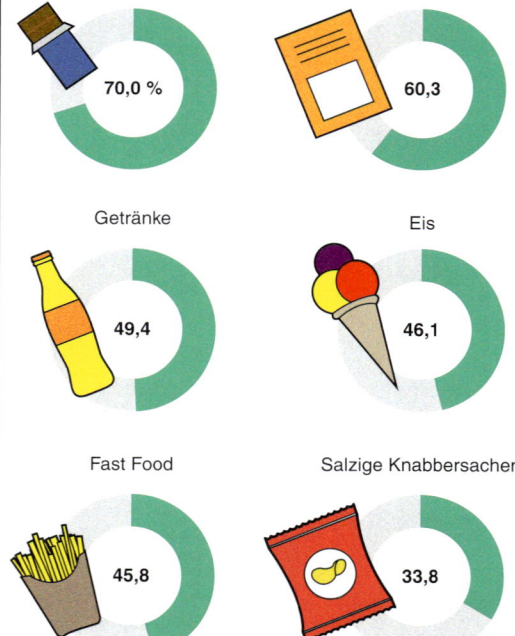

1 Das kaufen Kinder am häufigsten.

2 Für welches Rad soll ich mich entscheiden?

Kauf vor Ort kann Vorteile bieten

Beim Fahrradgeschäft (→ **Abb. 2**) zeigt sich der Servicegedanke deutlich: Im Falle einer Wartung oder eines Schadens kann zusätzlicher Service angeboten werden. Denkbar wäre z.B. eine günstigere Reparatur oder ein kostenfreies Ersatzrad für den Zeitraum der Reparatur. Solche Dienstleistungen können viele Anbieter im Internet nicht bieten. Bei der Kaufentscheidung sollten solche Aspekte mitbedacht werden.

Freiwilliger Service

Manche Händler haben sich besondere Serviceleistungen ausgedacht. So bietet der Fahrradladen (→ **Abb. 2**) eine „Zufriedenheitsgarantie". Wenn Kunden in den ersten 100 Tagen nach dem Kauf entdecken, dass es das Rad anderswo günstiger gibt, erstattet der Händler den Preisunterschied. Hierzu wäre er jedoch nicht verpflichtet. Er tut dies freiwillig, damit Kunden ihre Kaufentscheidung verkürzen.

Erkundige dich zusammen mit deinen Eltern vor einem größeren Kauf über Umtausch- und Rückgaberechte beim Händler. Kundenfreundliche Händler können zusätzliche Serviceleistungen anbieten. Manchmal besteht sogar die Möglichkeit, diese Leistungen optimal an deine Situation anzupassen. Frage einfach mal beim Händler nach!

der Service (engl.): bedeutet „Dienst" oder „Bedienung"

Preis	Qualität	Service
Preisvergleich zusätzliche ↗ Kosten, z.B. für Versand, eigene Anfahrt, Rücksendung, …	*Verbraucherberatung* z.B. Stiftung Warentest, Bewertungen von Produkten durch andere Verbaucherinnen und Verbraucher, …	*freiwillige Zusatzangebote* z.B. Preisgarantie oder ein ausgedehntes Rückgaberecht, …

das Rückgaberecht das Recht, eine Ware innerhalb eines bestimmten Zeitraums an den Händler zurückzugeben und den bezahlten Preis zurückzuerhalten

3 Worauf man beim Kaufen achten sollte.

Merke:

- Kinder konsumieren am häufigsten Süßigkeiten, Comics und Snacks.
- Preisvergleiche bieten einen guten Überblick, um nicht zu viel zu bezahlen.
- Preis, Qualität und Service beeinflussen die verantwortungsvolle Kaufentscheidung.

Aufgaben

1 a) Beschreibe **Abb. 1** in eigenen Worten. Wofür geben Kinder zwischen 10 und 13 Jahren ihr Geld hauptsächlich aus?
b) Vergleiche die Angaben mit deinem eigenen Kaufverhalten.

c) Beurteile Ähnlichkeiten oder Unterschiede.

2 a) Nimm Stellung zu den Aussagen von Henrik und Johanna:
Henrik: „Zu Hause kaufen wir elektronische Geräte lieber im Internet. Da sind die Preise immer günstiger."

Johanna: „Die Preise im Internet sind nicht immer die günstigsten. Außerdem fehlt beim Einkauf im Internet die persönliche Beratung."
b) 👥 Vergleicht eure Ergebnisse.
c) Ergänze die Tabelle (→ **Abb. 3**).

○1 ◑2

1 Ordne die Begriffe (→ **Abb.1**) den folgenden Merksätzen zu. Notiere die Buchstaben und Ziffern in dein Heft.

A Davon gibt es materielle und immaterielle.

B Dieses Schaubild beschreibt die Bedürfnisse der Menschen.

C … und Dienstleistungen sind Güter.

D Was trifft am Markt aufeinander?

E Diese Funktion hat Geld unter anderem.

F So bezeichnet man das Guthaben auf dem Bankkonto.

G Es ist sinnvoll, hierfür einen Plan über die Einnahmen und Ausgaben zu machen.

H Dinge, die wir schnell und ohne nachzudenken kaufen, bezeichnet man als …

I Dieser Einkaufsort hat sich auf wenige, besondere Warengruppen spezialisiert.

J Dort erhält man eine unabhängige Beratung und Magazine zu Produkten.

2 Beim Einkaufen sollte man einiges beachten.
a) Schreibe zu jeder der Aussagen (→ **Abb.2**) auf, ob du ihr zustimmst oder sie eher ablehnst. Begründe deine Einschätzung.
b) Benenne, welche dieser Aussagen du persönlich am wichtigsten findest.
c) Erläutere, welche Regeln du selbst beim Einkaufen befolgst.

3
a) Beschreibe eine Werbung, die sich dir besonders eingeprägt hat.
b) Untersuche, wie diese Werbung die AIDA-Formel umsetzt.
c) Erkläre, welchen Nutzen Werbung für die Kundinnen und Kunden haben kann.

1 Bedürfnispyramide

2 Verbraucherberatung

3 Angebot und Nachfrage

4 Waren

5 Fachmarkt

6 Spontankauf

7 Bedürfnisse

8 Buchgeld

9 Tauschfunktion

10 Taschengeld

1 Welcher Begriff passt zu welchem Merksatz?

A „Beim Einkaufen sollte man auf die Umweltfreundlichkeit der Produkte achten."
B „Vor jeder größeren Anschaffung sollte man Testberichte lesen."
C „In einem 1-Euro-Shop bekommt man gute Qualität zum kleinen Preis."
D „Beim Einkauf sollte man vor allem auf den Preis achten."
E „Bevor man einkauft, sollte man eine Einkaufsliste erstellen."
F „Ich kaufe nur Dinge, die ich wirklich benötige."

2 Aussagen zum Thema Einkaufen

4

a) Nenne je ein Beispiel für einen Fachmarkt, einen Supermarkt, einen Discounter und einen Onlineshop.

b) Recherchiere, welches größere Einkaufszentrum sich in nächster Nähe zu deinem Wohnort befindet. Welche besonderen Geschäfte sind dort zu finden?

c) Nenne fünf Geschäfte im Umkreis von 5 km zu deiner Wohnung/deinem Haus und ordne sie den Beispielen von a) zu.

5

a) Erläutere, ob es ein grundsätzliches Recht auf Taschengeld in Deutschland gibt.

b) Worin besteht der Vorteil, wenn Kinder über ein eigenes Taschengeld verfügen können? Erkläre in eigenen Worten.

c) Begründe, weshalb sich zu viel Taschengeld negativ auf ein Kind auswirken kann.

6 Analysiere die Karikatur (→ **Abb. 3**). Warum ist der Junge nicht froh, obwohl er doch alle Sachen bereits hat?

3 Karikatur von Freimut Woessner

4 Die wichtigsten Themen des Kapitels im Überblick

MK Was sind Influencer und Peergroup?

1 In einem Beauty-Video werden Produkte empfohlen.

Sobald wir ein Modemagazin aufklappen oder Werbespots im Fernsehen laufen, erscheint ein bekanntes Gesicht. Fußballstar, Schauspielerin, Comicfigur oder Musiker – wir kennen und mögen sie. Besonders Jugendliche folgen ihren Stars und wollen „so sein wie sie". Dies nutzt die Werbung, indem sie Prominente als Werbeträger bezahlt oder beliebte Figuren aus Kinofilmen einsetzt. Deren Image soll die Verkäufe des Produkts erhöhen. Gleiches gilt, wenn ↗ Experten ein Produkt empfehlen – z. B. ein Zahnarzt wirbt im Fernsehen für eine Zahnbürste.

das Image
Meinung über eine Person

Begehrte Kinder und Jugendliche
Kinder und Jugendliche sind eine extrem begehrte ↗ Zielgruppe für Unternehmen, die ihre Produkte bewerben. Die Werbung ist so gestaltet, dass sie dich direkt in der dir bekannten „Kinder- und Jugendsprache" anspricht. Dadurch erinnerst du dich an die Werbung und so auch an das Produkt, welches beworben wird. Außerdem sind Kinder und Jugendliche als Zielgruppe so interessant, weil sie im Umgang mit beeinflussenden Werbebotschaften kaum Erfahrung haben und dadurch leicht zu manipulieren sind.

Was tun Influencerinnen und Influencer?
Jeder, der auf den bekannten ↗ Social Media- und Video-Plattformen unterwegs ist, wird früher oder später auf sogenannte ↗ Influencerinnen und ↗ Influencer treffen. Sie betreiben ihren Kanal professionell und verbringen viel Zeit und Mühe damit, um Inhalte zu bestimmten Themen (z. B. Reisen, Sport, Mode, Kosmetik, Spiele usw.) zu veröffentlichen. Ihr Ziel ist es, dadurch bekannter zu werden.

„Gib mir ein like und abonniere mich!"
Jedes „like" sorgt dafür, dass weitere Nutzerinnen und Nutzer auf sie aufmerksam werden. Viele abonnieren den Kanal und werden „Follower", um kein Video und keine Nachricht zu verpassen. Auch große Unternehmen sind auf diese Entwicklung aufmerksam geworden und arbeiten direkt mit den Influencerinnen und Influecern zusammen.

#mirkannstduvertrauen
Nun bieten Unternehmen den Influencerinnen und Influencern kostenlos Produkte oder Geld dafür an, dass sie die Waren vor der Kamera testen und weiterempfehlen. Hierzu nutzen sie in den Sozialen Medien das „Hashtag"-Symbol (#) verknüpft mit einem Schlagwort. Weil sich insbesondere Jugendliche länger im Internet aufhalten, wird Werbung dort immer attraktiver.

„Was ich mache, wenn ich eine neue Jacke brauche? Ich spreche mit meinen Freunden und meiner Familie. Es gibt so viele Angebote. Ich kann mich oft gar nicht entscheiden. Vor allem höre ich darauf, was mein bester Freund Simon sagt. Simon ist total beliebt in der Schule. Alle mögen ihn. Er kennt sich aus und weiß immer, was gerade in ist. Ich will, dass er mich cool findet. Kann man den Aussagen in der Werbung überhaupt trauen? Die sagen doch auch nicht immer die Wahrheit."

2 Finn beschreibt seine Zweifel.

Auch die Menschen in deiner Umgebung können Einfluss auf deine Kaufentscheidungen nehmen, besonders deine Freunde („↗ Peergroup"). Sie sind häufig im gleichen Alter, haben ähnliche Einstellungen und Vorlieben wie du. Ihre Anerkennung ist dir wichtig und du fühlst dich mit dieser Gruppe stark verbunden. Daher spielt es eine Rolle, welche Marken oder Produkte sie mögen – häufig orientierst du dich daran (→ Abb. 2 und 3). Auch was deine Eltern zu bestimmten Produkten sagen, kann dein Konsumverhalten beeinflussen. Sei dir dessen stets bewusst. Kaufst du vielleicht etwas, nur weil andere es gut finden?

„Seitdem wir in unserer Clique regelmäßig Beauty-Videos anschauen, gibt es viel Stress mit meinen Eltern. Meine beste Freundin schminkt sich oft wie ein Star und will, dass ich mitmache. Sie sagt, wenn so viele Menschen die Videos „liken" und teilen, muss man da mitmachen, sonst ist man „out". Meine Eltern finden das komplett unnötig und wollen es mir sogar verbieten. Jetzt bin ich unsicher."

3 Marlene berichtet von ihren Erlebnissen im Netz.

das Konsumverhalten

(auch Kaufverhalten) das Verhalten der Käuferinnen und Käufer beim Kauf einer Ware

Merke
- Prominente Menschen werden häufig als Werbeträger benutzt, um ein Produkt bekannter zu machen.
- Kinder und Jugendliche sind eine begehrte Zielgruppe für Unternehmen, die etwas bewerben wollen.
- Kaufentscheidungen können von der Peergroup und der Familie beeinflusst werden.

Aufgaben

1 👥 **a)** Was bedeuten Influencer, Follower und Hashtag wörtlich in deutscher Sprache übersetzt? Nutzt hierfür euer Englisch-Wörterbuch.
b) Erklärt euch gegenseitig, was man unter diesen Worten sinngemäß versteht und wozu diese Begriffe in der Werbung genutzt werden.

2 Beurteile diese Aussage: „Kaufentscheidungen werden sowieso durch Freunde oder Stars beeinflusst. Auf deren Geschmack kannst du dich immer verlassen."

3 **a)** Nenne ein Beispiel für Prominente, die du in der Werbung bereits entdeckt hast. Wofür werben sie?
b) Erkläre mit eigenen Worten, warum die Meinung anderer besonders für Jugendliche bei ihren Kaufentscheidungen wichtig ist.

4 👥 **a)** Beschreibt, wie Finn und Marlene (→ **Abb. 2** und **3**) von den äußeren Eindrücken (Peergroup und Influencer) beeinflusst werden.
b) Helft den beiden, indem ihr ihnen eine Chatnachricht

schreibt, in der ihr begründet, wie ihr vorgehen würdet.

5 👥👥 **a)** Diskutiert, ob es für den Anbieter von Sportschuhen sinnvoll wäre, einen Prominenten für die Werbung einzusetzen.
b) Nennt Eigenschaften, die eine bekannte Person mitbringen sollte, um für Sportschuhe glaubhaft werben zu können. Wählt ein bekanntes Gesicht, das ihr für glaubwürdig haltet, für die Werbung aus und begründet eure Wahl.

Und wofür sparst du?

Geldgeschenke an Kinder im Alter von 6–13 Jahren			
Durchschnitt in Euro	**Gesamt**	**6–9 Jahre**	**10–13 Jahre**
Geburtstag	67 Euro	57 Euro	77 Euro
Weihnachten	64 Euro	51 Euro	76 Euro
Ostern	15 Euro	13 Euro	17 Euro
andere Feiertage	7 Euro	5 Euro	8 Euro
andere Gelegenheiten	20 Euro	16 Euro	24 Euro

Quelle: Kinder-Medien-Studie (KMS) 2019

1 Geldgeschenke für Kinder

Ein beliebtes Sprichwort lautet: „Über Geld spricht man nicht". Viele Menschen möchten nicht so genau sagen, wie viel sie verdienen oder wie viel Geld sie insgesamt besitzen. Häufig verraten nicht einmal Eltern ihren Kindern, welches Einkommen der Haushalt zur Verfügung hat oder welcher Geldbetrag gespart werden kann.

das Einkommen
alle Einnahmen in Form von Geld oder Gütern, die eine Person, ein Haushalt oder ein Unternehmen in einem bestimmten Zeitraum erhält

Geldgeschenke für Kinder
Da Kinder kein geregeltes Einkommen haben, gibt es für sie zwei Möglichkeiten, Geld zu erhalten: Taschengeld und Geldgeschenke zu bestimmten Anlässen (→ **Abb. 1**). Die Befragung der Kinder macht deutlich, dass alle Kinder (6–13 Jahre) in Deutschland zusammen etwa 980 Millionen Euro jährlich geschenkt bekommen.
In Deutschland leben etwa 5,8 Millionen Kindern in diesem Alter.

Geburtstag und Weihnachten
Kinder, die Geld zum Geburtstag geschenkt bekommen, erhalten durchschnittlich 67 Euro von Eltern und/oder Verwandten (→ **Abb. 1**). Dicht gefolgt von Weihnachten (64 Euro). Andere Anlässe für Geldgeschenke sind Ostern (15 Euro), andere Feiertage (7 Euro) oder sonstige Gelegenheiten (20 Euro). Dabei gibt es Unterschiede in den Altersklassen. 6–9-jährige erhalten deutlich weniger als 10–13-jährige Kinder.

Viele haben ein konkretes Sparziel
Von allen befragten Kindern sparen 1 024 alles oder einen Teil des eigenen Geldes. Von 100 Sparern zwischen 10 und 13 Jahren hatten etwa 66 Kinder ein ↗ Sparziel, 33 Kinder hatten keins und ein Kind machte keine Angabe. Am liebsten sparen Kinder für ein Smartphone, gefolgt von Spielzeug und Bekleidung/Schmuck.

Warum Sparen so wichtig ist
Wenn du über einen kleinen Geldbetrag verfügst, hast du bestimmt auch viele Ideen, was du damit anfangen möchtest. Dabei kann es sich lohnen, wenn du zunächst auf Wünsche verzichtest. Wenn du zu schnell und unüberlegt einkaufst, bezahlst du möglicherweise zu viel Geld für ein Produkt. Zudem schätzt du jene Dinge mehr, auf die du längere Zeit warten musstest.
Auch die meisten Erwachsenen sparen Geld, z.B. um Gegenstände ersetzen zu können, die kaputtgegangen sind. In diesen Fällen ist es sehr hilfreich, wenn man auf gespartes Geld zurückgreifen kann.

2 Auch kleine Beträge kann man sparen.

3 Wofür sparen Kinder?

Wenn du Geld besitzt, kannst du einen Teil davon sparen. Auch wenn du kein konkretes Sparziel hast, ist es immer sinnvoll, Geld zurückzulegen. Du solltest dich nicht auf Geldgeschenke verlassen und nur mit Geld rechnen, das du tatsächlich bereits besitzt.

Merke

- Es ist sinnvoll, einen Teil seines Geldes zu sparen.
- Kinder und Jugendliche erhalten zu Geburtstagen und zu besonderen Anlässen oft Geldgeschenke.
- Wenn Kinder sparen, stehen elektronische Geräte oder Bekleidung ganz oben auf der Wunschliste.

Aufgaben

1 👥 **a)** Nennt die Tage bzw. Feiern, zu denen Kinder häufig Geld geschenkt bekommen.
b) Erläutert, zu welchen Feiertagen und anderen Gelegenheiten Kinder noch Geld geschenkt bekommen. Aus welchen Gründen erhalten Kinder an diesen Tagen Geldgeschenke?

c) Begründet, weshalb 6–9-jährige Kinder weniger Geld bekommen als 10–13-jährige Kinder.

2 👥 Analysiert **Abb.1** und löst folgende Aufgaben in Kleingruppen:
a) Addiert die durchschnittlichen Geldgeschenke für 10–13-Jährige für ein Jahr.
b) Wie viel mehr Geld erhalten 10–13-Jährige im Vergleich zu 6–9-Jährigen.

c) 5,8 Millionen Kinder in Deutschland erhalten etwa 980 Millionen Euro. Wie viel Geld ist das pro Person im Durchschnitt?

3 **a)** Begründe in eigenen Worten auf einer DIN-A4-Seite, weshalb Sparen deiner Meinung nach so wichtig ist.
b) Nenne in deinem Text auch die Sparziele, die du derzeit verfolgst.

○1 ◐2 ●3

Nachhaltige Entwicklung

Viele Menschen handeln nachhaltig. Sie denken daran, wie sie durch ihr Handeln die Zukunft ihrer Mitmenschen hier in Deutschland und auf der Welt beeinflussen. Dabei achten sie auch darauf, der Umwelt und dem Klima möglichst wenig zu schaden. Ihnen liegt vor allem aber das Wohl aller Kinder am Herzen.

Ich werde ...

- Beispiele für nachhaltiges Handeln in der Schule nennen.

- erklären, wie man Abfall vermeiden kann.

- mein eigenes Konsumhandeln reflektieren.

- die wirtschaftliche Lage von Kindern in verschiedenen Ländern der Erde beschreiben.

- die Bedeutung der Schulbildung für die Zukunft von Kindern darstellen.

Wusstest du, dass ...

- in vielen Ländern der Erde Kinder nicht zur Schule gehen können?
- es auch in Deutschland viele arme Kinder gibt?
- du viele „fair" gehandelte Produkte kaufen kannst?
- Plastik vielen Lebewesen schadet – z. B. auch Fischen in den Meeren?
- es auch in der Schule viele Möglichkeiten gibt, der Umwelt und dem Klima nicht zu schaden?

 **Podcast**
Mini-Hörspiel zum Einstieg
7uy9hg

Nachhaltiges Handeln in der Schule

1 Öko-AG an der Realschule Grünweg

der Komposter
Vorrichtung zur Sammlung von pflanzlichen oder tierischen Abfällen

nachhaltig
Nachhaltig zu handeln bedeutet, dass wir Menschen uns so verhalten sollen, dass alle Lebewesen auf der Erde auch in Zukunft gut leben können, z. B. durch die Vermeidung von Plastikmüll.

die Stadtwerke
von einer Stadt betriebene wirtschaftliche Unternehmen, die besonders für die Versorgung oder auch den öffentlichen Verkehr der Stadt zuständig sind

Meriam und Carlo sind seit einem halben Jahr an der Realschule Grünweg und wollen im nächsten Halbjahr an der „Öko-AG für nachhaltiges Handeln" teilnehmen. Sie erkundigen sich bei Isam aus der 9. Klasse, was in der Öko-AG genau gemacht wird und was nachhaltiges Handeln eigentlich genau bedeutet.

Nachhaltiges Handeln in der Schule
„Für uns von der Öko-AG bedeutet nachhaltiges Handeln, möglichst umweltfreundlich zu sein. Zu teuer sollen die Produkte auch nicht sein. Schließlich sollen möglichst alle Schülerinnen und Schüler beteiligt und keiner durch hohe Preise ausgegrenzt werden", meint Isam. „Ich erkläre euch das an einigen Beispielen."

Mülltrennung
„Am Anfang unserer Öko-AG stand die Mülltrennung. Die Stadtwerke haben uns unterstützt. Wir bekamen für unseren Klassenraum gelbe ↗ Wertstofftonnen, blaue

Tonnen für Papier und weiße Tonnen für den Restmüll. Seit einem Jahr sammeln wir nach jeder Pause auch Bioabfall für den Komposter in unserem Schulgarten. Richtig gut klappt die Mülltrennung, seitdem wir den Klassenwettbewerb ‚Die besten Mülltrenner' eingeführt haben."

Müllvermeidung
„Leider sind die Tonnen häufig sehr voll. Unser neues Projekt heißt ‚Weniger Papier – mehr Wald'. Ziel ist es, den Papierverbrauch zu verringern. Keiner soll ein Blatt Papier zerknüllen, nur weil ein kleiner Fehler darauf ist. Seit wir Tablets an unserer Schule eingeführt haben, gibt es viele Arbeitsblätter in digitaler Form. Das spart sehr viel Kopierpapier. Vor allem aber wollen wir den Plastikmüll verringern."

Plastikverbrauch verringern
„Unsere Schule hat mehrere Wasserspender angeschafft. Sie werden nur noch mit Mehrwegbechern genutzt. Wer keinen hat, kann sich einen in unserem Öko-Shop kaufen oder gegen Pfand leihen. Alle können hier kostenlos ihren Durst löschen. Wer pures Wasser nicht so gerne mag, kann sich an unserem Schulkiosk gegen einen kleinen Geldbetrag Fruchtschorlen mixen lassen, die in einem Pfandbecher verkauft werden. So wollen wir weniger Einwegflaschen an unserer Schule haben. Für Schulfeste wurde Besteck und Geschirr angeschafft, das immer wieder verwendet werden kann."

Bio-Lebensmittel
„In unserem Schulkiosk werden nur Lebensmittel aus biologischem Anbau angeboten: Obst und Gemüse, Brötchen, Käse, Brotaufstrich, Nüsse usw. Unsere Schule kauft die Lebensmittel kostengünstig von einem Bio-↗ Großhandel. Anfangs waren viele Schülerinnen und Schüler skeptisch. Heute steht in der Pause eine lange Schlange vor dem Kiosk, um die gut schmeckenden Produkte zu kaufen."

2 Wasserspender vermeiden Plastikmüll.

3 Arbeit im Schulgarten

der Dünger
Dünger ist ein Mittel, damit Pflanzen besser wachsen. Es gibt Dünger für Pflanzen in der Wohnung oder auf dem Balkon.

das Pflanzenschutzmittel

wird eingesetzt, um Pflanzen vor Schädlingen (z. B. Blattläusen) oder vor Unkraut zu schützen

Öko-Shop

„Alle Schülerinnen und Schüler der Öko-AG arbeiten im Öko-Shop. Dieser öffnet zehn Minuten vor Unterrichtsbeginn und in den Pausen. Die Schülerinnen und Schüler können hier preiswert z. B. Hefte und Hefter aus ↗ Recyclingpapier kaufen, aber auch Klebstoff, Bleistifte, Kugelschreiber, Lineale sind aus umweltfreundlicher Herstellung. Wir achten darauf, nur Waren einzukaufen, die mit wenig Verpackung auskommen."

Bio-Schulgarten

„In unserem Schulgarten bauen wir Gemüse und Obst ohne chemische Dünger und Pflanzenschutzmittel an. Zusammen mit dem Technikkurs haben wir aus alten Holzresten ein Hochbeet gebaut. Da der Schulgarten nicht sehr groß ist, reicht die Ernte nur für die Mitglieder der Öko-AG als Belohnung für unsere Arbeit. Das Obst und Gemüse schmeckt richtig gut."

Merke

- Alle Menschen in der Schule können nachhaltig handeln.
- In Arbeitsgemeinschaften und Projekten kann ausprobiert werden, welche Wege zu nachhaltigem Handeln führen können.

Aufgaben

1 a) Beschreibe für jeden Handlungsbereich der Öko-AG Realschule Grünberg (→ **Abb. 1**) ein dazu passendes Ziel in eigenen Worten.
b) 🙎🙎 Vergleicht eure Ergebnisse untereinander.

2 a) 🙎🙎 Gibt es an eurer Schule ähnliche Projekte wie an der Realschule Grünweg (→ **Abb. 1**)? Erstellt dazu eine Tabelle, in der ihr in die linke Spalte schreibt, in welchen Bereichen eure Schule schon nachhaltig handelt. In die rechte Spalte schreibt ihr die Bereiche, in denen sich eure Schule noch verbessern kann.
b) 🙎🙎🙎 Diskutiert in Kleingruppen, wie ihr in eurer Klasse nachhaltiger handeln könnt.
c) 🙎🙎🙎 Entwickelt dazu einen möglichen Aktionsplan.

3 Beschreibe in eigenen Worten, was nachhaltiges Handeln in der Schule für dich bedeutet.

4 Erkläre nachhaltiges Handeln mithilfe der Begriffe aus dem Wortspeicher.

5 🙎🙎🙎 Entwerft Werbeplakate für nachhaltiges Handeln in eurer Schule. Teilt dazu die Klasse in Themengruppen auf.

Wortspeicher
- Bio-Lebensmittel
- Recyclingpapier
- Plastikverbrauch
- Mülltrennung
- Öko-Shop
- Nachhaltigkeit

○1 ◒2–4 ●5

Kleidung nachhaltig kaufen

1 Textile Kette

"Ich kaufe mir dieses T-Shirt", sagt Ina im Textilhaus „Chic" zu ihrer Freundin Marie. „Warum willst du fast 20 Euro für ein T-Shirt ausgeben? Dafür bekommst du doch zwei andere", antwortet Marie. Ina: „Aber nicht aus Bio-Baumwolle und mit dem ↗ Fairtrade-Siegel!" Jetzt fragt sich Marie, wie Baumwolle eigentlich angebaut wird und wo die T-Shirts hergestellt werden.

Baumwollanbau
Für den Anbau von herkömmlicher Baumwolle werden viel Wasser, eine große Menge Dünger und giftige Pflanzenschutzmittel benötigt. Bei Bio-Baumwolle ist der Wasserverbrauch nur halb so hoch und auf Pestizide wird verzichtet. Das schützt die Umwelt, aber vor allem die Bäuerinnen und Bauern, die nicht mehr Gesundheitsgefahren durch Pestizide ausgesetzt sind. Deshalb sollten möglichst T-Shirts aus Bio-Baumwolle gekauft werden. Diese sind häufig nur geringfügig teurer als T-Shirts aus herkömmlicher Baumwolle.

das Pestizid
Schädlingsbekämpfungsmittel

Herstellung
Die Produktion von Garnen, die Veredlung und die Herstellung von T-Shirts (→ **Abb. 1**) findet meist in Asien statt. Die Menschen dort verdienen sehr wenig und sind gesundheitlichen Gefahren ausgesetzt. Näherinnen arbeiten häufig 14 Stunden täglich und können trotzdem von ihrem Lohn nur sehr schlecht leben. Es gibt aber auch Organisationen, z. B. die „Global Organic Textil Standard (GOTS)" (→ **Abb. 2**), die mit Unternehmen zusammenarbeiten, die den Näherinnen bessere Arbeitsbedingungen bieten und höhere Löhne zahlen.

2 Beispiele für Textilsiegel: GOTS und Grüner Punkt

Als Kundin kann ich doch sowieso nichts machen. Ich kaufe nur preiswerte Shirts.

Ich kaufe nur Marken-Shirts. Die sind garantiert in Ordnung.

Ich achte darauf, dass die Kleidungsstücke ein Ökosiegel haben. Der Rest ist mir egal.

Aus Bio-Baumwolle sollte es schon sein.

3 Schülermeinungen

Transport

Die Stationen der textilen Kette (→ **Abb. 1**) sind weit voneinander entfernt. So wird die Baumwolle z. B. in Indien geerntet, weiterverarbeitet wird sie in China und Ostasien und genäht wird das T-Shirt dann in Bangladesch. Das fertige Produkt wird schließlich nach Europa transportiert.

Kaufentscheidung treffen

Viele Menschen kaufen T-Shirts möglichst preiswert und modisch. Diese Wegwerfmode führt zu negativen Folgen für Menschen und Umwelt. Nachhaltiger ist es, T-Shirts zu kaufen, die unter fairen Bedingungen hergestellt wurden, aus Bio-Baumwolle sind und die länger getragen werden können. Auch in Secondhandshops gibt es attraktive Angebote.

Gebrauch und Pflege

Achte darauf, T-Shirts vor dem ersten Tragen bei niedrigen Temperaturen in einer vollen Waschmaschine zu waschen. Trockne die T-Shirts anschließend an der frischen Luft, das spart Energie und Stromkosten.

Du musst nicht jedes T-Shirt wegwerfen, das einen kleinen Riss hat. Eine aufgeplatzte Naht kannst du nähen. T-Shirts mit Löchern kannst du als Schuhputzlappen oder Hüllen für kleine Kissen weiterverwenden. Gut erhaltene Kleidung, die du nicht mehr tragen willst, kannst du gemeinnützigen Organisationen spenden. Gib sie bei Sammelaktionen, Kleiderkammern oder Secondhandshops ab.

die Wegwerfmode
billige Kleidungsstücke, die nur ein paar Mal getragen und dann weggeschmissen werden, weil sie kaputt oder „aus der Mode" gekommen sind.

der Secondhandshop
kauft und verkauft gebrauchte Waren

Merke

- Kaufe möglichst T-Shirts aus Bio-Baumwolle.
- Kaufe keine „Wegwerfmode", sondern nur T-Shirts, die du länger tragen wirst.
- Gib T-Shirts, die du nicht mehr tragen kannst, an Secondhandshops oder wohltätige Organisationen weiter.

Aufgaben

1 Beschreibe die „textile Kette" (→ **Abb. 1**) in eigenen Worten.

2 Nenne Vorzüge von Bio-Baumwolle.

3 a) Beschreibe, welche Gedanken du dir gemacht hast, als du zuletzt ein T-Shirt gekauft hast.
b) Vergleicht eure Ergebnisse.

4 a) Recherchiert, welche wohltätigen Organisationen in eurem Wohnort alte Kleidungsstücke annehmen und welche Secondhandläden für Kleidung es dort gibt.
b) Erläutert, was ihr mit T-Shirts macht, die ihr nicht mehr tragen wollt.

5 Recherchiert im Internet **MK** arbeitsteilig zu den zwei Textilsiegeln (→ **Abb. 2**). Ermittelt die Ziele der Unternehmen, die diese Siegel verwenden.

6 Nimm Stellung zu den Aussagen der Schülerinnen und Schüler (→ **Abb. 3**).

○ 1, 2 ◐ 3, 4 ● 5, 6

Konsum ohne Grenzen

Der Wecker von Janas Smartphone klingelt. Sie wacht auf. Der Akku ist fast leer und muss bald aufgeladen werden. Zuerst geht Jana aber duschen und macht sich danach einen heißen Tee und ein Toastbrot mit Kirschmarmelade. Sie hofft, dass ihre Mutter sie zur Schule fährt. Jana ist schon ziemlich spät dran.

Unser Alltag
Smartphone, Fön, Warmwasserbereiter, Kühlschrank, Herd, Toaster, Auto, Computer und noch vieles mehr – diese Geräte des täglichen Lebens verbrauchen Energie. Für ihre Herstellung werden ↗ Rohstoffe benötigt. ↗ Konsum hält unsere Wirtschaft in Schwung – er belastet aber auch unsere Umwelt.

der Warmwasserbereiter
ein Wassertank, in dem Warmwasser für die Raumheizung oder den Hausgebrauch gespeichert wird

vegan
rein pflanzliche Nahrung und keine Nutzung tierischer Produkte, wie z. B. Wolle oder Leder

vegetarisch
Konsum von pflanzlichen Produkten. Viele Vegetarier essen aber auch Milchprodukte und Eier.

1 Elektroschrott

> „Erst wenn der letzte Baum gerodet, der letzte Fluss vergiftet, der letzte Fisch gefangen ist, werdet ihr feststellen, dass man Geld nicht essen kann."

2 Vielfach verwendeter Spruch

Die Umwelt leidet
Süßwasser, Erdöl und Holz sind Beispiele für Rohstoffe, die für das Leben der Menschen wichtig sind. Ohne Erdöl gäbe es keine Kunststoffe – und wer hat nicht irgendetwas aus Plastik im Haus? Doch Rohstoffe sind nicht unbegrenzt vorhanden. Es gibt Berechnungen von Experten, denen zufolge Trinkwasser und Erdöl knapp werden. Außerdem hinterlassen wir Berge von Abfall und belasten die Luft mit Schadstoffen. Umweltschutz ist wichtig – und jeder kann etwas tun.

Nicht nur sonntags gibt es Fleisch
Die Generation unserer (Ur-)Großeltern kennt ihn noch – den Sonntagsbraten. Damals war Fleisch eine seltene und teure Ware. So konnten sich viele Familien nur an Sonntagen ein saftiges Stück Fleisch gönnen. Heute essen in Deutschland 85 Prozent der Bevölkerung täglich oder nahezu täglich Fleisch und Wurst. Die Deutschen konsumieren heute viermal so viel Fleisch wie Mitte des 19. Jahrhunderts. In den letzten Jahren ist der Fleischkonsum in Deutschland wiederum leicht gesunken. Immer mehr Menschen ernähren sich vegetarisch oder vegan.

Meistens ernähre ich mich vegetarisch. Ab und zu esse ich auch Fisch oder ein Stück Fleisch vom Biohof in der Nähe.

3 Ein ↗ Flexitarier erzählt.

Hoher Getreideverbrauch für Tierfutter

Die Tiere, deren Fleisch wir essen wollen, müssen vorher ernährt werden. Heute fressen nur wenige Rinder Gras und wenige Schweine Küchenabfälle. Die Tiere werden mit großen Mengen Futtermittel gemästet. Für den Anbau dieser Futtermittel wie Weizen, Soja und Mais wird sehr viel Ackerland benötigt. Dieses Ackerland fehlt für die Ernährung von Menschen (→ **Abb. 4**). Beispielsweise Getreide wird dadurch in vielen Gegenden teurer – dies trifft vor allem arme Menschen in Afrika, Asien oder Südamerika. Vor allem in Südamerika wird Urwald abgeholzt, damit dort anschließend Soja angepflanzt werden kann. Der Lebensraum wildlebender Tiere wird dadurch verkleinert.

Folgen für die Erde

Unser hoher Fleischkonsum hat auch negative Folgen für das Erdklima. Die hohe Zahl der <u>Mastbetriebe</u>, der Futtermittel-Transport von Südamerika nach Europa und das Abholzen des Urwalds tragen dazu bei, dass die Umwelt starken Belastungen ausgesetzt ist.

<u>der Mastbetrieb</u>
landwirtschaftliches Unternehmen, in dem Tiere bis zur Schlachtung mit Futtermitteln gemästet werden

Viele Menschen essen gerne Fleisch. Vielleicht kennst du auch Menschen, die sich vegetarisch oder vegan ernähren. Anderen gelingt die Umstellung nicht so leicht. Sie versuchen aber, in kleinen Schritten vom regelmäßigen Fleischessen zu einem regelmäßigen vegetarischen Essen zu wechseln. Ein Anfang ist gemacht, wenn man sich an einem oder zwei Tagen in der Woche fleischlos ernährt.

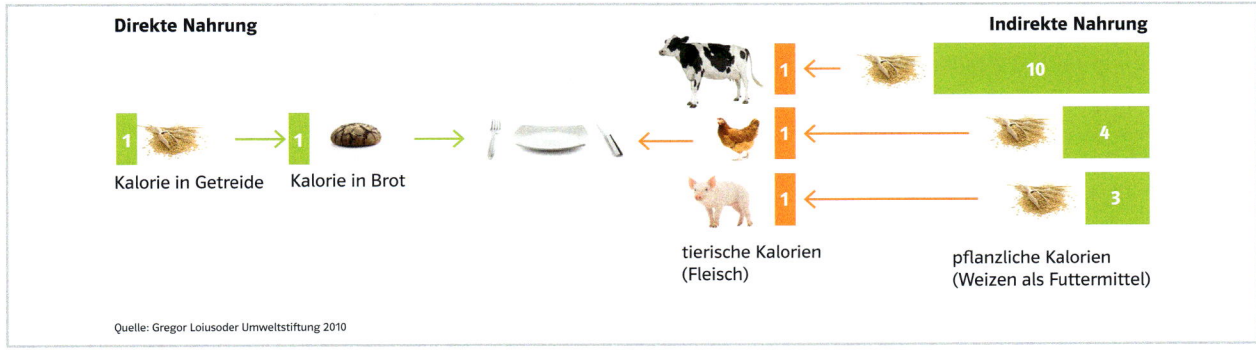

Direkte Nahrung

1 Kalorie in Getreide → 1 Kalorie in Brot

Indirekte Nahrung

1 ← 10
1 ← 4
1 ← 3

tierische Kalorien (Fleisch)

pflanzliche Kalorien (Weizen als Futtermittel)

Quelle: Gregor Loiusoder Umweltstiftung 2010

4 Getreideverschwendung

Merke

- Durch unseren hohen Konsum verbrauchen die Menschen viele Rohstoffe und verschmutzen die Umwelt.
- Schädlich für die Umwelt und das Erdklima ist auch der hohe Fleischkonsum.
- Schon ein oder zwei Tage nur vegetarische oder vegane Speisen in der Woche nützen der Umwelt.

Aufgaben

1 Erkläre den Spruch (→ **Abb. 2**) in eigenen Worten.

2 🧑‍🤝‍🧑 Beschreibt, was mit Getreideverschwendung (→ **Abb. 4**) gemeint ist.

3 Nenne vegane oder vegetarische Gerichte, die dir gut schmecken.

4 a) Führe ein Ernährungstagebuch, in dem du für einen Schultag auflistest, was du alles an diesem Tag gegessen hast.
b) 🧑‍🤝‍🧑 Vergleicht eure Ernährungstagebücher untereinander.

5 Beschreibe in eigenen Worten, was du unter einem Flexitarier (→ **Abb. 3**) verstehst.

6 a) 🧑‍🤝‍🧑 Benennt die positiven Folgen, die ein geringerer Fleischkonsum für
- die Menschen
- die Natur
- das Klima
auf der Erde hat.
Fertigt dazu eine Tabelle an.
b) 🧑‍🤝‍🧑 Vergleicht und ergänzt eure Ergebnisse.

○ 1, 3   ◐ 2, 4, 5   ● 6

Tauschen statt kaufen

1 Bei einer Tauschbörse können unterschiedlichste Gegenstände angeboten werden.

Lea ist begeistert. „Eine Jeans, ein tolles, fast neues T-Shirt und einen Basketball habe ich für drei Tauschmarken auf der Tauschbörse bekommen."

Tauschbörsen

In der Realschule am Stadtpark führen die Schülerinnen und Schüler aus den Jahrgängen 5 und 6 eine Tauschbörse für alle aus ihrem Jahrgang durch. „Das war viel Vorbereitung", stöhnt Yannik und erzählt: „Amelie aus der 5b hat uns auf die Idee gebracht. Die Schule ihrer Cousine hat eine Tauschbörse erfolgreich durchgeführt. Wir haben viele Ideen übernommen."

Schulleitung fragen, Räume organisieren

Yannik berichtet weiter: „Zuerst haben wir die Schulleitung gefragt, ob wir am nächsten Projekttag eine Tauschbörse durchführen dürfen. Die Schulleiterin war begeistert, die Stellvertreterin hat uns bei der Raumsuche unterstützt. Alle Gegenstände sollten in der Aula gesammelt werden. Verkaufen wollten wir in den Klassenräumen."

die Tauschbörse (auch Tauschmarkt) Ort, an dem Menschen die Gelegenheit zum Tauschhandel geboten wird

Flyer Flugblatt, Handzettel

Tauschen – aber wie?

„Um das Tauschen einfacher zu machen, haben wir festgelegt, dass wir für jedes Kleidungsstück, Spielzeug oder Buch eine Tauschmarke ausgeben. Jeder durfte zu Beginn bis zu fünf Gegenstände abgeben. Alle haben sich daran gehalten, keine billigen und kaputten Gegenstände abzugeben."

Werbung für die Tauschbörse

„Um unsere Mitschülerinnen und Mitschüler und die Eltern von unserer Idee zu überzeugen, haben wir Werbeflyer erstellt. Auf diesen haben wir den Ablauf genau erklärt."

Eine gute Vorbereitung ist alles

„Vom Supermarkt in der Nähe haben wir große Kartons bekommen. In denen haben wir die zum Tausch angebotenen Gegenstände in den Pausen gesammelt. Die Lehrerinnen und Lehrer haben uns unterstützt und die Tauschmarken ausgegeben."

Räume einrichten

„In den Klassen 5a und 5b wurde Kleidung angeboten. Der Hausmeister hat uns Stellwände in die Klassen gebracht. Mit denen haben wir eine Umkleidekabine gebaut. In den Räumen der 6a und 6b wurden Bücher, Spielzeug und kleine elektronische Geräte angeboten."

Der Tauschtag

„Um 10 Uhr hat die Tauschbörse begonnen. Jeweils fünf Schülerinnen und Schüler betreuten einen Raum für eine halbe Stunde. Sie sammelten die Wertmarken ein und entwerteten sie. Es wurden viele Sachen eingetauscht. Die wenigen übrig gebliebenen Gegenstände haben wir einer Hilfsorganisation gespendet."

Bericht in der örtlichen Zeitung

„Unsere Schulleitung war begeistert von unserer Idee. Deshalb lud sie auch die Journalisten der örtlichen Zeitungen ein. Diese haben sehr ausführlich und positiv über unsere Aktion berichtet. Nächstes Jahr führen wir wieder eine Tauschbörse durch."

So geht es:
Eine Tauschbörse organisieren

- *Ablaufplan erstellen*
- *Schulleitung fragen*
- *Räume organisieren*
- *Werbeflyer oder -plakate erstellen*
- *Gegenstände sammeln*
- *Tauschräume einrichten*
- *Personal am Tauschtag einteilen*
- *erfolgreichen Ablauf präsentieren*
- *übriggebliebene Gegenstände an Hilfsorganisation spenden*

2 Durchführung einer Tauschbörse

Merke

- **Auf einer Tauschbörse werden gut erhaltene Sachen untereinander getauscht.**
- **Um eine Tauschbörse zu organisieren, muss viel geplant und vorbereitet werden.**
- **Ein Tauschbörse trägt dazu bei, dass weniger Produkte weggeworfen werden.**

Aufgaben

1 Nenne Gegenstände, die du auf einer Tauschbörse anbieten würdest.

2 👥 Nennt die Unterschiede zwischen einer Tauschbörse und einem Flohmarkt

3 👥👥 **MK** Diskutiert, ob und, wenn ja, wie ihr an eurer Schule eine Tauschbörse organisieren könnt. Fasst in einer zweispaltigen Tabelle zusammen, was dafür und was dagegen spricht.

4 👥 Entwickelt eine Werbeaktion (z. B. Plakate, Werbeflyer, Werbung auf der Homepage der Schule) für eine Tauschbörse.

5 👥👥 Recherchiert, wem ihr an eurem Schulort die Gegenstände spenden könnt, die nach einer Tauschbörse übrigbleiben.

○ 1, 2   ◐ 3, 4   ● 5

Abfall – Rest oder Rohstoff?

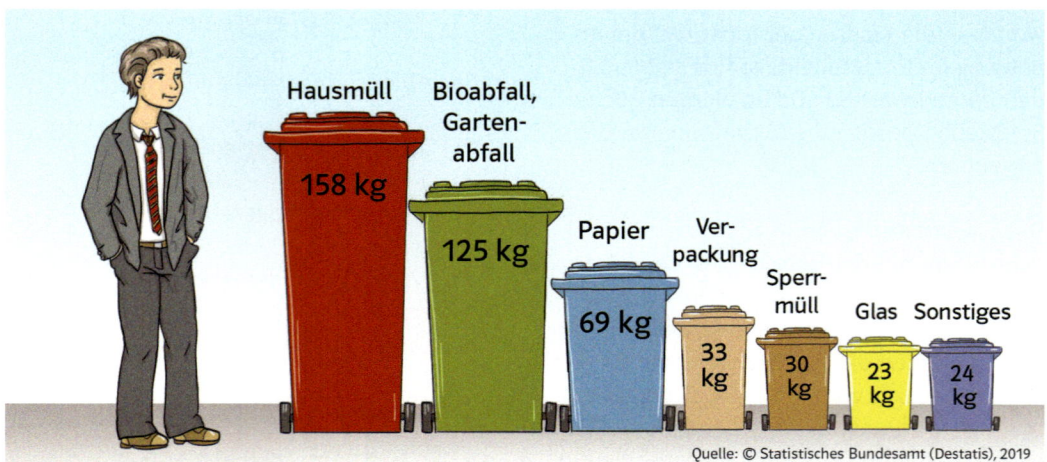

Hausmüll **158 kg**

Bioabfall, Gartenabfall **125 kg**

Papier **69 kg**

Verpackung **33 kg**

Sperrmüll **30 kg**

Glas **23 kg**

Sonstiges **24 kg**

Quelle: © Statistisches Bundesamt (Destatis), 2019

1 So viel Abfall fiel 2017 pro Kopf in Deutschland an.

Jannis schenkt seiner Mutter zum Geburtstag einen Kaffeebecher: „Den kannst du für deinen Coffee-to-go gebrauchen, den du dir ja so gerne am Bahnhof auf dem Weg zur Arbeit holst. Das spart jedes Jahr mehr als 200 ↗ Einweg-Plastikbecher."

Abfall vermeiden und reduzieren

Um den Verbrauch an Rohstoffen zu verringern, ist es vor allem wichtig, Abfall zu vermeiden. ↗ Mehrwegflaschen oder wiederverwertbare Coffee-to-go-Becher verhindern große Mengen Müll. Aber auch bei langlebigen Gebrauchsgegenständen kann Müll vermieden werden: Elektrogeräte, die kleine Mängel haben, können repariert werden, ein kleines Loch in der Naht eines T-Shirts kann genäht werden.

der Coffee-to-go
bezeichnet einen Kaffee zum Mitnehmen, der meist in Wegwerfbechern verkauft wird

wiederverwertbar
wenn ein Gegenstand nach Benutzung wiederverwendet werden kann

1. Abfälle vermeiden, z. B. weniger Verpackungsmaterial verwenden
2. Dinge wiederverwenden, z. B. mehrfache Nutzung von Getränkeflaschen
3. Abfälle wiederverwerten, z. B. Recycling von Glas, Papier und Metall
4. Verwertung, z. B. Produktion von Wärme und Strom durch Verbrennung
5. Reststoffe so beseitigen, dass von ihnen keine Gefahr mehr für die Umwelt ausgeht

2 Fünf Abfallregeln

Verwerten statt entsorgen

Muss ein Teil weggeworfen werden, dann sollte es nicht in der grauen Restmülltonne landen. Müll wird in Deutschland wie in fast allen Ländern Europas getrennt gesammelt, um ihn später einfacher recyceln zu können. Glas kommt in den Glascontainer, Karton und Papier in die Papiertonne, Dosen und Folien in den „Gelben Sack" oder die „Gelbe Tonne". Gebrauchte Elektrogeräte können wir an Sammelstellen kostenlos entsorgen. Batterien oder Energiesparlampen können dort abgegeben werden, wo wir sie gekauft haben.

Smartphones – eine Herausforderung

Ein Leben ohne Smartphone können sich die meisten Menschen fast gar nicht mehr vorstellen. Im Durchschnitt kauft sich jeder Mensch alle zwei Jahre ein neues Gerät. Experten schätzen, dass im Jahr 2018 in Deutschland ungefähr 124 Millionen alte oder kaputte Smartphones in Schubladen und Schränken herumlagen. Viele Menschen wechseln ein Smartphone oder ein anderes Elektronikgerät nur deshalb aus, weil es nicht mehr dem neuesten Stand entspricht.

Wertvolle Rohstoffe

Smartphones enthalten Gold und ungefähr 30 weitere wichtige und seltene Metalle. Rohstoffe wie Platin und Kupfer, die für die Produktion von Smartphones notwendig sind, werden vor allem aus afrikanischen Ländern importiert. Dort werden sie in Minen abgebaut, in denen die Menschen – unter ihnen auch Kinder unterschiedlichen Alters – hart und ohne Sicherheitsschutz arbeiten müssen.

Das kannst du tun

Nutze deine Elektrogeräte so lange wie möglich. Ein noch funktionierendes Gerät kannst du verkaufen oder verschenken. Ist beispielsweise dein Smartphone oder dein Bluetooth-Lautsprecher nicht mehr nutzbar, solltest du das Gerät unbedingt beim Recyclinghof deiner Stadt abgeben (→ **Abb. 4**). Die kleinen Elektrogeräte werden zu speziellen Recyclingunternehmen gebracht. Diese gewinnen dann Rohstoffe aus den Geräten zurück.

importieren
Vom Importieren spricht man, wenn Waren aus dem Ausland ins eigene Land gebracht und dort verkauft werden.

Bluetooth
ermöglicht eine drahtlose Vernetzung von elektronischen Geräten über kurze Distanz

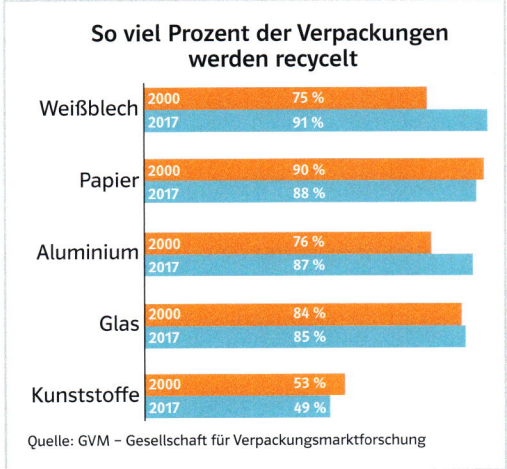

3 Recycling von Verpackungen

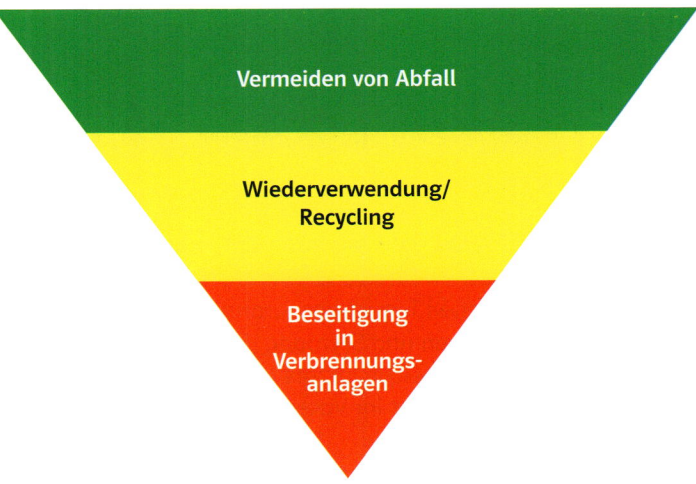

4 Die Abfallpyramide

Merke
- Viele Abfälle sind wertvolle Rohstoffe und können wiederverwendet oder recycelt werden.
- Die Nutzung von Elektrogeräten belastet die Umwelt vielfältig.
- Eine fachgerechte Entsorgung von Elektrogeräten trägt zum Schutz der Umwelt bei.

Aufgaben

1 a) Ermittle, wie sich der Müll in eurer Familie verteilt (→ **Abb. 1**).
b) 👥👥 Vergleicht eure Ergebnisse.
c) 👥👥 Berechnet das Gesamtgewicht der verschiedenen Müllsorten für eure Klasse, eure Schule, euren Wohnort und für ganz Deutschland, wenn jede Person 462 kg Müll produziert.

2 Erkläre den Unterschied zwischen Wiederverwendung und Wiederverwertung (Recycling) am Beispiel von Glas.

3 👥👥 a) Befragt eure Verwandten, Freunde und Bekannten, welche Verpackungsform für Erfrischungsgetränke sie nutzen.
b) Stellt Vermutungen an, welche Gründe es für dieses Verhalten gibt.

4 a) Nenne alle Elektrogeräte, die in eurem Haushalt ungenutzt herumliegen.

b) Erkläre kurz, warum das so ist.
c) Erläutere, was du mit diesen Geräten tun könntest, um der Umwelt zu helfen.

5 a) Beschreibe die Entwicklung des Recyclings von Verpackungen (→ **Abb. 3**).
b) Bewerte diese Entwicklung.

6 Begründe, warum die Abfallpyramide (→ **Abb. 4**) auf dem Kopf steht.

Weniger Plastik ist mehr!

1 Verschmutzung der Meere

das Mikroplastik
Als Mikroplastik gelten alle Kunststoffteile, die kleiner als fünf Millimeter sind.

Alina geht mit ihren Eltern an einem italienischen Strand spazieren. Nach einem stürmischen Tag ist der Strand voller Plastikabfälle, Dosen und Styropor. „In Spanien haben wir das gleiche letztes Jahr im Mai erlebt", berichtet ihr Vater.

Viel Plastikmüll aus Deutschland

In Deutschland stehen viele vollgefüllte gelbe Säcke oder gelbe Tonnen an einem Tag in der Woche am Straßenrand – bereit für die Müllabfuhr. Kein Wunder, denn die Deutschen verursachen rund 38 Kilogramm Verpackungsabfälle aus Plastik pro Kopf. Nur in Luxemburg (50,5 kg), Irland (46,2 kg) und Estland (42,2 kg) ist der Verbrauch noch höher (→ **Abb. 3**). Plastikabfall entsteht vor allem durch Plastiktüten, Lebensmittelverpackungen, Getränkeflaschen und Plastikbecher. Die hohen Mengen an Plastikabfall sind schädlich für die Umwelt, weil Plastik eine hohe Lebensdauer hat.

Plastik bedroht die Gesundheit

der Pottwal
ein in allen Ozeanen verbreiteter Wal

2016 wurde in Deutschland ein gestrandeter Pottwal gefunden. In seinem Körper befanden sich Netze der Krabbenfischer, Teile eines Plastikeimers und die Plastikabdeckung eines Autos. In Spanien haben Forscher im Magen eines Wales 17 Kilogramm Plastikmüll gefunden.

Auch kleine Teile schaden

In den Mägen von Seevögeln und Fischen an den Stränden auf der Welt werden dagegen sehr kleine Plastikteile gefunden. Auch die Gesundheit der Menschen ist durch Mikroplastikteile gefährdet. Da Plastik langsam in immer kleinere Teile zerfällt, können diese Teile über die Nahrung in unsere Körper gelangen. So nehmen auch Pflanzen, die wir essen, Mikroplastikteile auf.

Pfand auf Flaschen . . .

Um den Anteil von ↗ Einweg-Plastikflaschen, die einfach weggeworfen wurden, zu verringern, wurde 2003 ein Flaschenpfand eingeführt. Daraufhin sind weniger Flaschen in die Landschaft geworfen worden – im Gegensatz zu Ländern, in denen kein Pfand auf Plastikflaschen erhoben wird. Allerdings werden immer noch sehr viele Einwegflaschen aus Plastik produziert.

Tipps: Plastikmüll im Alltag vermeiden	
BEIM EINKAUF	**ZU HAUSE**
Stofftasche oder Rucksack mitnehmen (auch für Obst und Gemüse) statt Plastiktüte kaufen	Seife oder Shampoo in fester Form kaufen statt flüssig in Plastikflaschen
Eigenen Becher für den Coffee to go einpacken	Artikel wie Zahnbürsten gibt es z. B. auch mit Bambusgriff
Mehrweg- statt Einwegflasche, öfter mal Leitungswasser trinken	auf Trinkhalme und Plastikgeschirr verzichten
„Unverpackt"-Läden unterstützen: mitgebrachte Behälter werden dort aufgefüllt	Generell: Verbrauch der Waren reduzieren, um seltener Verpackungen zu kaufen.

dpa•29420   Auswahl   Quelle: WWF, Nabu, WDC

2 Was du tun kannst

... und Tüten

Der Staat hat mit den ↗ Handelsunterneh-men eine Vereinbarung getroffen, dass Plastiktüten nicht mehr kostenlos abgege-ben werden sollen (Ausnahme: durchsichtige dünne Tüten für Obst). Fast alle Supermärkte und sehr viele Textilgeschäfte nehmen seit 2016 bis zu 30 Cent Gebühr für eine Plastik-tüte. Der Verbrauch dieser großen, festen Plastiktüten ist dadurch zurückgegangen. Viele fordern jetzt auch ein Eingreifen des Staates zur Verringerung der Coffee-to-go-Becher und der dünnen Obsttüten.

Was erwartet uns?

Für viele Plastikgegenstände gibt es umwelt-freundlichere Alternativen. Deshalb hat die ↗ Europäische Union (EU) beschlossen, diese Plastikgegenstände ab 2021 zu verbieten. Dazu gehören z. B. Plastikbesteck und -ge-schirr, Strohhalme und Wattestäbchen aus Plastik. Die Hersteller von Plastik sollen stär-ker für die Entsorgung des anderen Plastik-mülls bezahlen. Deutschland hat diesem Vor-haben zugestimmt. In Deutschland sollen ab 2020 alle Plastiktüten im Handel verboten werden. Ausnahme sollen weiter die durch-sichtigen sehr dünnen Obsttüten sein.

Städte als Vorbilder

In Freiburg beteiligen sich schon 100 Ge-schäfte an einem Programm für Mehrweg-kaffeebecher. So soll die Zahl der Coffee-to-go-Becher zurückgedrängt werden. Andere europäische und amerikanische Städte führen immer stärkere Reglementierungen für Plastikverpackungen und Einwegplastik ein. Sie wollen ebenso Vorbilder sein.

die Reglementie-rung
Regel, Vorschrift

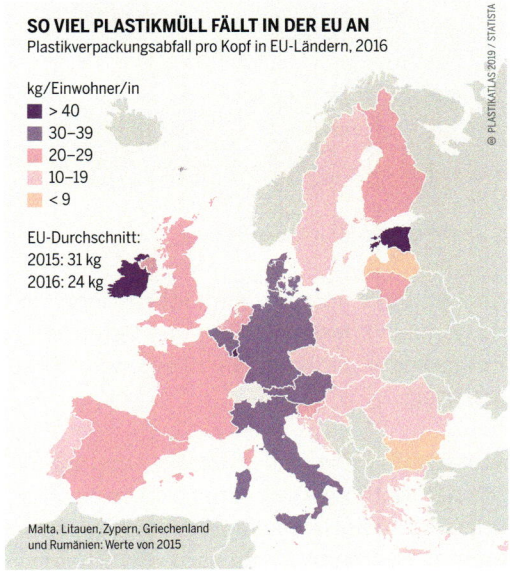

3 Viel Plastikmüll aus Deutschland

Merke

- Die Weltmeere sind voller Plastikmüll.
- Deutschland hat im Vergleich zu anderen europäischen Staaten einen hohen Plastikverbrauch pro Person.
- Die Vermeidung von Plastikmüll ist ein wichtiges Ziel der EU-Umweltpolitik.

Aufgaben

1 Nenne je drei Staaten der EU (→ **Abb. 3**), in denen die Menge an Plastikabfall pro Kopf hoch bzw. niedrig ist.

2 a) Beschreibe die Gefährdung der Weltmeere (→ **Abb. 1**) durch Plastikmüll in eigenen Worten.
b) 👥 Vergleicht und ergänzt eure Ergebnisse.

3 Nenne die wichtigsten negativen Auswirkungen von Plastikabfall für Menschen und Tiere.

4 Beschreibe die Auswirkungen der Pfandregelung für Einweg-flaschen.

5 👥 Recherchiert im Internet, welche Staaten zur Europäischen Union gehören (→ **Abb. 3**).
MK

6 👥 Stellt Vermutungen an, warum die EU jetzt einige Plastik-artikel verbieten will.

7 a) Begründe, welche Tipps (→ **Abb. 2**) dich überzeugen.
b) Nenne weitere Tipps, die dir noch einfallen.
c) 👥 Vergleicht und ergänzt eure Ergebnisse.

○1, 2　●3–6　●7

Gruppenpuzzle

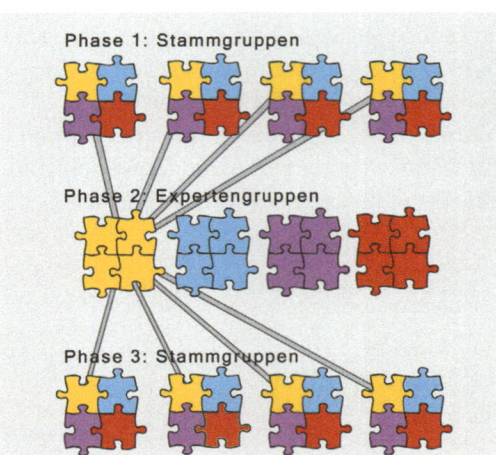

1 Die Phasen des Gruppenpuzzles

Thema B: Plastikmüll
- Einwegplastikflasche- oder Mehrwegglas-flasche?
- Einwegplastikbecher oder wiederverwendbare Becher?
- Einwegbesteck aus Plastik oder immer wieder benutzbares Besteck?

Nachhaltiges Handeln ist möglich. Nachhaltig handeln könnt ihr z. B. in den Bereichen Ernährung, Plastikmüll, Textilien und ↗ Elektroschrott.

Arbeitsteilig und selbstständig arbeiten
Mit der Methode Gruppenpuzzle ist es möglich, ein Thema selbstständig und arbeitsteilig zu bearbeiten. Jede Person erarbeitet sich hierzu ein Expertenwissen zusammen mit anderen Expertinnen und Experten. Über dieses informiert sie dann die anderen Personen ihrer Stammgruppe.

Thema C: Textilien
- Bio-Baumwolle oder herkömmliche Baumwolle?
- Markenprodukt oder No-Name-Produkt?
- Fairtrade oder herkömmliche Produkte?
- Neu oder secondhand?
- Modisch oder langlebig?

langlebig
eine lange Lebensdauer besitzen

das Fertigprodukt
(auch Fertigge-richt) hochverarbeitete Lebensmittel, die nur noch erwärmt werden müssen. Sie enthalten meist viel Fett, Zucker oder andere Zusatzstoffe, Beispiel: Tiefkühlpizza.

der Wertstoffhof
Sammelstelle für wiederverwendbaren Müll

Thema A: Ernährung
- Bio oder herkömmlich?
- Selbst gemacht oder Fertigprodukt?
- Vegan, vegetarisch oder tierische Produkte?

Thema D: Elektroschrott
- Wegwerfen oder Reparatur?
- Jedes Jahr ein neues Smartphone?
- Wertstoffhof oder Tonne?

1. Schritt: Stammgruppen bilden

Teilt eure Klasse in Vierergruppen. Diese Gruppen heißen Stammgruppen. In jeder Gruppe wird besprochen, wer welchen Themenbereich zur Nachhaltigkeit bearbeitet und zur Expertin bzw. zum Experten für das Thema werden soll.

2. Schritt: Expertengruppen bilden

Alle Schülerinnen und Schüler, die dasselbe Thema haben, arbeiten jetzt in einer neuen Gruppe zusammen. Die Mitglieder einer solchen Expertengruppe können sich die wichtigen Aspekte zu ihrem Thema aufteilen und einzeln oder zu zweit bearbeiten.

3. Schritt: Expertenwissen erarbeiten

Alle Expertengruppen sollen in einer vorgegebenen Zeit, wichtige Informationen zu ihrem Thema zusammenstellen, um sie den Mitgliedern ihrer Stammgruppe vermitteln zu können. Recherchiert also zu eurem Thema, tragt die Informationen in der Expertengruppe zusammen und entwickelt daraus ein Infoblatt, mit dessen Hilfe jede Expertin und jeder Experte die Mitglieder ihrer oder seiner Stammgruppe informieren kann.

4. Schritt: Expertenwissen vermitteln

Ihr trefft euch wieder in den Stammgruppen. Jedes Mitglied informiert jetzt die anderen über „sein" bzw. „ihr" Thema und beantwortet als Expertin bzw. als Experte Fragen. Die anderen Mitglieder fassen die Informationen in übersichtlicher Form zusammen.

5. Schritt: Nachbetrachtung und Feedback

In der Klasse werden abschließend positive und negative Kritikpunkte zum eben durchgeführten Gruppenpuzzle gesammelt und Verbesserungsvorschläge diskutiert. Gemeinsam können noch offene Fragen in einzelnen Gruppen geklärt werden.

1. Schritt: Stammgruppen bilden
- Vierergruppen bilden
- Themen aufteilen

2. Schritt: Expertengruppen bilden
- Schwerpunkte festsetzen
- arbeitsteilig vorgehen

3. Schritt: Expertenwissen erarbeiten
- Thema arbeitsteilig bearbeiten
- gemeinsames Infoblatt entwickeln

4. Schritt: Expertenwissen vermitteln
- Stammgruppe informieren
- Fragen beantworten

5. Schritt: Nachbetrachtung und Feedback
- offene Fragen klären
- Ablauf kritisch nachbetrachten

2 Die wichtigsten Schritte beim Gruppenpuzzle

Aufgaben

1 👥 Führt das Gruppenpuzzle zum nachhaltigen Handeln durch. In einer Klasse mit beispielsweise 28 Schülerinnen und Schülern wird es je zwei Expertengruppen mit 4 bzw. 3 Mitgliedern geben.

2 a) Notiere die für dich wichtigsten Erkenntnisse aus dem Gruppenpuzzle.
b) 👥 Erstellt Fragen für einen kleinen Test, die eure Mitschülerinnen und Mitschüler beantworten sollen.

3 a) Notiere, wie dein Verhalten während der Arbeitsphasen im Gruppenpuzzle war. Schreibe auf, was du beim nächsten Gruppenpuzzle wieder so machen und was du ändern würdest.
b) 👤 Diskutiert in der Klasse über eure Ergebnisse.

Arme Kinder – auch in Deutschland?

Svenja: Lass uns heute ins Kino gehen.

Antonia: :-(Ich kann nicht, ich habe kein Geld mehr.

Svenja: Deine Mutter kann dir doch etwas geben. ;-)

Antonia: Meine Mutter sagt, wir haben gerade nur noch Geld, um uns Lebensmittel zu kaufen. :-(:-(:-(

1 Svenja und Antonia chatten.

2 Das Bildungspaket unterstützt auch die Mitgliedschaft in einem Sportverein.

Kinderarmut in Deutschland

Deutschland gehört zu den reichsten Ländern der Erde. Wie überall auf der Welt ist der Reichtum aber nicht gleich verteilt. Viele Eltern in Deutschland verdienen zu wenig Geld. Deshalb leben in Deutschland 2,55 Millionen Kinder in Armut. Das ist jedes fünfte Kind. Aber wann genau beginnt Armut? Viele Menschen meinen, deutschen Kindern gehe es doch gut – im Vergleich zu Millionen Kindern in Afrika oder Asien. Dies ist sicher richtig. Andererseits können viele arme Kinder in Deutschland nicht erleben, was für andere normal ist, z. B. teurere Lebensmittel essen, jedes Jahr wenigstens einmal einen Urlaub genießen oder Mitglied in einem Sportverein zu sein.

die Sozialarbeiterin/der Sozialarbeiter qualifizierte/r Helfer/in in schwierigen Lebenslagen

Der Staat unterstützt

Die Gesellschaft will, dass möglichst wenige Kinder in Armut leben. Deshalb erhalten arme Familien und deren Kinder staatliche Unterstützung. Neben dieser allgemeinen finanziellen Unterstützung hilft das „↗ Bildungspaket für Kinder und Jugendliche". Für das Mittagessen in der Schule oder die Mitgliedschaft in einem Sportverein gibt es einen Zuschuss, Nachhilfe und alle Fahrten mit der Schulklasse werden vollständig bezahlt.

Nicht nur der Staat hilft

In städtischen Kinder- und Jugendtreffs, die in Wohnvierteln liegen, können Kinder nicht nur spielen, sondern sich auch direkt bei Sozialarbeiterinnen und Sozialarbeitern Hilfe und Rat holen. Auch private Organisationen und die Kirchen bieten in vielen Städten Unterstützung an. Beispiele dafür sind Sozialkaufhäuser, „Die Arche" (→ **Abb. 3**) oder „Die Tafeln" (→ **Abb. 4**).

Die Arche

Das Projekt „Die Arche" möchte vor allem benachteiligten Kindern helfen. An 20 Standorten in Deutschland bietet „Die Arche" armen Kindern ein kostenloses Essen und Kleidung an. In den Einrichtungen gibt es Spielplätze und viele Freizeitangebote, z. B. Gitarrenkurse, Kochschulen, Tanzprojekte, Sportangebote. Die Kinder sollen bei sinnvollen Freizeitbeschäftigungen ihre Stärken erfahren und selbstbewusster werden. Kinder können auch an Feriencamps teilnehmen, die regelmäßig organisiert werden. Dadurch erhalten auch Kinder aus armen Familien die Möglichkeit, in den Ferien wegzufahren. Zudem erhalten die Kinder auch schulische Hilfe: Neben der regelmäßigen Hausaufgabenbetreuung können Kinder in Fächern, in denen sie nicht so gut sind, Nachhilfe bekommen.

3 Treffen mit Freunden im Kinder- und Jugendtreff „Die Arche"

Die Tafeln

„Die Tafeln" sammeln von Supermärkten und Restaurants Lebensmittel, die weggeworfen werden sollen. Diese Lebensmittel sind noch einwandfrei genießbar. Die Tafeln verteilen diese Lebensmittel kostenlos oder für wenig Geld in ihren Läden an arme Menschen. In Deutschland gibt es mehr als 2 000 Tafel-Läden. 60 000 Menschen arbeiten ehrenamtlich für die Tafeln und unterstützen damit 1,5 Millionen Menschen. Davon sind fast eine halbe Million Kinder.

4 Lebensmittelausgabe bei der Tafel in Essen

Merke

• **Es gibt auch in Deutschland viele arme Kinder.**
• **Der Staat unterstützt bedürftige Familien finanziell.**
• **Es gibt in jeder Stadt Jugend- und Freizeiteinrichtungen für Kinder.**

Aufgaben

1 a) Nenne mindesten fünf Einschränkungen für Kinder, die in Armut leben.
b) 👥 Vergleicht und ergänzt eure Ergebnisse.

2 👥 Beschreibt, durch welche Maßnahmen der Staat Kinder und Familien unterstützt, die in Armut leben.

3 👥 Recherchiert im Internet, ob
MK es in eurem Schulort oder eurem Wohnort Freizeiteinrichtungen der Stadt oder der „Arche" gibt.

4 👥 a) Recherchiert, ob es an eurem Schulort eine „Tafel" gibt.
b) Ermittelt Adresse und Öffnungszeiten.

5 Beschreibe den Unterschied zwischen „Tafel" und „Arche" in drei Sätzen.

6 Setze den Chat aus **Abb. 1** mithilfe des Wortspeichers fort.

> **Wortspeicher**
> – Kinderarmut
> – die „Arche"
> – Jugendtreff
> – die „Tafel"
> – Lebensmittelausgabe

○ 1, 3, 4   ◐ 2, 6   ● 5

Schuften statt Schule

1 Recht auf Bildung

„Warum soll ich die Spülmaschine ausräumen? Das ist Kinderarbeit und die ist verboten." Carlo ist sauer. Nach einem langen Schultag soll er jetzt auch noch zu Hause helfen.

Kinder müssen lernen

Alle Kinder auf der Welt haben ein Recht auf Bildung. In Deutschland besteht Schulpflicht. Im Bundesland Nordrhein-Westfalen müssen alle Menschen zehn Jahre in eine Vollzeitschule gehen. Es bleibt für die Kinder genug Zeit zu spielen. Im Haushalt müssen sie aber mithelfen.

Kinderarbeit ist in Deutschland verboten

In Deutschland gibt es eine „Kinderarbeitsschutzverordnung". Kinder unter 13 Jahren dürfen nicht arbeiten. Ab 13 Jahren ist es Kindern erlaubt, sich mit leichten Arbeiten etwas hinzuzuverdienen. Zwei Stunden am Tag dürfen sie z. B. Babysitten, für Nachbarn einkaufen, Prospekte austragen oder leichte Gartenarbeiten übernehmen. Dies muss nach der Schule geschehen und die schulischen Leistungen dürfen nicht darunter leiden.

Viele Kinder müssen arbeiten

Ganz anders ist die Situation in vielen Ländern Afrikas, Südamerikas oder Südostasiens. Hier sind die Kinder froh, wenn sie zur Schule gehen dürfen. Ihre Familien sind so arm, dass die Kinder mitarbeiten müssen. Nur so kann sich die Familie das Nötigste leisten. Weltweit arbeiten 200 Millionen Kinder unter 14 Jahren mehrere Stunden am Tag. Ihre Arbeit ist nicht leicht, sondern häufig sehr schwer und ungesund (→ **Abb. 2** und **3**). Viele Kinder werden durch ihre Arbeit früh krank. In vielen Produkten, die wir in Europa kaufen, kann Kinderarbeit stecken, z. B. in Kleidung oder Lebensmitteln.

Eliza aus Mosambik (7 Jahre)
Ich bin Eliza aus Mosambik und arbeite jeden Tag mit meiner Schwester Jumilda (11 Jahre) und meinem Bruder Nazario (9 Jahre) auf der Müllkippe. Wir sammeln und sortieren von morgens bis abends Blech und Plastik in Tüten. Ohne unsere Arbeit könnte unsere Familie nicht überleben. Mein Vater ist gestorben und wir haben noch zwei kleine Geschwister. Meine Mutter verkauft das Blech und Plastik dann an einen Händler. Auf der Müllkippe stinkt es fürchterlich und die Arbeit ist gefährlich. Wir wohnen nahe der Müllkippe in einer Bretterhütte ohne Wasser und Toiletten.

2 Kinderarbeit in Mosambik

Miguel aus Bolivien (11 Jahre)

Ich bin Miguel aus Potosi, einer Großstadt in Bolivien. Jeden Tag gräbt mein Vater nach Zinn. Er bringt mir das Erz in großen und schweren Säcken. Ich muss das wertlose Geröll viele Stunden täglich aussortieren. Mit mir arbeiten viele Kinder tief unter der Erde. Dort ist es heiß und stickig und es können Steine auf meinen Kopf fallen. Ich bin aber stolz darauf, dass ich meinen Eltern durch meine Mitarbeit helfen kann. Zur Schule bin ich nur drei Jahre gegangen.

3 Kinderarbeit in Bolivien

Amelie aus Deutschland (14 Jahre)

Ich heiße Amelie und lebe in Unna mit meiner Mutter und meinen zwei Geschwistern. Ich helfe meiner Mutter oft im Haushalt, weil ich das älteste Kind bin und sie arbeiten gehen muss. Seit Kurzem habe ich noch einen Job, um mir mein Taschengeld zu verdienen. Ich trage zweimal in der Woche nachmittags Werbezeitungen aus. Das ist prima, denn so kann ich mir auch etwas leisten. Zurzeit spare ich für die Abschlussfahrt meiner Klasse.

das Geröll
Ansammlung loser Steine, lockeres Gestein

4 Kinderarbeit in Deutschland

Merke

- Alle Kinder haben ein Recht auf Bildung.
- Viele Kinder müssen aber durch Arbeit zum Lebensunterhalt der Familie beitragen.
- Viele Produkte, die wir kaufen, sind durch Kinderarbeit hergestellt worden.

Aufgaben

1 a) 👥 Erstellt eine vierspaltige und vierzeilige Tabelle. In die erste Spalte schreibt ihr die Namen der Kinder aus den **Abb. 2–4**. In den nächsten Spalten notiert ihr für Eliza, Miguel und Amelie die Arbeitszeit, Arbeitsbedingungen und Notwendigkeit der Arbeit.
b) 👥 Untersucht anhand der Tabelle, warum in zwei Fällen ganz eindeutig von Kinderarbeit gesprochen wird.

c) 👥👥 Diskutiert, ob man bei Amelie von Kinderarbeit sprechen kann.

2 👥 Beurteilt, welche Auswirkungen Kinderarbeit auf das spätere Leben der Kinder haben wird.

3 👥 **a)** Recherchiert, welche Produkte durch Kinderarbeit hergestellt sein könnten, z. B. auf der Internetseite von „Terre des Hommes".
b) Recherchiert, in welchen Ländern Kinderarbeit besonders häufig vorkommt.

4 👥👥👥 **a)** Öffnet eine Kindersuchmaschine und recherchiert wichtige Informationen über Bolivien und Mosambik, z. B. Lage, Einwohnerzahl, Situation der Kinder.
b) Präsentiert eure Ergebnisse der Klasse.

5 👥 Nennt Gründe, warum auch Kinder, die älter als 13 Jahre sind, nur begrenzt arbeiten dürfen.

Naiga will Ärztin werden

1 Naiga will Ärztin werden.

2 Eine Schule in Uganda

„Ich werde sicher mal eine gute Ärztin", behauptet Naiga, ein 13-jähriges Mädchen aus Ugandas Hauptstadt Kampala. Naiga geht jeden Tag in die Schule. Sie ist in der siebten Klasse und eine gute Schülerin. Ihre Lieblingsfächer sind Mathematik und Englisch. Wenn sie weiterhin so gute Noten schreibt, kann sie nächstes Jahr auf die Mittelschule gehen.

Mädchen in Uganda

In Uganda ist es nicht selbstverständlich, eine Schule besuchen zu dürfen. Viele Mädchen erledigen die ganze Hausarbeit für ihre Familien. Oder sie müssen schon früh Geld verdienen, um die Familie zu unterstützen. Nicht wenige Mädchen in Naigas Alter sind schon verheiratet. Eine Schule zu besuchen, ist dann ausgeschlossen. Aus Familien mit vielen Kindern werden außerdem zuerst die Söhne in die Schule geschickt. Viele Kinder sind in Uganda keine Seltenheit: Jede Frau hat durchschnittlich sieben Kinder.

Naiga hat Glück gehabt

Naiga lebt mir ihrer Mutter und drei Geschwistern in einer kleinen Wohnung in Kampala. Viel Platz ist dort nicht, aber ihre Mutter verdient regelmäßig Geld. „Nachdem mein Vater gestorben ist, hat sich meine Mutter ein eigenes Geschäft aufgebaut", berichtet Naiga. „Jeden Morgen bereitet sie

das Entwicklungsland

ein ärmeres und wirtschaftlich deutlich weniger entwickeltes Land

verschiedene Gerichte in unserer Küche vor und transportiert sie zu einer Holzfabrik in der Nähe. Dort verkauft sie die Gerichte an die Arbeiter." Nur weil Naigas Mutter ein eigenes Geschäft aufbauen konnte, kann sie ihre Familie ernähren und auch Naigas Schulgeld bezahlen.

Hilfsorganisationen unterstützen

Eine Hilfsorganisation hat Naigas Mutter etwas Geld geliehen. Mit diesem Geld konnte sich Naigas Mutter selbstständig machen, ihre Küche vergrößern und die nötigen Kochgeräte anschaffen.

Auch Naiga versucht, das Beste aus sich zu machen. Dafür steht sie jeden Morgen um 05:30 Uhr auf, hilft ihrer Mutter und ist anschließend bis 17:00 Uhr in der Schule. Obwohl sie sich danach um ihre Geschwister kümmern muss, findet sie noch Zeit für die Hausaufgaben. Denn Naiga ist sehr ehrgeizig und will ihr Ziel, Ärztin zu werden, unbedingt erreichen.

Uganda – ein Land in Ostafrika

Uganda hat fast 43 Millionen Einwohner. Die Hauptstadt heißt Kampala. Uganda ist ein fruchtbares Land. Vor allem Kaffee und Bananen werden hier angebaut. Uganda ist aber auch ein Entwicklungsland und zählt zu den armen Ländern der Welt.

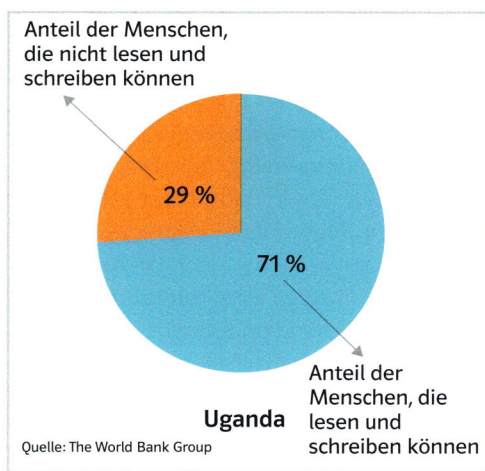

Anteil der Menschen, die nicht lesen und schreiben können

29 %

71 %

Anteil der Menschen, die lesen und schreiben können

Uganda

Quelle: The World Bank Group

3 Fast jeder dritte Mensch über 14 Jahre kann in Uganda nicht lesen und schreiben (29 %).

Die meisten Ugander leben von weniger als einem Dollar (ungefähr 73 Cent) pro Tag. Auch können sehr viele Menschen nicht lesen und schreiben. In den letzten Jahrzehnten kam es immer wieder zu Unruhen und Bürgerkriegen im Land. Daher mussten die Menschen oft fliehen, sie hatten keine Arbeit und konnten kein sicheres Leben führen. Seit einigen Jahren geht es dem Land politisch und wirtschaftlich etwas besser.

Eine Grundbildung für jedes Kind

In Uganda dauert die Grundschulzeit sieben Jahre. Danach kommen eine vierjährige Mittelschule und eine zweijährige Oberschule. 1997 wurde das Schulgeld für die Grundschule abgeschafft. Dadurch wurde es viel mehr Jungen und Mädchen möglich, die Schule zu besuchen. Leider brechen aber immer noch sehr viele Kinder – und dabei besonders die Mädchen – die Grundschule wieder ab. Der wichtigste Grund dafür besteht darin, dass Mädchen oft zum Überleben der Familie im Haus und auf dem Feld mithelfen müssen. Ihre Bildung wird als nicht wichtig angesehen. Weitere Probleme sind die Schuluniform und das Geld für Bücher. Leider sind die Klassen in der Grundschule oft überfüllt, 80 Schülerinnen und Schüler pro Klasse sind keine Ausnahme. Und die Lehrkräfte sind meist schlecht ausgebildet und schlecht bezahlt.

Merke

- Für viele Kinder in zahlreichen Staaten Afrikas ist es nicht selbstverständlich, zur Schule gehen zu dürfen.
- Vor allem ältere Schülerinnen und Schüler müssen für den Schulbesuch oft noch Schulgeld bezahlen.

Aufgaben

1 Beschreibe die Situation der meisten Mädchen in Uganda.

2 „Naiga hat Glück gehabt." Erkläre, warum das so ist.

3 Nenne das Kinderrecht, das bei vielen Mädchen in Uganda eingeschränkt wird.

4 Nenne Unterschiede im Tagesablauf zwischen Naigas und deinem eigenen Leben.

5 Nennt Gründe für die hohe Zahl der Analphabeten in Uganda (→ **Abb. 3**).

6 Erkläre, warum viele Kinder in Uganda – meistens Mädchen – trotz Abschaffung des Schulgeldes die Schule abbrechen.

7 Naiga hält vor ihren Mitschülerinnen und Mitschülern eine Rede zu dem Thema „Warum ist Bildung für Mädchen in Uganda wichtig?". Schreibe diese Rede und halte sie vor der Klasse.

8 Gestalte einen Steckbrief über Uganda und stellte ihn deinen Mitschülerinnen und Mitschülern vor.

9 „Welche Chancen du im Leben hast, hängt stark davon ab, wo du geboren wurdest." Nimm Stellung zu dieser Aussage.

Kinderrechte weltweit

1 Kinderrechte

Organisationen helfen mit Projekten

Viele Kinder auf der Welt leben unter schlechten Bedingungen. Viele Organisationen helfen Kindern in akuter Not, z. B. Kindern in Flüchtlingscamps (→ **Abb. 2**). Andere Organisationen wollen mit langfristig angelegten Hilfsprojekten eine dauerhafte Verbesserung der Lage von Kindern erreichen (→ **Abb. 3 und 4**). Die Hilfsorganisationen sind auf Spenden angewiesen. Es gibt auch Gemeinschaften z. B. in Staaten Afrikas, die ohne Hilfe von außen Kindern ein besseres Leben ermöglichen.

UNICEF – Kinderhilfswerk der Vereinten Nationen
Die Vereinten Nationen haben ein eigenes Kinderhilfswerk gegründet: UNICEF hat sich das Ziel gesetzt, die Rechte der Kinder zu stärken und möglichst für alle Kinder gute Lebensbedingungen zu schaffen. Ein wichtiger Teil der Arbeit von UNICEF ist die Unterstützung von Kindern, die mit oder ohne ihre Eltern auf der Flucht vor Kriegen und Gewalt sind. Die Kinder werden medizinisch betreut, bekommen Trinkwasser und möglichst gute Nahrung und können in extra eingerichteten kinderfreundlichen Zonen spielen. Diese Notfallhilfe kann die schlechte Lage der Kinder nur ein wenig mildern, nicht ändern. Um nachhaltige Änderungen zu erreichen, setzt sich UNICEF bei Politikern in aller Welt für Kinderrechte ein und unterstützt langfristige Kinderhilfsprojekte in vielen Ländern der Erde.

2 UNICEF – Kinderhilfswerk der Vereinten Nationen

die Kinderrechtskonvention

Sammlung von grundlegenden Rechten, die weltweit Kinder und Jugendliche schützen sollen

Bei uns in Deutschland schützt der Staat Kinder und Jugendliche. In vielen Ländern der Welt ist das nicht der Fall. Dort geht es den Kindern schlecht. Sie leiden unter Hunger, Durst, schwerer Arbeit und wenig Bildung. Um den Kindern zu helfen, wurde schon 1989 eine Kinderrechtskonvention von den ↗ Vereinten Nationen beschlossen.

Kinderrechte auf dem Papier

Die Kinderrechtskonvention der Vereinten Nationen möchte die Lage der Kinder auf der ganzen Welt verbessern. Der Schutz der Menschenrechte wird für jedes Kind garantiert. Aber: In vielen Staaten der Welt werden die Kinderrechte der Kinderrechtskonvention der Vereinten Nationen nicht eingehalten. Kinder dürfen dort nicht zur Schule gehen, sie werden von ihren Eltern vernachlässigt oder sie müssen schwerste Arbeiten erledigen. Es gibt viele Staaten, in denen die Rechte nicht überprüft werden.

Terre des Hommes

Die Organisation „Terre des Hommes" wurde 1959 gegründet und hilft notleidenden Kindern. Terre des Hommes bedeutet „Erde der Menschlichkeit". Die Organisation unterstützt in vielen Ländern Projekte, die langfristig die Lage der Mädchen und Jungen verbessern sollen.

Ein Beispiel für die Arbeit von Terre des Hommes ist das Projekt „Gegen Ausbeutung in der Textilindustrie in Südindien". Rund 260 000 Frauen und Mädchen arbeiten im südindischen Tamil Nadu in Spinnereien. Dies sind meist Mädchen aus armen Familien. Sie geraten durch schlechte Arbeitsverträge in sklavenähnliche Arbeitsverhältnisse. Sie dürfen z. B. ihre Freunde und Familie nicht besuchen und schuften für einen <u>Hungerlohn</u>. Terre des Hommes hat Zentren eingerichtet, in denen die Mädchen medizinisch und psychologisch betreut werden und eine Schule besuchen können.

SOS-Kinderdörfer

Die Organisation „SOS-Kinderdörfer" will Kindern in Not ein neues Zuhause geben. Sie will die Kinder befähigen, ihre Zukunft selbst zu gestalten und Familien in Entwicklungsländern stärken. Dazu hat die Organisation in 137 Ländern der Erde über 500 Kinderdörfer eingerichtet und betreut über 2 500 Projekte.

In den Kinderdörfern leben fast 60 000 Kinder, die keine Eltern mehr haben oder von diesen verlassen wurden. Sie werden in eigenen Häusern in Orten angesiedelt, bei denen die Kinder bessere Bildungsmöglichkeiten haben.

Außerdem engagiert sich die Organisation weltweit in Projekten für bessere Bildung von Kindern, in der Nothilfe bei Kriegen und Naturkatastrophen und in der besseren Gesundheitsvorsorge für Kinder.

der Hungerlohn
Der Lohn ist zu niedrig. Er reicht nicht, um für sich und die Familie genug Nahrungsmittel zu kaufen.

3 Hilfsprojekt von Terre des Hommes in Indien

4 Einrichtung der Organisation SOS-Kinderdörfer

Merke

- **Die Kinderrechtskonvention der Vereinten Nationen will die Lage aller Kinder auf der Welt verbessern.**
- **Kinderschutzorganisationen helfen und unterstützen Kinder in Notlagen.**

Aufgaben

1 a) Beschreibe in eigenen Worten die Kinderrechtskonvention der UN.
b) ☺☺☺ Diskutiert, welche Rechte (→ **Abb.1**) für euch besonders wichtig sind.
c) ☺☺☺ Nennt Rechte für Kinder, die ihr zusätzlich vorschlagen würdet.

2 ☺☺ **a)** Jede Gruppe setzt sich mit einem Projekt (→ **Abb. 2–4**) auseinander und stellt dies anschließend den anderen Gruppen vor.
b) Fertigt gemeinsam ein Plakat mit den wichtigsten Inhalten an.

3 ☺☺ Benennt Unterschiede zwischen Nothilfe und langfristiger Hilfe.

4 ☺☺☺ Recherchiert im Internet
MK die Ziele von UNICEF, Terre des Hommes und den SOS-Kinderdörfern. Nutzt dazu eine Kindersuchmaschine.

○1, 2 ◗3, 4

1 Nenne mindestens drei Beispiele für nachhaltiges Handeln in der Schule.

2 Entscheide dich, ob die Aussagen in der Tabelle unten richtig oder falsch sind. Schreibe die richtigen Lösungsbuchstaben in dein Heft und bringe sie in die richtige Reihenfolge, um das Lösungswort zu erhalten.

3 Nenne mindestens fünf Möglichkeiten, um Plastikmüll zu verringern.

4 „Wir können den armen Kindern in Afrika nicht helfen." Nimm Stellung zu dieser Aussage und finde Gegenargumente.

5 Analysiere die Karikatur (→ **Abb. 1**).

	richtig	falsch
Beim Anbau von Bio-Baumwolle wird viel weniger Wasser verbraucht als beim Anbau herkömmlicher Baumwolle.	I	G
Weniger Fleisch zu essen schadet der Umwelt.	E	N
In Deutschland wird wenig Plastikmüll erzeugt.	S	G
Kinderarbeit gibt es noch in vielen Ländern der Erde.	A	U
In Uganda gibt es eine Schulpflicht.	L	N
Kinderrechte sind überall auf der Welt verwirklicht.	K	H
Näherinnen in Asien werden schlecht bezahlt.	T	O
Glas wird wenig recycelt.	A	H
Durch den Anbau von Tierfutter wird in Südamerika viel Wald vernichtet.	A	P
Hilfsorganisationen unterstützen Kinder nicht nur bei Katastrophen.	C	S

ARMUT..... MORGENS HALB-ZEHN IN DEUTSCHLAND

1 Karikatur von Thomas Plaßmann

2 Neues Smartphone

3 Alte Geräte, die noch funktionsfähig sind

6 Du hast ein neues Smartphone (→ **Abb. 2**) geschenkt bekommen.

a) Nenne verschiedene Möglichkeiten, was du mit dem alten noch funktionsfähigen Handy (→ **Abb. 3**) machen kannst.

b) Bewerte die von dir gefundenen Ideen danach, wie umweltfreundlich sie sind.

7 Füge die Silben zu vier Begriffen zusammen, mit denen der Satz beendet werden könnte: „Nachhaltiges Handeln in der Schule kann ich z. B. durch …"

bens Bio- cling cy dung Le mei mit Müll Müll nung papier Re tel tren ver

8 Nimm Stellung zu dieser Meinung: „Ich kaufe mir lieber ein schönes Kleidungsstück im Secondhandladen als ein neues und billiges Kleidungsstück."

9 Entwickle ein Werbeplakat für eine Kinderhilfsorganisation wie UNICEF, Terre des Hommes oder SOS-Kinderdörfer. Das Plakat sollte so gestaltet sein, dass es das Interesse der Betrachterinnen und Betrachter für dieses Projekt weckt.

Nachhaltige Entwicklung

nachhaltiges Handeln in der Schule
- Mülltrennung
- Müllvermeidung
- Bio-Lebensmittel
- umweltfreundliche Schulmaterialien

Konsum: Probleme
- schlechte Arbeitsbedingungen
- viel Müll
- Umweltverschmutzung
- hoher Energieverbrauch
- Plastikteile in den Meeren

Konsum: Alternativen
- Tauschbörsen
- langlebige Produkte
- reparieren statt wegwerfen
- keine Wegwerfprodukte

Kinderarmut
- finanzielle Unterstützung durch den Staat
- Kinder- und Jugendeinrichtungen
- Hilfsorganisationen

Kinderrechte
- Bildung
- Meinungsfreiheit
- gesund leben können
- Freizeit
- Religionsfreiheit

4 Die wichtigsten Themen des Kapitels im Überblick

Klimaschutz

1 „Klimastreik": Demonstration für mehr Klimaschutz am 20.09.2019 in Freiburg

„Fridays for Future"

Internationale Bewegung von Schülerinnen und Schülern sowie Studierenden, die von der Politik einen besseren Klimaschutz fordern.

die Dämmung

Die „Gebäudehüllen" (in der Regel Außenwände) von Häusern werden so verändert/verbessert, dass im Haus selbst weniger geheizt werden muss.

Mia und Markus sind sich sicher: „Wir gehen heute auf eine Demo für mehr Klimaschutz." Viele Schülerinnen und Schüler beteiligen sich an selbst organisierten Demonstrationen für mehr Klimaschutz („Fridays for Future") (→ **Abb.1**). Sie haben erkannt, dass sich das Klima der Erde immer schneller erwärmt und dass die notwendigen Schritte, um etwas dagegen zu unternehmen, noch nicht erfolgt sind.

Das Problem

Erwärmt sich die Erde schneller, werden die Menschen auf der ganzen Welt klimatische Veränderungen spüren. Bauern werden häufiger Dürreperioden erleben. Es wird mehr Unwetter geben – die Folge: zerstörte Häuser, vernichtete Wälder, Überschwemmungen. Experten sprechen von Extremwetterlagen. Die Gletscher schmelzen, der Meeresspiegel steigt. Dadurch werden ganze Regionen unbewohnbar. Diese Erkenntnisse haben viele Wissenschaftlerinnen und Wissenschaftler über Jahre bewiesen. Die Mehrheit der Staaten der Erde hat diese Probleme auch erkannt und sie haben auf vielen Konferenzen beschlossen, etwas zu ändern, zuletzt 2015 in Paris. Leider ist seit dieser Zeit viel zu wenig passiert – auch in Deutschland.

Die Forderungen

Um den Ausstoß von klimaschädlichen Gasen (→ **Abb.2**) zu minimieren, fordern die Demonstranten z.B.:

- weniger Reisen mit Flugzeug und Auto,
- Abschaltung der klimaschädlichen Kohlekraftwerke,
- Ausbau von erneuerbaren Energien wie Wind und Solarenergie,
- weniger Fleischkonsum,
- besser gedämmte ältere Häuser mit moderner Heiztechnik.

Gegenmeinungen

Nicht alle Menschen teilen die Forderungen der Demonstrantinnen und Demonstranten. Sie sind der Meinung, dass klimafreundliches Verhalten in Europa zu wenig Einfluss auf das Weltklima hat, die Maßnahmen aber den Europäern wirtschaftlich schaden würden. Sie befürchten mehr Arbeitslose und weniger Wohlstand für alle. China und die USA, so die Meinungen der Gegenseite, seien die größten Klimasünder. Diese müssten erst einmal Maßnahmen ergreifen.

Europas Verantwortung

Diesen Meinungen wird entgegnet, dass Europa sehr lange viel zu stark die Umwelt und das Klima belastet hat. Deshalb hätten die Europäerinnen und Europäer die Pflicht, <u>Vorreiter</u> in Sachen Klimaschutz zu sein. Sie sehen keinen wirtschaftlichen Schaden, sondern eher Vorteile, wenn moderne Technologien entwickelt und angewandt würden.

Gewohnheiten ändern

Sehr viele Menschen wollen sich klimafreundlicher verhalten. Es ist aber nicht einfach, Gewohnheiten zu ändern und dauerhaft sein Verhalten den neuen Herausforderungen anzupassen.

Alles braucht Zeit

Leider sind viele der berechtigten Forderungen nicht so schnell wie gefordert umzusetzen. Neue Windkraftanlagen und Solarkraftwerke müssen errichtet werden. Es muss dafür gesorgt werden, dass es auch Strom gibt, wenn die Sonne nicht scheint oder es kaum Wind gibt. Neue Eisenbahnstrecken

2 CO_2 führt dazu, dass sich die Atmosphäre der Erde seit Jahrzehnten erwärmt. Dies bezeichnet man als ↗ <u>Treibhauseffekt</u>.

müssen gebaut werden, um mehr Menschen mit der Bahn zu befördern. Für Elektroautos muss es viele Ladestationen geben. Ob diese Autos allerdings für eine klimafreundliche Zukunft sorgen, ist umstritten, da für die Herstellung der Batterien Rohstoffe energieaufwendig gewonnen werden müssen.

<u>die Vorreiterin/der Vorreiter</u>
Person, die etwas Neues als Erste tut

Merke

- Nur durch große Anstrengung kann eine zu starke Klimaerwärmung verhindert werden.
- Viele Schülerinnen und Schüler demonstrieren, damit es schneller zu den notwendigen Veränderungen kommt.

Aufgaben

1 a) Beschreibe in eigenen Worten, welche Folgen eine zu starke Erwärmung des Erdklimas für dich haben kann.
b) 🧑‍🤝‍🧑 Vergleicht eure Ergebnisse.

2 🧑‍🤝‍🧑 **a)** Erklärt euch gegenseitig die Forderungen der Fridays-for-Future-Demonstranten.
b) Stellt eure Ergebnisse anschließend der Klasse vor.

3 Beschreibe die Gegenmeinungen zu den Forderungen der Demonstranten.

4 Erläutere, was mit „Europas Verantwortung beim Klimaschutz" gemeint ist.

5 🧑‍🤝‍🧑 **a)** Formuliert drei Fragen zu den Fridays-for-Future-Protesten und stellt diese jugendlichen und erwachsenen Personen.
b) Präsentiert die Ergebnisse sowie die eventuellen Gemeinsamkeiten und Unterschiede zwischen den Antworten der Jugendlichen und denen der Erwachsenen vor der Klasse.

6 Schreibe einen kurzen Aufsatz, wie du dir die Welt in 20 Jahren vorstellst. Nutze dabei die Begriffe aus dem Wortspeicher.

Wortspeicher
– „Fridays for Future"
– Elektroautos
– Solarenergie
– Flugverkehr
– Klimaveränderung
– Klimasünder

Heute für die Zukunft handeln

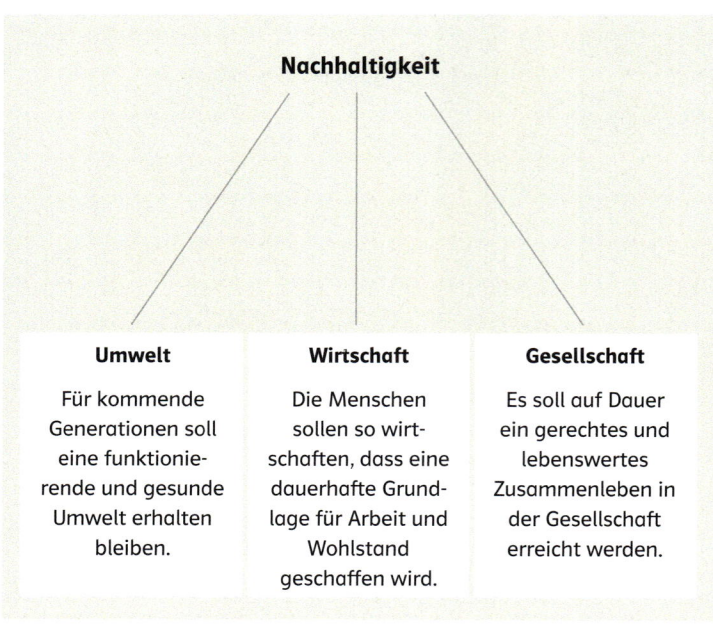

Nachhaltigkeit

Umwelt

Für kommende Generationen soll eine funktionierende und gesunde Umwelt erhalten bleiben.

Wirtschaft

Die Menschen sollen so wirtschaften, dass eine dauerhafte Grundlage für Arbeit und Wohlstand geschaffen wird.

Gesellschaft

Es soll auf Dauer ein gerechtes und lebenswertes Zusammenleben in der Gesellschaft erreicht werden.

1 Die drei Bereiche der Nachhaltigkeit

„Dieses T-Shirt kaufe ich mir. Sieht gut aus und ist total günstig." Katja zeigt ihrer älteren Schwester den Prospekt einer Modekette. „Das T-Shirt ist zwar preiswert, aber nicht aus Bio-Baumwolle und die Näherinnen in Asien haben sicherlich nur einen ganz geringen Lohn bekommen."

Nachhaltiges Handeln
Kaufen Menschen oder Betriebe etwas, achten sie häufig nur auf den Preis. Sie handeln wirtschaftlich. Wollen sie nachhaltig handeln, müssen sie auch die Folgen für andere Menschen (soziales Handeln) und für die Umwelt (ökologisches Handeln) berücksichtigen.

Schutz der Umwelt – ökologisches Handeln
Der Schutz der Umwelt beim täglichen Handeln kann vielfältig sein. Mit dem Fahrrad fahren schützt nicht nur das globale Klima, sondern auch die Menschen vor Ort vor Abgasen und Lärm. Einen großen Garten mit vielfältigen Pflanzen und Blumen oder eine Wildblumenwiese anzulegen bietet Insekten und Vögeln Nahrungsraum (→ **Abb. 3**).

Du handelst z.B. wirtschaftlich, wenn du möglichst nur Produkte einkaufst, die lange halten und die du langfristig nutzen kannst. Ein Smartphone nutzt du so lange wie möglich und kaufst kein neues. So sparst du Geld (und schonst auch die Umwelt). Du kannst auch ökonomisch handeln, indem du das gleiche Produkt dort kaufst, wo es preiswerter ist. Durch Preisvergleiche kannst du Geld sparen. Dieses Geld kannst du dann für höherwertige, langlebige Produkte ausgeben.

Bio-Lebensmittel einzukaufen schützt viele Böden vor dem übermäßigen Düngen und dem Gebrauch von chemischen Pflanzenschutzmitteln. Der Kauf von Bio-Eiern ermöglicht Hennen ein tierfreundliches Leben. Viele Städte in Deutschland haben beschlossen, möglichst keine klimaschädlichen Handlungen mehr durchzuführen.

Gesellschaft – soziales Handeln
Die Menschen in einer Gesellschaft sollen alle gerecht am ↗ Wohlstand beteiligt werden. Das umzusetzen ist nicht einfach, weil die Menschen unterschiedlicher Meinung sind, was gerecht bedeutet. In Deutschland erhalten Menschen, die arbeiten, einen ↗ Mindestlohn. Über die Höhe dieses Mindestlohnes wird weiter diskutiert. Arme Menschen und Familien werden durch den Staat unterstützt. In anderen Ländern der Erde sind die Menschen noch ärmer. Einige dieser Menschen können dadurch unterstützt werden, dass man ↗ Fairtrade-Produkte aus diesen Ländern kauft.

2 Wie nachhaltig sind E-Roller?

3 Insektenhotel auf einer Wildblumenwiese

Nachhaltiges Handeln ist nicht einfach

Am Beispiel von E-Rollern (→ **Abb. 2**) lässt sich zeigen, dass nachhaltiges Handeln nicht immer gelingt. Werden diese batteriebetriebenen Roller als Ersatz für ein Auto genutzt sind sie preiswerter und umweltfreundlicher. Werden sie dagegen als Ersatz für das Fahrrad gebraucht, treffen diese Vorteile nicht mehr zu.

Außerdem müssen die Roller mit viel Aufwand eingesammelt werden.

Die Beschäftigten erhalten in der Regel sehr niedrige Löhne. Im Sinne der Nachhaltigkeit sind daher einfache Tretroller besser – sie sind preiswerter, umweltfreundlicher und es werden keine Menschen für das Einsammeln ausgebeutet.

Nachhaltigkeit kann gelingen

Viele Menschen montieren sich <u>Solarzellen</u> auf ihr Dach und erzeugen damit Strom, den sie kostengünstig nutzen können. Für Strom, den sie nicht verbrauchen, erhalten sie eine Vergütung, mit der sie langfristig ↗ <u>Gewinn</u> machen. Andere Menschen unterstützen durch den Kauf von umweltfreundlichen Materialien bei Hilfsorganisationen z. B. Projekte in Afrika. Davon profitieren sie und die Hersteller in Afrika. Auch Leih- und Tauschbörsen sind nachhaltig: Ich muss mir keine neue Säge für eine einmalige Reparatur kaufen, sondern leihe sie mir über die Tauschbörse. Vielleicht benötigt jemand anders einen Wagenheber, den ich dann verleihe. In vielen Städten gibt es Reparaturläden, in denen kleine Schäden an Gegenständen behoben werden können.

die Solarzelle
Bauteil, das die Energie der Sonnenstrahlen in elektrische Energie umwandelt (meist auf Dächern von Häusern zu finden)

Merke
- Umwelt, Wirtschaft und Gesellschaft sind drei Bereiche der Nachhaltigkeit.
- Handeln die Menschen auf der Erde nachhaltig, werden sie in Zukunft gut auf der Erde leben können.

Aufgaben

1 Beschreibe in eigenen Worten, was Nachhaltigkeit (→ **Abb. 1**) für dich bedeutet.

2 a) Frage einige Erwachsene, bei welchen Einkäufen sie sich ökonomisch verhalten haben, indem sie entweder langlebige Produkte gekauft oder durch einen Preisvergleich Geld gespart haben.
b) 👥 Vergleicht eure Ergebnisse.

3 a) Nenne drei Beispiele, bei denen du dich umweltfreundlich verhalten hast.
b) 👥 Vergleicht eure Beispiele miteinander.

4 👥 Erkundet welche Fairtrade-Produkte in den verschiedenen Supermärkten eures Wohnortes angeboten werden.

5 Beschreibe in eigenen Worten, warum E-Roller (→ **Abb. 2**) nur bedingt nachhaltiges Handeln fördern.

6 👥 Recherchiert im Internet, ob **MK** es an eurem Wohnort Tauschbörsen und Reparaturläden gibt.

○ 1–4 ● 5, 6

Die Welt der Medien

Smartphones, Tablets und Computer spielen im Leben der Menschen eine große Rolle. Viele Erwachsene, aber auch viele Kinder und Jugendliche nutzen diese Medien täglich. Das Internet steht jedem offen. Überall, auch unterwegs, kann man im Internet Informationen suchen, sich in Chats mit Freundinnen und Freunden austauschen und telefonieren. Nicht immer denkt man an die Risiken. Persönliche Daten sollten immer gut geschützt und die Gefahren der Computer- und Internetsucht ernst genommen werden.

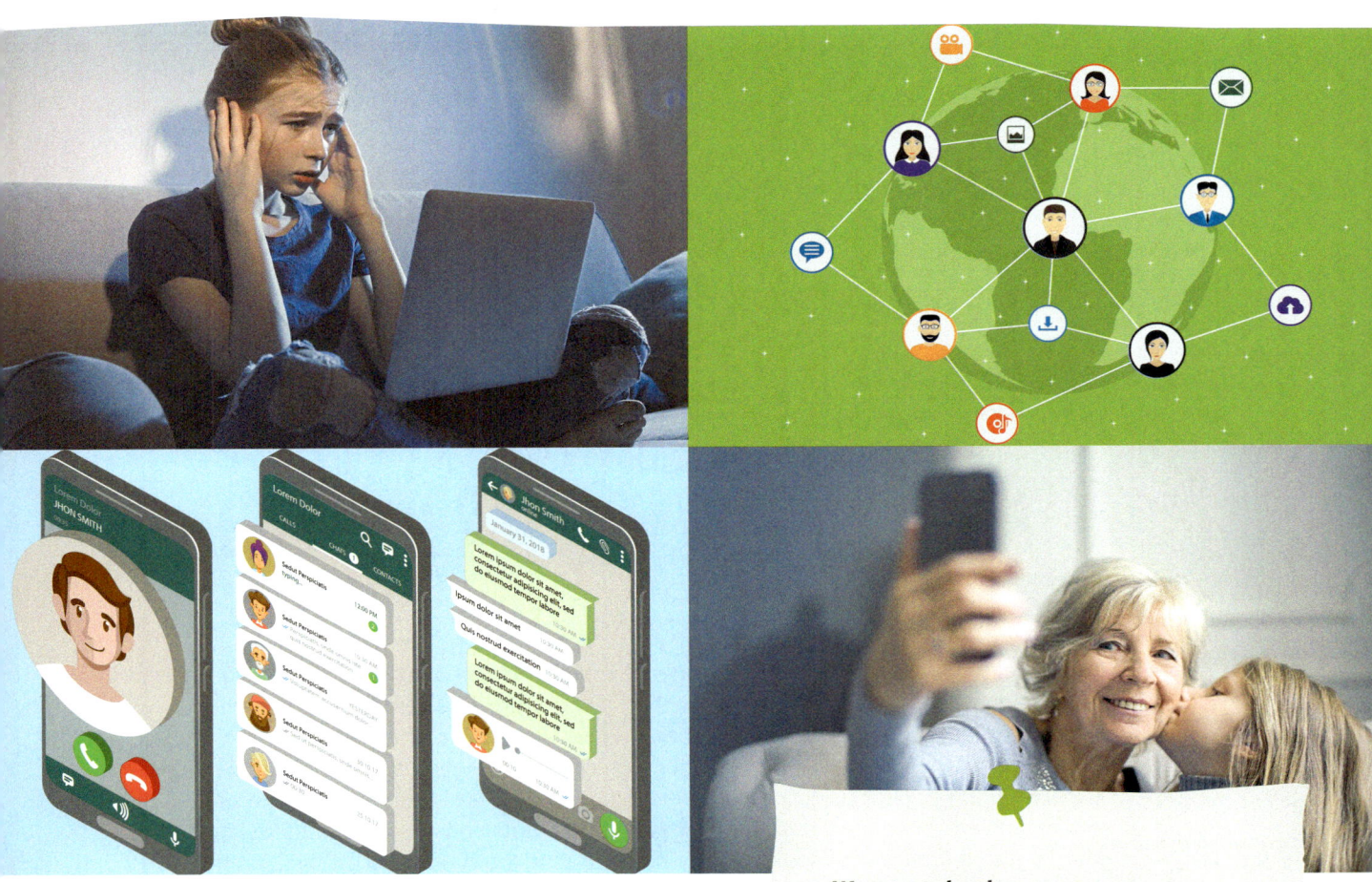

Ich werde ...

- Strategien für die gezielte Suche im Internet anwenden.
- E-Mails schreiben und empfangen.
- Informationen zum Schutz meiner persönlichen Daten erhalten.
- Regeln für die Kommunikation im Internet kennenlernen.

Wusstest du, dass ...

- es gefälschte Nachrichten im Internet gibt?
- viele Menschen handysüchtig sind?
- man Bilder von Personen nur mit deren Zustimmung ins Netz stellen darf?

🌐 **Podcast**
Mini-Hörspiel zum Einstieg
b44g6w

MK **Wunderbare Medienwelt**

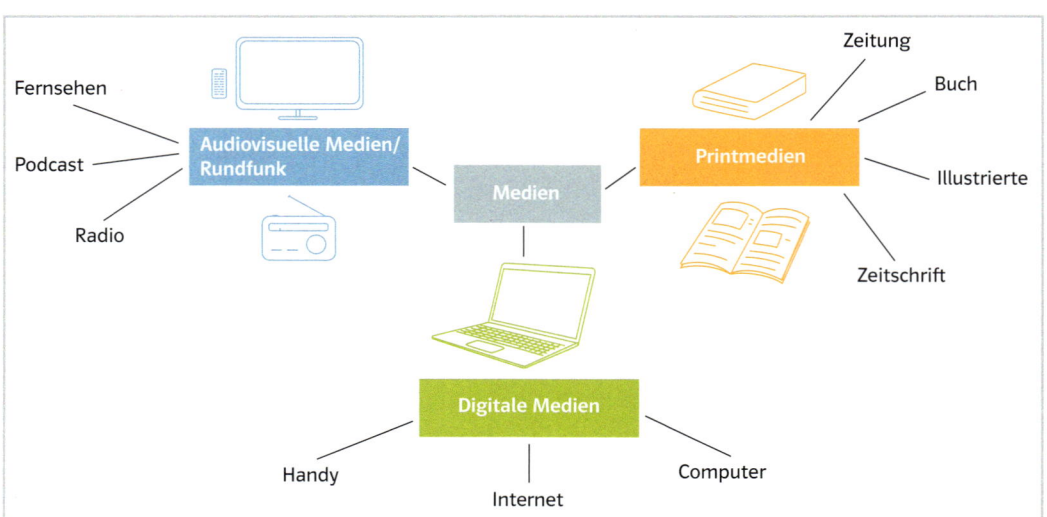

1 Vielfalt der Medien

Nele, Martin, Ilka und Emin besuchen eine Kölner Realschule. Zu Beginn des 6. Schuljahrs beschäftigen sie sich in einer Projektwoche mit dem Thema Medien. Die vier besitzen alle ein Smartphone. In jedem ihrer Haushalte gibt es einen Computer, ein Radio und einen Fernseher. Martins Eltern bekommen täglich morgens die Tageszeitung geliefert, die Martin vor allem wegen des Sportteils gefällt.

Konflikt im Elternhaus

Ilka beklagt, dass ihre Eltern ihr vor kurzem das Smartphone weggenommen haben. „Nur, weil ich zu spät nach Hause gekommen bin", teilt sie den anderen Mitgliedern ihrer Tischgruppe mit. Martin sagt, dass ihm das auch schon mal passiert sei. Emin sagt: „Das ist schon eine harte Strafe. Aber man kann auch mal eine Zeit lang ganz gut ohne das Smartphone leben." Ilka reagiert verständnislos: „Und wie hast du das überlebt?! Alle meine Freundinnen und Freunde nutzen jeden Tag ihr Smartphone. Ich hatte das Gefühl, von der Welt ausgeschlossen zu sein." Martin, der bisher noch gar nichts gesagt hat, beendet die Diskussion: „Das ist doch Quatsch. Ich treffe mich doch lieber persönlich mit meinen Kumpels."

Was bietet ein Smartphone?

Viele Mädchen und Jungen besitzen bereits sehr früh ein eigenes Smartphone. Telefonieren, chatten, Musik hören, Filme gucken – all dies ist mit dem Smartphone möglich. Kinder und Jugendliche können mit dem Smartphone auch ihre Eltern anrufen, Nachrichten verschicken, von Freundinnen und Freunden angerufen werden, Spiele spielen, Fotos und Videofilme erstellen sowie Sprachnachrichten versenden und erhalten. Das Smartphone wird fast täglich und fast den ganzen Tag über genutzt. Viele Kinder und Jugendliche können sich ein Leben ohne Smartphone fast gar nicht mehr vorstellen.

2 Kennst du dieses Bild?

Veränderungen in der Medienwelt

Wenn du mit Erwachsenen sprichst, wirst du erfahren, dass sich die Medienwelt rasch verändert hat. Radio hören oder eine Tageszeitung lesen – das sind eher Tätigkeiten, die man nur noch in der Welt der Erwachsenen beobachten kann. So hat Nele von ihren Großeltern gehört, dass das Radio in Deutschland erst vor knapp hundert Jahren eingeführt worden ist. Ilka hat erfahren, dass sich das Fernsehen erst in den 1950er-Jahren in Deutschland verbreitet hat. Und Martin erklärt: „Ich habe gelesen, dass das Telefonieren in Deutschland erst seit dem Jahr 1900 in Deutschland möglich war und die ersten Handys ungefähr im Jahr 1992 eingeführt worden sind." „Smartphones gibt es erst seit seit 2007", ergänzt Emin.

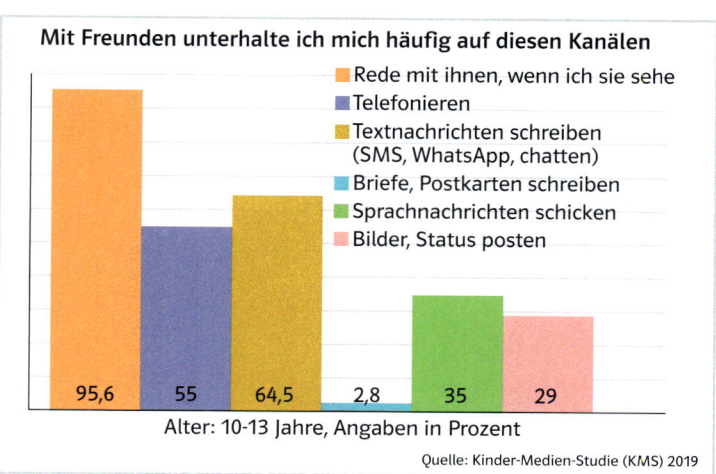

Mit Freunden unterhalte ich mich häufig auf diesen Kanälen

- Rede mit ihnen, wenn ich sie sehe
- Telefonieren
- Textnachrichten schreiben (SMS, WhatsApp, chatten)
- Briefe, Postkarten schreiben
- Sprachnachrichten schicken
- Bilder, Status posten

95,6   55   64,5   2,8   35   29

Alter: 10-13 Jahre, Angaben in Prozent

Quelle: Kinder-Medien-Studie (KMS) 2019

4 So kommunizieren Kinder häufig.

Was bewirken Medien?

Sicherlich hast du schon gemerkt, dass in Medien Werbung verbreitet wird. In Tageszeitungen gibt es Werbebeilagen, im Radio werden Werbeblöcke gespielt, Fernsehfilme werden durch Werbung unterbrochen und auch im Smartphone wird man mit Werbeanzeigen konfrontiert. Medien dienen aber auch dazu, sich über politische, wirtschaftliche und gesellschaftliche Ereignisse zu informieren. Leider kann man nicht allen Informationen blind vertrauen. Vor allem Mitteilungen in den Sozialen <u>Netzwerken</u> sollte man auf ihren Wahrheitsgehalt überprüfen.

<u>das Netzwerk</u>
eine Verbindung von mehreren Personen

3 Mit Smartphones kann man nicht nur telefonieren.

Merke

- Medien dienen in erster Linie der Information aller Menschen.
- Neue Medien wie Smartphones bieten auch Unterhaltungsangebote.
- Fast alle Kinder und Jugendliche sind im Besitz von Smartphones.

Aufgaben

1 a) Zähle in einer Tabelle die Medien auf (→ **Abb.1**), die du häufig bzw. nicht ganz so oft benutzt.
b) 👥 Vergleicht eure Listen.

2 Erläutere, wozu du dein Handy oder Smartphone benutzt.

3 👥 **a)** Zählt die eurer Meinung nach drei wichtigsten Aussagen zu **Abb.4** auf.

b) Vergleicht und ergänzt eure Meinungen.

4 👥 Entwickelt einen Chat zum Thema „Veränderungen in der Medienwelt" (→ **Abb.3**). Nutzt hierzu den Wortspeicher.

5 👥 Fasst zusammen, ob und, wenn ja, welche Konflikte es bei euch zu Hause wegen des Kaufs

oder der Nutzung eines Handys oder Smartphones gegeben hat.

Wortspeicher ✏️
- audiovisuelle Medien
- Printmedien
- digitale Medien
- Medienwelt

MK **Suchen und Finden im Internet**

1 Suchmaschinen für Kinder und Jugendliche

🌐 **Einfach erklärt**
Wem gehört
eigentlich das
Internet?
b44g6w

Schon am ersten Tag der Projektwoche sollen die Schülerinnen und Schüler eine Internetrecherche durchführen. Darüber freuen sich Nele, Martin, Ilka und Emin. Zu zweit sollen sie sich für ein Thema entscheiden, Informationen im Internet sammeln und einen Kurzvortrag halten. „Super", sagt Emin. „Mich interessiert Borussia Dortmund."

Informationsquellen
Wenn man ein Thema bearbeiten möchte, benötigt man Informationen. Sachbüchern, Fachzeitschriften und Lexika kann man zahlreiche Hinweise entnehmen.
Will man sich den Weg in eine Bibliothek sparen, ist es sinnvoll, eine gut geplante ↗ Recherche im Internet durchzuführen. Das spart Zeit und die Schülerinnen und Schüler lernen dabei noch, richtige von falschen Informationen bzw. Nachrichten zu unterscheiden.

googeln
das Suchen von
Informationen
mithilfe einer
Suchmaschine im
Internet

Die richtige Suchmaschine finden
„Ich schlage vor, dass wir einfach anfangen zu googeln", meint Ilka. „Das finde ich gut. Lass uns aber doch zuerst Suchmaschinen für Kinder benutzen", lautet Emins Vorschlag.

Suchmaschinen für Kinder und Jugendliche
Die meisten Suchmaschinen für Kinder und Jugendliche (→ **Abb.1**) bieten eine Text- und eine Bildersuche an. Beim Durchstöbern der Internetportale findet man viele interessante Informationen, die auch leicht von jüngeren Menschen zu verstehen sind. So erhalten Nele, Martin, Ilka und Emin Ergebnisse, die besser zu verstehen sind und mit denen sie gut weiterarbeiten können. Viele dieser Suchmaschinen geben den Mädchen und Jungen Hinweise auf weitere informative und interessante Internetseiten.

Erste Schritte für die Recherche im Internet
Nach dem Aufrufen der Website der Suchmaschine gibt man einen Suchbegriff ein. Nele, Martin, Ilka und Emin verwenden für ihre Suche die Schlagwörter „Borussia Dortmund" und „Skaten". Sie stellen fest, dass sie auf vielfältige Quellen stoßen, die sie schon gut für einen Kurzvortrag verwenden können. Außerdem erhalten sie Hinweise auf andere Websites, die ebenfalls wichtige Informationen enthalten.

Die Internetsuche verfeinern
Manchmal liefert die Recherche nicht sofort Hinweise zum gesuchten Begriff. Dann sollte man die Suche verfeinern, indem man weitere Schlagwörter eingibt. Die vier Realschülerinnen und Realschüler sind zwar auf Anhieb fündig geworden, dennoch kombinieren sie bei der weiteren Suche mehrere Begriffe. „Borussia Dortmund" wird ergänzt durch „Fußball" und „Bundesliga". Der Begriff „Skaten" wird um die Schlagwörter „Freizeitsport für Jugendliche" und „Skateranlagen" erweitert.

Suchergebnisse nutzen
Während der Internetsuche bemerkt Emin, dass man bei der Verarbeitung der Ergebnisse immer die ↗ Quellen nennen muss. „Dann notieren wir am besten gleich immer alle Internetadressen, die wir genutzt haben", ergänzt Ilka. Hat man einen Text oder ein

Das hast du vor

Wenn du bei deiner Suche Begriffe miteinander verbinden möchtest, dann…

Wenn du bei deiner Suche Seiten finden möchtest, die einen deiner gesuchten Begriffe enthalten sollen, dann…

Wenn du bei deiner Suche eine bestimmte Suchmaschine nutzen möchtest, dann…

Eingabe in der Kindersuchmaschine

…setze ein „Plus-Zeichen" zwischen die Begriffe (Beispiel: Borussia Dortmund + Fußball)

…setze ein „oder" zwischen die Begriffe (Beispiel: Borussia Dortmund oder Bundesliga)

…kannst du die Suchmaschine aufrufen (Beispiel: Blinde-Kuh.de) oder deinen Begriff gleich mit der Website der Suchmaschine kombinieren (Beispiel: Borussia Dortmund site: Blinde-Kuh.de)

2 Recherche mit einer Kindersuchmaschine

Bild im Internet gefunden, das man benutzen möchte, so muss man immer die Quelle des Bildes angeben. Alle Informationen und Bilder, die man nicht selber erstellt hat, müssen deutlich gekennzeichnet werden.

Wenn du Informationen Im Internet suchst, kannst du spezielle Suchmaschinen für Kinder und Jugendliche (→ Abb. 1) nutzen. Die Ergebnisse sind einfacher formuliert und dadurch leichter zu verstehen. Zu fast allen Themen findest du viele interessante Informationen und Hinweise auf andere Internetseiten.

Suchergebnisse überprüfen

Bei manchen Informationen, die man dem Internet entnimmt, ist Vorsicht geboten. Den meisten Websites kann man vertrauen. Es ist aber immer wichtig, die Vertrauenswürdigkeit der einzelnen Seiten zu überprüfen. Bei einigen Websites findet man Bewertungen anderer Menschen. Dies trifft häufig auf Seiten von Vereinen, Organisationen und Zeitungen zu. Wenn man sich nicht sicher ist, sollte man die gefundene Information mit anderen Internetseiten vergleichen.

Wo finde ich vertrauenswürdige Informationen?

3 Vertrauenswürdige Information finden

die Website
Das ist eine Stelle im Internet, an der du Informationen findest. Eine Website hat meist viele (Unter-)Seiten.

Merke
- Suchmaschinen erleichtern die Recherche im Internet.
- Für Kinder und Jugendliche gibt es spezielle Suchmaschinen.
- Die Verwendung von Schlagwörtern erleichtert die Recherche im Internet.

Aufgaben

1 👥 Führt eine Internetrecherche zu eurem Wunschthema durch.
a) Stellt die von euch benutzten Quellen und die einzelnen Ergebnisse dar.
b) Präsentiert eure Ergebnisse vor der Klasse.
c) Beurteilt, ob euch die Internetrecherche leicht- oder schwergefallen ist.

2 Ina (→ **Abb. 3**) fragt sich, wo sie vertrauenswürdige Informationen im Internet findet. Schreibe ihr eine Chatnachricht, in der du Tipps auflistest, wie und wo sie diese sicheren Informationen auffinden kann.

3 👥 **a)** Stellt die verschiedenen Angebote dar, die die Website „frag finn" (www.fragfinn.de) für Kinder und Jugendliche anbietet.
b) Erstellt für eure Klasse ein Informationsplakat über die Angebote dieser Website.

4 Entwickle ein Informationsblatt mit Hinweisen und Tipps für eine erfolgreiche Internetrecherche.

MK Informationen auswerten und bewerten

1 Da stimmt etwas nicht!

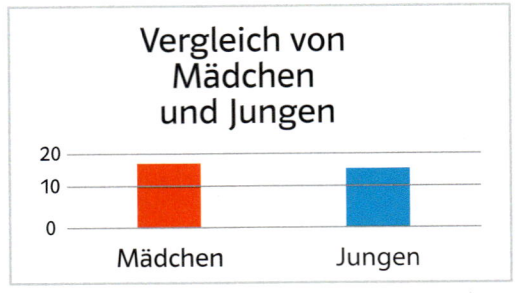

2 Anzahl der Mädchen und Jungen der Klasse 6b

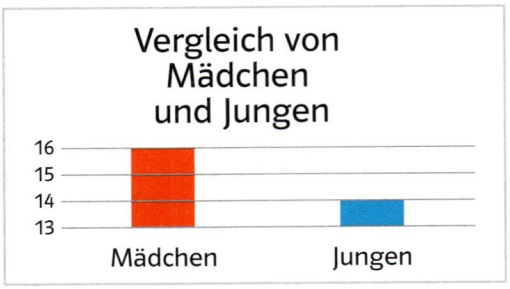

3 Anzahl der Mädchen und Jungen der Klasse 6b

„Habt Ihr schon einmal etwas von gefälschten Nachrichten und Bildern im Internet gehört?", fragt Herr Muschke die Schülerinnen und Schüler der Klasse 6a. Ilka hat bereits davon gehört, dass Bilder im Internet so zusammengestellt worden sind, dass sie auf den ersten Blick echt wirken, aber die Wirklichkeit nicht richtig abbilden. Emin behauptet, dass er sich das nicht vorstellen kann. Ilka: „Du wirst schon sehen, dass ich recht habe. Morgen bringe ich solch ein Bild mit in die Schule."

Was ist denn da passiert?

„Da seht ihr es!", teilt Ilka stolz der Klasse mit. „Das ist ja irre. Man denkt, dass das Berlin ist (→ **Abb. 1**). Aber irgendwie stört der Eiffelturm, der ja in Paris steht", bemerkt Nele. Nach kurzer Diskussion kommt die Klasse zu dem Ergebnis, dass es sich bei der Fälschung um eine perfekt gemachte <u>Fotomontage</u> handelt. Herr Muschke teilt mit, dass man immer alle Informationen, die man im Internet findet, sehr genau überprüfen sollte.

<u>die Fotomontage</u>
verschiedene Bildelemente werden zusammengefügt und in einem Bild vereint

Darstellung von Daten

„Seht euch mal die beiden Diagramme an", fordert Herr Muschke seine Klasse auf. In beiden Diagrammen (→ **Abb. 2** und **3**) ist die Anzahl der Mädchen und Jungen einer Schulklasse dargestellt. Beide Abbildungen stellen dar, dass 16 Mädchen und 14 Jungen die Klasse besuchen. Die Wirkung der Diagramme ist aber sehr unterschiedlich.

Wirkung von aktuellen Fotos

Bilder in Zeitschriften, in Tageszeitungen, im Fernsehen und im Internet sollen die Wirklichkeit abbilden. Dies bezieht sich auf schöne wie auch auf traurige Ereignisse. Manchmal werden Bilder auch dazu eingesetzt, Meinungen zu erzeugen oder persönliche Einstellungen zu bestimmten Themen zu beeinflussen.

Informationen auswerten

Im Internet sind die verschiedensten Informationen zu finden. Nicht alle Informationen sind korrekt. Deshalb musst du bei einer Datenrecherche immer die Informationen auswerten. Du kannst dich dabei sehr gut an vier Punkten orientieren: Herausgeberin/ Herausgeber und Autorin/Autor, Gestaltung, Inhalt und Aktualität.

Diese Kriterien sehen wir uns im Folgenden genauer an.

Herausgeber und Autor

Wirkt die ↗ URL seriös? Das bedeutet, erscheint hier nur der Name der Seite und eventuell noch eine Erklärung, dann ist die Quelle wahrscheinlich verlässlich. Von Quatschnamen solltest du Abstand halten. Außerdem haben gute Quellen ein ↗ Impressum unten auf der Seite (das ist sogar Pflicht!) und einen Herausgeber benannt. Auch der Autor des Inhalts sollte eindeutig zu erkennen sein.

Gestaltung

Hier achtest du auf Rechtschreibfehler und eine übersichtliche Gestaltung, in der man sich gut zurechtfinden kann. Webseiten, die kein durchgängig gleiches Design haben oder auf denen du nicht gut erkennen kannst, worum es eigentlich geht, sind oft nicht sonderlich seriös.

4 Lachende Kuh: Wahrheit oder Fälschung?

Inhalt

Von einer Seite, die keine Quellenangaben für ihre Fotos angibt, oder die zitiert, ohne den ursprünglichen Autor zu nennen, solltest du keine Informationen übernehmen. Du weißt dadurch nämlich auch nicht, ob der Ersteller die Inhalte eventuell gar nicht verbreiten darf oder gar gegen das Urheberrecht verstößt.

Aktualität

Das Internet ist sehr schnelllebig. Informationen, die älter als einen Monat oder gar nicht datiert sind, sind vielleicht nicht sehr gut geeignet. Du selbst informierst dich ja auch regelmäßig neu zu den gleichen Themen, um dein Wissen aktuell zu halten.

Merke

- Informationen aus dem Internet sollte man grundsätzlich auf ihre Glaubwürdigkeit hin untersuchen.
- Texten und Bildern mit Hinweisen auf die Autorinnen und Autoren kann man meistens vertrauen.

Aufgaben

1 Erkläre, warum **Abb. 1** nicht der Wirklichkeit entspricht.

2 a) Begründe, welches der Diagramme (→ **Abb. 2 und 3**) die Anzahl der Mädchen und Jungen besser darstellt?
b) 🯅 Vergleicht und ergänzt eure Ergebnisse.

3 a) Erkläre, ob es sich bei **Abb. 4** um eine echte oder eine gefälschte Abbildung handelt.

b) 🯅 Vergleicht und ergänzt eure Ergebnisse.

4 🯅 a) Erstellt eine Falschmeldung über ein Ereignis an eurer Schule.
b) Erklärt, welche Wirkung ihr mit dieser Meldung erreichen wollt, wenn ihr sie ins Internet stellen würdet.

5 🯅 Entwickelt einen Chat, in dem ihr einer anderen Person erklärt, wie man Informationen aus dem Internet überprüfen kann. Benutzt hierzu den Wortspeicher.

> **Wortspeicher**
> - Information
> - Wahrheitsgehalt
> - Herausgeber/Autor
> - Gestaltung
> - Inhalt
> - Aktualität

MK **Urheber haben Rechte**

1 Urheberrechte beachten

Im Verlauf der Projektwoche fragt Herr Muschke seine Schülerinnen und Schüler, wer den Ausdruck „geistiger Diebstahl" kennt. Nele, Ilka, Emin und Martin ebenso wie die anderen aus der Klasse haben diesen Begriff noch nie gehört. Herr Muschke berichtet ihnen von einem Vorfall, bei dem ein Schüler für die Erstellung eines Referats fremde Texte verwendet hat, ohne dies deutlich zu machen.

Panne bei der Erstellung eines Referats

„Der Schüler hatte sich für das Thema ‚Berühmte deutsche Politikerinnen und Politiker' entschieden. Wie so oft hatte er leider zu spät mit der Arbeit angefangen. Da kam der Schüler auf die Idee, sich im Internet Informationen zu den Personen zu besorgen. Und er hatte Erfolg. Drei Internetseiten gefielen ihm besonders gut. Er kopierte einzelne Texte in eine Word-Datei und kombinierte diese mit eigenen Formulierungen. Erleichtert hielt er am übernächsten Tag seinen Vortrag und gab mir die schriftliche Fassung seiner Arbeit. Überrascht war ich von dem Schreibstil und wegen der geringen Zahl an Rechtschreibfehlern. Zu Hause angekommen, habe ich dann die Texte in eine Suchmaschine im Internet eingegeben und habe so die Originaltexte gefunden", berichtet Lehrer Muschke.

Diebstahl des geistigen Eigentums

Ilka äußert sich als Erste: „Der Schüler war doch ganz schön blöd. Der hätte doch wissen müssen, dass das verboten ist." „Der hat sich ganz schön dumm angestellt", meint Martin. „Texte und Bilder anderer Personen, die man benutzt, muss man deutlich kennzeichnen." „Wie ging es dann mit dem Schüler weiter?", fragt Nele. Emin hat folgende Vermutung: „Ich denke, dass er zumindest eine schlechte Note bekommen hat. Wenn er Glück gehabt hat, durfte er das Referat noch einmal machen."

Das Urheberrecht

Die Verfasserinnen und Verfasser von Büchern und Artikeln und die Produzentinnen und Produzenten von Filmen und Musik werden durch das in Deutschland seit 1965 geltende Urheberrecht geschützt. Für die Nutzung von Filmen und Musikstücken sowie von Fotos kann die Urheberin bzw. der Urheber ein Honorar verlangen. Wird ein Song im Radio, im Fernsehen oder bei einer öffentlichen Veranstaltung präsentiert, so erhält der die Musikerin bzw. der Musiker ein <u>Entgelt</u>. Das Urheberrecht endet in Deutschland erst 70 Jahre nach dem Tod des Urhebers.

Wenn du selber ein Foto machst, auf dem andere Menschen abgebildet sind, musst du sie fragen, ob du das Bild veröffentlichen darfst. Nur wenn die Personen zugestimmt haben, darfst du das Bild im Internet posten. Eine Ausnahme gilt, wenn eine Menschenmenge oder einzelne Menschen nur ganz klein abgebildet sind.

Verwendung von fremden Bildern

Solange du fremde Bilder nur deinen Freundinnen und Freunden oder der Klasse zeigst, ist das kein Problem. Das gilt für Bilder aus dem Internet genauso wie für Fotos aus Zeitschriften oder Büchern. Auf keinen Fall aber darfst du Bilder anderer Personen ohne deren Zustimmung ins Internet stellen (z. B. auf die <u>Schulhomepage</u>).

Das Recht am eigenen Bild

Heimlich jemanden zu fotografieren und zu filmen ist verboten. Es ist zwar erlaubt, auf dem Schulhof oder im Klassenraum Aufnahmen zu machen. Bei der Erstellung dieser Fotos oder Videos sollten aber immer die Lehrkräfte und die Schülerinnen und Schüler um Erlaubnis gefragt werden. Das gilt auch für das ↗ <u>Posten</u> der Aufnahmen im Netz. Bei Minderjährigen (jünger als 18 Jahre) müssen die Eltern um Erlaubnis gefragt werden.

Guck mal, der kleine Oskar

Eltern sollten sich genau überlegen, wie sie mit selbst erstellten Fotos umgehen, die ihr Kind bzw. ihre Kinder abbilden. Gerade bei Fotos, die Kinder in einer für sie peinlichen Situation zeigen, kann dies schlimme Folgen für die abgebildeten Kinder haben. Befindet sich ein Foto einmal im Internet, ist es fast unmöglich, dies wieder komplett aus dem Netz zu entfernen.

Lieblingsonkel Stefan war letzte Woche zu Besuch. „Darf ich das Bild posten?", fragt sich Martin.

Ilka hat das Nachbarskind Max fotografiert. „Darf ich das Bild ins Netz stellen?", fragt sich Ilka.

Emin fragt sich: „Darf ich dieses Urlaubsfoto im Internet veröffentlichen?"

2 Erlaubt oder nicht erlaubt?

die Schulhomepage

die Website einer Schule mit vielen Informationen

Merke

- Das Urheberrecht schützt in Deutschland z. B. Autoren, Fotografen und Filmemacher.
- Wenn du in einem Referat fremde Texte oder Bilder verwendest, gib immer die Quelle an.

Aufgaben

1 Erläutere, was die Situation (→ **Abb. 1**) mit dem Urheberrecht zu tun hat.

2 a) Erkläre das Urheberrecht in eigenen Worten.
b) Begründe, warum das Urheberrecht z. B. für Fotografen wichtig ist.

c) 👥 Vergleicht und ergänzt eure Ergebnisse.

3 👥 Diskutiert die Folgen, die eine Schülerin oder ein Schüler zu erwarten hat, wenn sie oder er bei der Erarbeitung eines Referats die Quellen nicht ordentlich angibt.

4 Untersuche, ob in den drei Fällen (→ **Abb. 2**) die Fotos ins Internet gestellt werden dürfen.

○1, 2 ◑3 ●4

MK Social Media

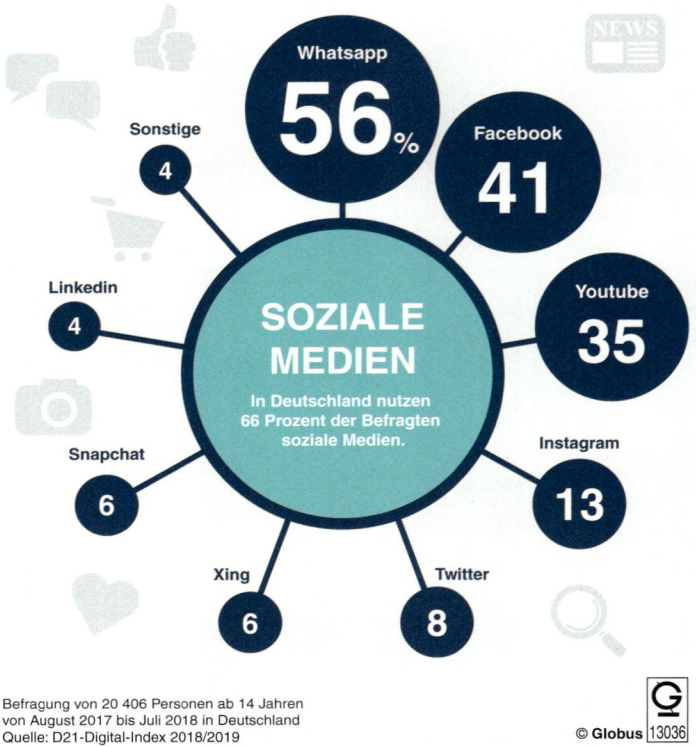

Befragung von 20 406 Personen ab 14 Jahren
von August 2017 bis Juli 2018 in Deutschland
Quelle: D21-Digital-Index 2018/2019

© Globus 13036

1 Nutzung der Sozialen Medien bei Jugendlichen und Erwachsenen

Was sind Soziale Medien?

Als Soziale Medien werden Gemeinschaften bezeichnet, die im Internet existieren (→ **Abb. 1**).
Die Betreiber dieser Gemeinschaften („Communities"), bieten allen Menschen an, Mitglied zu werden. Allerdings gibt es eine Altersgrenze. Die Mitgliedschaft ist meistens kostenlos. Damit man sich bei einem Netzwerk anmelden kann, muss man ein persönliches Profil anlegen. Neben dem Namen gibt man auch sein Geburtsdatum an. Nicht alle gewünschten Informationen müssen angegeben werden. Bei der Weitergabe der Daten sollte man immer vorsichtig sein.

Was macht man in einer Community?

Viele Menschen melden sich in einer Community an, um sich mit Anderen auszutauschen. Kinder und Jugendliche chatten mit Gleichaltrigen und veröffentlichen selbstgemachte Fotos. Das ersetzt häufig das persönliche Gespräch, gemeinsame Freizeitaktivitäten und gegenseitige Besuche.

die Altersgrenze
Kinder und Jugendliche dürfen digitale Netzwerke nur mit Zustimmung der Eltern nutzen, wenn sie ein bestimmtes Alter noch nicht erreicht haben.

Ilka berichtet: „Natürlich höre ich mit meinem Smartphone auch mal Musik. Aber am meisten mache ich Fotos und chatte mit meinen Freundinnen." Martin sieht das ähnlich und Emin ergänzt: „Es ist schon komisch, aber vor zwei Jahren waren Soziale Medien für mich total unwichtig." „Ist doch klar", sagt Ilka: „Damals hattest du ja auch noch gar kein Smartphone."

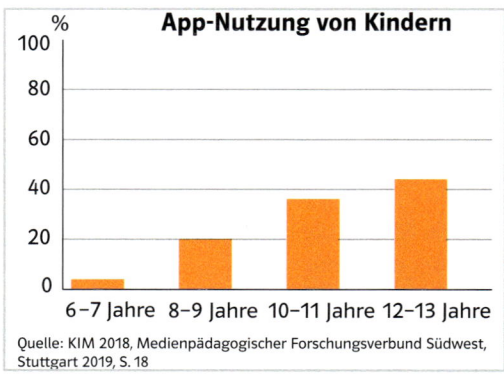

Quelle: KIM 2018, Medienpädagogischer Forschungsverbund Südwest,
Stuttgart 2019, S. 18

2 Kinder nutzen Apps.

- **Versand von Nachrichten**
  In einer Community kann man einzelnen Personen eine Nachricht schicken.
- **Gruppen bilden**
  Viele Menschen bilden eine Gruppe in ihren Sozialen Netzwerken. So erfährt man, was andere Menschen gerade machen oder denken.
- **Mitteilungen posten**
  Als Mitglied eines Sozialen Netzwerks kann man Informationen posten, die dann von allen Mitgliedern der gebildeten Gruppen gelesen werden können.
- **Fotos veröffentlichen**
  Oft werden Fotoalben erstellt. Dort kann man eigene Fotos ins Netz stellen. Freundinnen und Freunde haben die Möglichkeit, in dem Fotoalbum ebenfalls Fotos zu veröffentlichen.
- **Neue Personen kennenlernen**: Einzelne Mitglieder des Netzwerks können dir eine Freundschaftsanfrage schicken. Auf diese Weise knüpfst du noch mehr Kontakte.

3 Aktivitäten in einem Sozialen Netzwerk

Regeln in Sozialen Netzwerken

Wenn du dich in einem Sozialen Netzwerk anmeldest (**Wichtig**: Denke daran, für Kinder und Jugendliche gibt es Altersgrenzen, ab wann soziale Netzwerke genutzt werden dürfen), musst du zuerst den ↗ Nutzungsbedingungen zustimmen. Die meisten Menschen lesen diese sehr ausführlich formulierten Nutzungsbedingungen leider nicht intensiv genug. Erst nach Anerkennung der Regeln wird deine Mitgliedschaft akzeptiert. So erlaubst du zum Beispiel, dass die meisten Sozialen Medien auf all deine Telefonkontakte zugreifen dürfen.

Vorsicht bei der Weitergabe von Daten

Wenn man sich bei einem Sozialen Netzwerk anmeldet, sollte man sich in Ruhe Gedanken darüber machen, welche Informationen man preisgeben möchte. Es gibt Personen, die gerne viel von sich erzählen. Andere behalten Dinge lieber für sich. Beides ist in Ordnung. In den Sozialen Netzwerken sollte man die folgenden personenbezogenen Daten auf keinen Fall weitergeben: deinen vollständigen Namen, deine Anschrift, Telefon- bzw. Handynummer sowie E-Mail-Adresse.

Auch bei der Auswahl von Fotos sollte man sehr vorsichtig sein. Stelle dein Profil immer so ein, dass nur deine Freundinnen und Freunde es sehen können.

> *Bevor du dich in einem Sozialen Netzwerk anmeldest, sprich auf jeden Fall zuerst mit deinen Eltern. Gemeinsam könnt ihr Regeln festlegen, wie und wann du das Soziale Netzwerk nutzen darfst.*

4 Erst nachdenken und dann verschicken.

Merke
- Soziale Medien haben eine große Bedeutung für Kinder und Jugendliche.
- Die Mitgliedschaft in einem Netzwerk ist in der Regel kostenlos.
- Bei der Nutzung von Sozialen Medien solltest du bei der Weitergabe persönlicher Daten vorsichtig sein.

Aufgaben

1 Beschreibe den Inhalt von **Abb. 1** in eigenen Worten.

2 a) Erkläre, welche der Sozialen Medien (→ **Abb. 1**) du kennst.
b) Erläutere, welche der Sozialen Medien du nutzt. Erkläre ebenfalls, wozu du sie nutzt.
c) 🧑‍🤝‍🧑 Vergleicht eure Ergebnisse.

3 a) Begründe, warum man als Mitglied eines Sozialen Netzwerks die folgenden Informationen nicht nennen bzw. teilen sollte: vollständiger Name, Kontonummer, Krankheiten, Zeugnisse, Telefonnumer, Anschrift, E-Mail-Adresse.
b) 🧑‍🤝‍🧑 Vergleicht und ergänzt eure Ergebnisse.

4 👤 Habt ihr bereits schlechte Erfahrungen mit einem Sozialen Netzwerk gemacht? Diskutiert in der Klasse.

5 🧑‍🤝‍🧑 Ein Vater möchte seinem 13-jährigen Sohn verbieten, Mitglied in einem Sozialen Netzwerk zu werden. Entwickelt einen Dialog, in dem beide Seiten ihren Standpunkt deutlich machen.

○ 1, 2 ◐ 3 ● 4, 5

MK Cybermobbing und Netiquette

„Kennt Ihr den Begriff ↗ Cybermobbing?", fragt Herr Muschke seine Klasse. „Noch nie gehört", ruft Martin. Nele kennt zumindest den Begriff Mobbing, da eine Freundin von ihr schon einmal gemobbt worden ist. Herr Muschke hatte erwartet, dass die Schülerinnen und Schüler nichts mit dem Begriff anfangen können. Da passt es gut, dass er der Klasse ein Beispiel für Cybermobbing vorstellen kann (→ **Abb. 1**).

Chiara berichtet

„Alles fing im sechsten Schuljahr an. Zuerst haben einige Schülerinnen und Schüler Zettel mit blöden Bemerkungen über mich in der Klasse verteilt. Es wurden immer mehr, die mitgemacht haben. Später, im siebten Schuljahr, wurde es noch schlimmer. In der Chatgruppe konnte ich viele verletzende Bemerkungen über mich lesen. „Wenn du morgen in die Schule kommst, kannst du was erleben!" oder „Verpiss dich!" oder „Du bist doch viel zu klein für dein Alter!" Ich wurde immer trauriger und habe dann im nächsten Schuljahr einzelne Personen gefragt, warum sie das machen. „Keine Ahnung", sagten sie. Und ihr Verhalten hat sich nicht geändert. Danach habe ich mit meiner Mutter und der Klassenlehrerin gesprochen. Die Lehrerin hat mit mir und der Klasse gesprochen und auch die Polizei eingeschaltet. Nun fühle ich mich etwas besser. Aber nach diesem Schuljahr werde ich die Schule wechseln."

1 Chiara wird von ihren Mitschülerinnen und Mitschülern gemobbt.

Cybermobbing

Mit Cybermobbing bezeichnet man das bewusste Beleidigen, Bedrohen, Bloßstellen und Belästigen im Bereich der Sozialen Medien. In den meisten Fällen kennen sich die Täterinnen bzw. die Täter und die Opfer persönlich. Sie begegnen sich in der Schule, in Vereinen oder im Wohnviertel. Beim Cybermobbing werden Texte, Videos und Fotos gepostet, die das Opfer verletzen sollen.

Einzelfälle von Cybermobbing

Jeder Fall von Cybermobbing stellt für die Opfer ein großes Problem dar. Eine Untersuchung zeigt, dass Cybermobbbing unter Kindern und Jugendlichen stark verbreitet ist. 69 Prozent der befragten Personen geben an, schon einmal in Sozialen Netzwerken beleidigt oder beschimpft worden zu sein. 45 Prozent klagen über die Verbreitung von Lügen und Gerüchten. 22 Prozent äußern, dass eigene private Fotos kopiert und woanders veröffentlicht wurden.

Der 12-jährige Paul ist sauer, da sein Freund Michael ihm die Freundschaft gekündigt hat. Michael spricht nicht mehr mit Paul und ignoriert ihn sogar auf dem Schulhof. Eine Schlägerei auf dem Schulhof ist von einem Mitschüler gefilmt und auf einer Videoplattform ins Netz gestellt worden. Der Schläger ist nur von hinten zu sehen, hat sich aber so wie Michael gekleidet. Da kam Paul auf die Idee, in der Chatgruppe das Gerücht zu verbreiten, dass Michael der Schläger ist.

2 Eine Idee mit Folgen

3 Benimmregeln in Sozialen Netzwerken?!

Benimmregeln

Natürlich gibt es auch bei der Nutzung Sozialer Medien Spiel- und Benimmregeln. Diese nennt man ↗ Netiquette.

Gemeint ist damit eine Sammlung von Regeln, wie man in Sozialen Medien kommuniziert. Zu den Benimmregeln gehört, dass man andere Personen nicht beleidigt und keine Unwahrheiten über sie verbreitet. Auch das Posten von witzigen Fotos ist verboten, denn andere Personen finden diese Fotos vielleicht nicht so lustig wie du. Achte im Internet zudem auch auf deine Rechtschreibung, da deine alten Nachrichten auch Jahre später noch gelesen werden können.

Cybermobbing – eine Straftat

Grundsätzlich sind Kinder unter 14 Jahren strafunmündig. Wird die Polizei eingeschaltet, so geht es in erster Linie bei unter 14-Jährigen nicht um eine Bestrafung. Nach den Ermittlungen der Polizei geht es vor allem darum, mit den Täterinnen und Tätern über ihr Verhalten zu sprechen. Sie werden darauf hingewiesen, dass Cybermobbing ab einem Alter von 14 Jahren bestraft werden kann, wenn Beleidigungen, üble Nachreden, Verleumdungen oder Erpressungen stattfinden.

Solltest du mal ein Opfer von Cybermobbing werden, so hole dir auf jeden Fall Unterstützung. Sprich Freundinnen und Freunde, deine Eltern oder Lehrkräfte an. Sie helfen dir in deiner Situation weiter. Bemerkst du, dass eine andere Person gemobbt wird, sprich die Person an und versuche ihr weiterzuhelfen.

4 Beratung und Bestrafung sind möglich.

strafunmündig
wegen eines zu geringen Alters nicht bestrafbar

die üble Nachrede
Verbreiten von falschen und beleidigenden Behauptungen, die einer Person schaden

die Verleumdung
absichtliches Verbreiten von Lügen über jemanden, um der Person zu schaden

Merke

- Beim Cybermobbing werden andere Personen bewusst beleidigt, bloßgestellt und ausgegrenzt.
- Der Begriff „Netiquette" beschreibt Benimmregeln bei der Nutzung Sozialer Medien.
- Ab einem Alter von 14 Jahren ist Cybermobbing strafbar.

Aufgaben

1 a) Erkläre den Begriff „Cybermobbing" in eigenen Worten.
b) Erkläre den Begriff „Netiquette" in eigenen Worten.
c) 👥 Vergleicht und ergänzt eure Ergebnisse.

2 👥 Chiara (→ **Abb.1**) und Michael (→ **Abb.2**) sind im Internet gemobbt worden.
a) Beschreibt die Art und Weise, wie Chiara und Michael gemobbt worden sind.
b) Erläutert die Auswirkungen des Mobbings auf Chiara und Michael.

3 a) Stelle dar, wie sich die Opfer von Cybermobbing verhalten sollten.
b) 👥 Vergleicht und ergänzt eure Ergebnisse.

4 👤 Diskutiert, wie sich Kinder und Jugendliche verhalten sollten, die dabei zusehen, wie andere Kinder und Jugendliche gemobbt weden.

○1, 2 ◐3 ●4

MK Gefahren im Netz

1 Auch im Internet lauert die Gefahr der Abzocke.

In der Pause spricht Nele Herrn Muschke an: „Meine Freundin Ayse hat eine Rechnung erhalten, weil sie im Internet an einem Gewinnspiel teilgenommen hat. Jetzt hat sie Angst, das ihren Eltern zu erzählen." „Das verstehe ich. Sie wird wahrscheinlich erst einmal Ärger bekommen", antwortet Herr Muschke. „Vielleicht sollten wir uns morgen an unserem nächsten Projekttag mal mit diesem Thema beschäftigen."

Kostenlose Angebote im Internet

Egal, ob es sich um Klingeltöne, Hausaufgabenangebote, Spiele oder Malvorlagen handelt – bei der Nutzung des Internets sollte man stets nach dem Motto handeln: „Augen auf bei Gratisangeboten!" Auch Gewinnspiele, die angeblich kostenlos sind, führen manchmal dazu, dass man einen teuren Vertrag mit einem unbekannten Anbieter abschließt. Die Angebote sind so gestaltet, das sie auf den ersten Blick den Eindruck erwecken, dass keine Kosten entstehen.

In-App-Käufe

Besondere Vorsicht ist geboten bei den sogenannten „In-App-Käufen". Dies sind zusätzliche Inhalte oder Abonnements, die den Nutzerinnen und Nutzern bestimmter kostenloser Apps angeboten werden. Erwirbt man diese Zusatzangebote, so werden zusätzliche Kosten fällig. Schützen kann man sich nur, wenn man in seinem Smartphone „In-App-Käufe" deaktiviert.

Eva berichtet

„Eigentlich finde ich mich ganz schön clever. Aber vor zwei Monaten bin ich im Internet wirklich abgezockt worden. Was war mir passiert? Ich hatte im Internet einen Intelligenztest gesucht und gefunden. Nachdem ich den gemacht hatte, kam einen Monat später per Post die Rechnung. Ich sollte 30 Euro zahlen. Dummerweise hatte ich den Hinweis auf die Kosten, der sehr kleingedruckt war, nicht wahrgenommen. In Zukunft bin ich auf jeden Fall misstrauisch, wenn ich im Internet meinen Namen und meine Adresse eingeben muss. Eine Freundin hat mir erzählt, dass ihr eine ähnliche Sache passiert ist, als sie an einem Gewinnspiel im Internet teilgenommen hat."

Eva wird geholfen

Zusammen mit ihren Eltern wendet sich Eva an die Verbraucherberatung, die in der Innenstadt ein Büro hat. Der Berater kennt das Problem: „Lass in Zukunft die Hände weg von Tests im Internet, bei denen du deine persönlichen Daten eingeben musst. Aber zum Glück bist du ja noch minderjährig. Das bedeutet, dass nur deine Eltern für dich solche Verträge abschließen dürfen." Auf das Schreiben, das Eva, ihre Eltern und der Berater verfasst haben, reagiert der Anbieter nicht sofort. Nachdem die Eltern ein zweites Mal geschrieben haben, ist die Sache geklärt. Der Betrag von 30 Euro muss nicht gezahlt werden.

2 Die 15-jährige Eva ist entsetzt.

Das Internet kann süchtig machen

Morgens den Lieblingssong auf dem Smartphone hören, in der Pause die neusten Nachrichten checken und sich nach Schulschluss Bilder und Videos im Internet anschauen. Jeder sollte sich die Frage stellen, wie abhängig er oder sie vom Internet ist.

Sich selber überprüfen

Für alle Menschen lohnt es sich, das eigene Verhalten zu überprüfen. Wenn man sich ständig mit dem Tablet, Smartphone, Computer oder Laptop beschäftigt und Schwierigkeiten hat, diese Geräte wegzulegen, spricht man von Internetsucht. Expertinnen und Experten sagen: „Wer länger als 25 Stunden in der Woche mit diesen Geräten verbringt, der gilt als suchtgefährdet." Weiterhin gilt: Wenn die echten sozialen Kontakte abnehmen, sollte man die digitalen Geräte seltener in die Hand nehmen.

3 Paul lässt nicht locker.

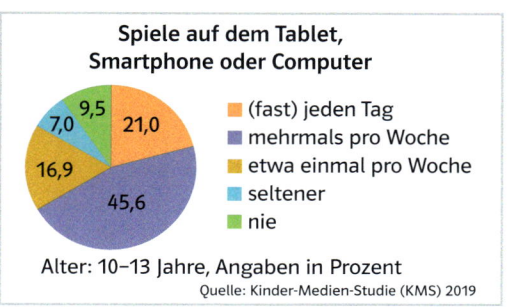

4 Spiele auf dem Tablet oder Smartphone – eine Gefahr?

Merke

- Bei allen Internetangeboten sollte man unbedingt die kleingedruckten Geschäftsbedingungen genau lesen.
- Sei vorsichtig mit der Weitergabe persönlicher Daten.
- Die übermäßige Nutzung von Smartphone, Laptop, Tablet oder Computer kann zur Sucht führen.

Aufgaben

1 a) Fasse die Erfahrungen, die Eva (→ **Abb. 2**) gemacht hat, in eigenen Worten zusammen.
b) Erläutere, was Eva hätte besser machen können,
c) 🧑‍🤝‍🧑 Beschreibt, wie Eva geholfen worden ist.
d) 🧑‍🤝‍🧑 Stellt Vermutungen an, ob Eva auch ohne Hilfe anderer Personen das Problem erfolgreich hätte lösen können.

2 a) Beschreibe möglichst genau, wie häufig und wie lange du am Tag dein Smartphone benutzt.
b) Stelle dar, ob und in welchem zeitlichen Ausmaß du noch weitere technische Geräte (Fernseher, Tablet, Konsole) benutzt.
c) 🧑‍🤝‍🧑 Vergleicht und ergänzt eure Ergebnisse.

3 a) Erläutere, ob es bei dir zu Hause Diskussionen darüber gibt, wie lange du das Smartphone nutzen darfst.
b) Stelle dar, welche Vereinbarungen/Regeln ihr zu Hause für die Nutzung des Smartphones getroffen habt.
c) 🧑 Diskutiert in der Klasse über eure Ergebnisse.

4 Die Nutzung von Computern, Tablets und Smartphones bringt viele Gefahren mit sich. Verfasse mithilfe des Wortspeichers einen Kurzvortrag und präsentiere ihn vor der Klasse.

Wortspeicher ✏️
– Internet
– In-App-Käufe
– Verbraucherberatung
– Computersucht

ᴹᴷ Meinungsbildung im Internet

1 Haben in den letzten Jahren stark zugenommen: Fake News

„Den Begriff «↗ Fake News» habe ich noch nie gehört", sagt Martin, nachdem Herr Muschke das Thema an der Tafel notiert hat. Nele ist sich unsicher: „Ich glaube, dass das nicht ganz wahre Nachrichten sind. So etwas wie Aprilscherze." Emin ergänzt: „Neulich habe ich gehört, dass ein Fast-Food-Unternehmen jetzt einen ‚Drückeburger' anbietet – einen Burger aus dem Beutel. Das war eine gefälschte Nachricht." Herr Muschke erklärt, dass „Fake" Schwindel oder Fälschung bedeutet. Mit „Fake News" werden falsche Nachrichten bezeichnet, die im Internet, insbesondere in den Sozialen Medien verbreitet werden.

Stimmungsmache mit Nachrichten
„Lügen haben kurze Beine!" Dieses Sprichwort kennen viele Menschen seit ihrer Kindheit. Der Satz gilt aber nicht für geschwindelte oder gefälschte Nachrichten, die häufig im Internet verbreitet werden. Diese handeln von alltäglichen oder auch politischen Themen. Eine Person, die solch eine falsche Nachricht verbreitet, möchte die Meinungen der Menschen beeinflussen, die diese Nachrichten lesen. Je mehr Menschen man erreicht, desto erfolgreicher ist man. Oftmals werden Fake News aufgedeckt.

Fake News erkennen und entfernen
Falsche Meldungen sind eigentlich nichts Neues. Früher nutzten die Menschen Flugblätter und Zeitungen, das Radio und das Fernsehen, um unwahre Behauptungen zu verbreiten.

Heuzutage werden Fake News fast ausschließlich im Internet veröffentlicht. Auch hier gilt das Gleiche wie bei veröffentlichten Bildern: Steht die Nachricht einmal im Netz, ist es so gut wie unmöglich, diese wieder komplett aus dem Internet zu entfernen.

> Wenn du Zweifel an der Wahrheit einer Nachricht hast, so solltest du immer überprüfen, ob es ähnliche Nachrichten und Schlagzeilen im Internet gibt. Denke immer an das Sprichwort: „Vertrauen ist gut, Kontrolle ist besser." „Leite auf keinen Fall Nachrichten weiter, bei denen du nicht sicher bist, ob diese der Wahrheit entsprechen."

Formen von Falschmeldungen
Nicht alle Falschmeldungen sind Fake News. Aprilscherze, „Zeitungsenten" und ungewöhnliche Texte mit Übertreibungen enthalten ebenfalls geschwindelte und erfundene Geschichten. Manchmal fällt es leicht, die Wahrheit einer Nachricht zu erahnen. Nachrichten wie „Die Bundeskanzlerin will die Sommerferien auf drei Wochen kürzen!" oder „Das Schulamt in Miesbach möchte die Sommerferien kürzen, da es im Winter wegen des starken Schneefalls Schulausfälle gegeben habe!" erwecken schnell unser Misstrauen.
Sei bei Falschmeldungen stets auf der Hut und glaube nicht sofort alles, was du zu lesen bekommst.

1. „Wir sprechen von einer Sensation. Im kommenden Jahr sollen sämtliche Inhalte des Internets, die weltweit existieren, gedruckt werden. Das Werk mit dem Namen „Das Internet" wird 11 Milliarden Bände umfassen."

2. „Nuss-Nougat-Creme ist gesundheitsgefährdend. Vor kurzem ist der erste Gorilla gestorben, der vorher ein Glas Nougat-Creme gegessen hatte. Geprüft wird, ob auch eine Gefahr für die Gesundheit der Menschen besteht."

3. „Ein Professor in China scannt mithilfe einer Kamera die Gesichter seiner Studentinnen und Studenten. Erkennt er, dass sie sich langweilen, verändert er seinen Unterrichtsstoff."

4. „Der Oberbürgermeister der Stadt Essen möchte aus Rücksicht zu Fastenzeiten den Namen seiner Stadt ändern. Essen soll dann Fasten heißen."

5. „Die Polizei hat auf der Autobahn eine Frau mit einem Kinderwagen geblitzt. Sie war zu schnell unterwegs."

6. „Ein Student aus Ludwigsburg hat ein Minihaus mit 7,5 Quadratmetern auf einer Bundesstraße errichtet. Er will damit auf die Wohnungsnot in Ludwigsburg hinweisen."

7. „Die isländische Regierung hat beschlossen, jedem ausländischen Mann 5.000 US-Dollar zu zahlen, wenn er eine isländische Frau heiratet, da es immer weniger Männer in Island gibt."

2 Wahr oder erfunden?

Merke
- Im Internet werden häufig Fake News verbreitet.
- Fake News sind gefälschte oder erschwindelte Geschichten.
- Mit einzelnen Fake News wird versucht, Meinungen und Einstellungen der Menschen zu beeinflussen.

Aufgaben

1 a) Erkläre den Begriff „Fake News" in eigenen Worten.
b) ⚇ Vergleicht und ergänzt eure Ergebnisse.

2 ⚇ a) Stellt Vermutungen an, ob es sich bei den Fallbeispielen (→ **Abb. 2**) um wahre oder erfundene Geschichten handelt. Legt hierzu eine zweispaltige Tabelle an (Tipp: 4 der 7 Nachrichten sind gefälscht).

b) Erläutert, warum ihr vermutet, dass es sich dabei um gefälschte Nachrichten handelt.

3 ⚇ a) „Lügen haben kurze Beine!", lautet ein bekanntes Sprichwort. Erklärt das Sprichwort in eigenen Worten.
b) Erläutert, ob dieses Sprichwort auch auf gefälschte Meldungen im Internet zutrifft.

4 a) ⚇ Recherchiert eine wahre oder enwickelt eine erfundene Nachricht.
b) ⚇ Stellt eure Nachrichten der Klasse vor. Alle stimmen ab, ob es sich um wahre oder erfundene Meldungen handelt.

MK Erstellen eines Videos

1 Themenfindung

2 Anfertigen eines Erklärvideos

„Morgen dürft Ihr eure Smartphones mit in die Schule bringen und sie auch zur Herstellung von Videos benutzen", verkündet Herr Muschke. „Ich kenne solche Videos. Die gibt es doch auf Video-Plattformen im Internet", sagt Emin am nächsten Morgen. „Die werden manchmal auch Erklärvideos oder ↗ Tutorials genannt", ergänzt Ilka. Herr Muschke erklärt, dass sich die Klasse erst einmal auf ein Thema für die Videofilme einigen sollte. Nach kurzer Diskussion vereinbaren die Schülerinnen und Schüler das Thema „Smartphones in der Schule".

Vor dem Start

das Stativ
dient der stabilen Aufstellung von Kameras, um „Wackler" im Video zu vermeiden

die Talkshow
Diskussionsrunde mit verschiedenen Personen zu einem Thema

Herr Muschke hat sechs Stative (→ **Abb. 3**) mitgebracht, auf die die mitgebrachten Smartphones montiert werden können. Er erklärt den Schülerinnen und Schülern die nächsten Schritte: „Eure Aufgabe ist es, in Gruppen eine Talkshow zum Thema zu erarbeiten, durchzuführen und zu filmen. Eure Smartphones könnt ihr für die Internetrecherche zum Thema und für die Erstellung der Videos benutzen", erklärt Herr Muschke. Schnell einigen sich Ilka, Martin, Nele und Emin darauf, zusammen mit Erkan und Luzie eine Gruppe zu bilden.

1. Schritt: Themenfindung und Recherchearbeit

Die fünf Arbeitsgruppen diskutieren einzelne Themen. Martins Gruppe beschließt, sich mit der Fragestellung „Handyregeln in der Schule" zu beschäftigen. Eine andere Gruppe wählt das Thema „Handyverbot in der Schule". Nach der schnellen Themenfindung beginnen alle Arbeitsgruppen mit der Internetrecherche. Dazu nutzen die Schülerinnen und Schüler die Suchmaschinen „Blinde Kuh" und „fragFINN". Am Ende der Recherchearbeit haben alle Schülerinnen und Schüler Stichworte zum Thema notiert.

2. Schritt: Vorbereitung für die Erstellung des Erklärvideos

Luzie schlägt vor, das Filmen des Erklärvideos zu übernehmen. Alle anderen Gruppenmitglieder sind damit einverstanden. Gemeinsam übt die Gruppe die Talkshow ein. Dafür haben die Schülerinnen und Schüler ein kleines Drehbuch erstellt, in dem die Inhalte und der Ablauf der Diskussionsrunde enthalten sind. Die Gruppe hat sich darauf geeinigt, dass Nele und Emin in der Talkshow Fragen stellen sollen, die Erkan, Ilka und Martin beantwortet werden.

3. Schritt: Erstellung des Erklärvideos

Vor der Erstellung des Videos sucht die Gruppe sich einen Ort, an dem die Diskussionsrunde durchgeführt werden soll. Die Schülerinnen und Schüler haben sich für einen Raum in einer ruhigen Umgebung entschieden, in dem sie nicht gestört werden können.

Die Kamerafrau Luzie sucht sich einen geeigneten Platz zum Filmen. Sie stellt das Smartphone auf ein Stativ (→ **Abb. 3**). Es verhindert, dass die Talkshow verwackelt aufgenommen wird.

Damit die spätere Aufnahme gelingt, erstellt Luzie einen kurzen Probefilm. Die Schülerinnen und Schüler sind alle gut zu sehen, das Licht stimmt und auch der Ton ist gut zu hören – die Aufnahme ist gelungen.

4. Schritt Bearbeitung des Erklärvideos

Stolz schaut sich die Schülergruppe das Produkt an. Insgesamt ist das Video gut gelungen. Aber an manchen Stellen haben sich Erkan, Nele und Martin bei den Antworten wiederholt. Die Gruppe entscheidet, dass sie ihren Videofilm bearbeiten will. Mithilfe von Herrn Muschke bearbeiten die Schülerinnen und Schüler mit einem Videoschnittprogramm ihren erstellten Film. Das Programm konnten sie als kostenlose App auf ihr Smartphone herunterladen.

5. Schritt: Präsentation der Erklärvideos

Nun ist die Arbeit geschafft. Leider haben zwei Gruppen mit der Bearbeitung ihrer Videos Schwierigkeiten gehabt. Sie sind noch nicht fertig geworden. Die anderen Gruppen zeigen ihre Filme. Die Schülerinnen und Schüler tauschen sich darüber aus, was gut und was nicht so gut gelungen ist.

3 Bei der Technik muss alles stimmen.

1. Schritt: Themenfindung und Recherchearbeit
- Festlegung eines Themas in der Klasse
- Festlegung eines Unterthemas in der Gruppe
- Durchführung der Recherchearbeit

2. Schritt: Vorbereitung für die Erstellung des Erklärvideos
- Erstellung eines „Drehbuchs"
- Personen festlegen, die für das Filmen zuständig sind
- Verteilung der Rollen für die Talkshow
- Einübung der Talkshow
- Raum festlegen und gestalten

3. Schritt: Erstellung des Erklärvideos
- Probefilm aufnehmen
- endgültigen Film aufnehmen

4. Schritt: Erklärvideo bearbeiten
- Video anschauen
- Video schneiden und bearbeiten

5. Schritt: Präsentation des Erklärvideos
- Vorführen des Videos in der Klasse
- Besprechung der Qualität der Erklärvideos

5 Wichtige Schritte bei der Erstellung eines Videos

Aufgaben

1 a) Erläutere, warum Erklärvideos immer beliebter werden.
b) Recherchiere im Internet nach Erklärvideos und zähle drei Beispielvideos auf, die dir gut gefallen.

c) 👤 Tauscht euch über eure Ergebnisse in der Klasse aus.

2 👥 Erstellt zum Thema „Klimaschutz" ein Erklärvideo. Beachtet dabei die wichtigsten Schritte zur Erstellung eines Videos.

MK Mal eine Pause machen

1 Normaler Familienalltag?

80 Mal pro Tag nutzt Michi sein Smartphone. So wie der Durchschnitt aller Menschen in Deutschland.

Vorbildfunktion der Eltern

„Ich kann Ilka nur zustimmen. Eltern sind Vorbilder für ihre Kinder", teilt Herr Muschke seinen Schülerinnen und Schülern mit. Und er erzählt weiter: „Es gibt Familien, in denen an einem oder mehreren Tagen „Handyfasten" stattgefunden hat. Und alle Familienmitglieder haben das prima mitgemacht. Wichtig ist, dass Regeln festgelegt werden, die für alle gelten."

Eine neue Idee: Handyfasten in der Schule

Eine 7. Klasse der Christopherus-Schule in Königswinter hat sieben Tage lang das Projekt „Handyfasten" durchgeführt. Die Schülerinnen und Schüler, aber auch die Lehrerinnen und Lehrer hatten sich freiwillig darauf geeinigt, eine Woche lang komplett auf die Nutzung ihrer Smartphones zu verzichten. Am Ende der Woche wurde im Unterricht über die Erfahrungen gesprochen. Dazu hatten alle Schülerinnen und Schüler auch ihre Tagebuchaufzeichnungen mitgebracht. Einige Mädchen und Jungen waren prima mit der Fastenwoche klargekommen. Andere waren begeistert. Einzelnen Jugendlichen war es aber auch schwergefallen, auf ihr Smartphone zu verzichten.

das Handyfasten
über einen bestimmten Zeitraum hinweg auf das eigene Handy/ Smartphone verzichten

„Endlich habe in mein neues Smartphone und schon stellen sich meine Eltern blöde an", klagt Emin. „Sie wollen jetzt festlegen, wann ich das Smartphone nutzen darf und wann nicht." „Ich kann verstehen, dass du sauer bist. Im letzten Urlaub durfte ich auch mein Smartphone abends nicht mehr benutzen. Und meine Spielekonsole musste ich zu Hause lassen", erklärt Martin. Gemeinsam mit Ilka und Nele stellen sie fest, dass es in allen vier Elternhäusern Streit und Konflikte wegen der Nutzung der Smartphones gibt. „Dabei benutzen meine Eltern auch ständig ihr Smartphone – auch beim Essen. Das ist doch unfair", ergänzt Ilka am Ende der Diskussion.

Michis Alltag

Schon kurz nach dem Aufstehen checkt Michi auf seinem Smartphone die eingegangenen Nachrichten. Auf dem Weg zur Schule ruft Toni an und bittet ihn, in der Schule Bescheid zu sagen, dass er heute später kommt. Von seinen Freunden erfährt Michi, dass sein Lieblingssänger ein neues Musikvideo online gestellt hat. Das muss er sich unbedingt heute Nachmittag anschauen. Nach dem Fußballtraining und dem Abendessen liegt Michi schlaflos im Bett und lenkt sich mit den Nachrichten im Gruppenchat „Klasse 6d" ab. Luzie hatte einen Konflikt mit Toni.

der Gruppenchat
wenn mehrere Personen Meinungen und Informationen in den Sozialen Medien austauschen

• Nutzt du bei den Mahlzeiten das Smartphone?
• Lässt du beim Fernsehen das Smartphone aus?
• Nimmst du dein Smartphone mit, wenn du mit deinen Eltern in einem Restaurant essen gehst?
• Begrenzt du die Zeiten, in denen du mit deinem Smartphone spielst?
• Schaltest du das Smartphone aus, wenn du ins Bett gehst?

2 Wie oft nutzt du das Smartphone?

„Am ersten Abend war mir furchtbar langweilig. Das war schon schlimm."

„Ich weiß gar nicht, wie ich mich mit meinen Freundinnen verabreden soll. Schrecklich!"

„Ich hatte mir das schwerer vorgestellt. Aber am Anfang war das schon ein komisches Gefühl ohne Handy. Die Schülerinnen und Schüler der anderen Klassen haben in der Pause mir zuliebe ihre Handys weggelegt und sich lieber mit mir unterhalten."

„Ich wollte in meinem Zimmer Musik hören. Wie soll das jetzt gehen? Zum Glück haben wir noch ein kleines Radio."

„Ich habe bemerkt, wie viel Zeit ich immer mit dem Handy verliere. Jetzt kam ich dazu, meine neuen Comics in Ruhe zu lesen."

„Beim Erledigen der Hausaufgaben wurde ich nicht so oft abgelenkt. Ich war schneller mit den Hausaufgaben fertig."

3 Reaktionen von Schülerinnen und Schülern auf das Handyfasten

Versuche, zwischendurch auch einmal eine Pause einzulegen. Nutze dein Smartphone nicht als Wecker. Schalte das Smartphone nachts aus. Nutze dein Smartphone nicht als Uhr. Reagiere auf Nachrichten nur in ruhigen Situationen. Schalte das Smartphone bei der Erledigung deiner Hausaufgaben aus.

4 Die ausgeschalteten Handys werden beim Handyfasten fest verpackt und in einer Kiste eingesammelt.

Merke

- Die Nutzung von Smartphones, Tablets und Spielekonsolen führt häufig zu Konflikten in den Familien.
- In vielen Elternhäusern werden Vereinbarungen und Regeln zur Nutzung des Smartphones getroffen.
- „Handyfasten" lässt uns erkennen, wie alltäglich die Nutzung des Smartphones bereits geworden ist.

Aufgaben

1 a) Beschreibe, wie du dein Smartphone den Tag über benutzt.
b) Vergleicht eure Ergebnisse mit den Schilderungen von Michi. Gibt es zwischen euch und Michi Gemeinsamkeiten? Gibt es auch Unterschiede?

2 Diskutiert, ob und, wenn ja, welche Regeln es bei euch zu Hause wegen der Nutzung von Smartphones, Tablets, Spielekonsolen und Fernseher gibt. Nutzt zur Beantwortung der Aufgaben auch die aufgelisteten Fragen (→ **Abb. 2**).

3 Diskutiert die Regeln, die an eurer Schule für die Nutzung von Smartphones gelten.

4 a) Erkläre, ob du ein Projekt „Handyfasten" für deine Schulklasse gut finden würdest.
b) Erläutere, welche der Reaktionen (→ **Abb. 3**) dich überraschen und welche nicht.
c) Vergleicht und ergänzt eure Ergebnisse.

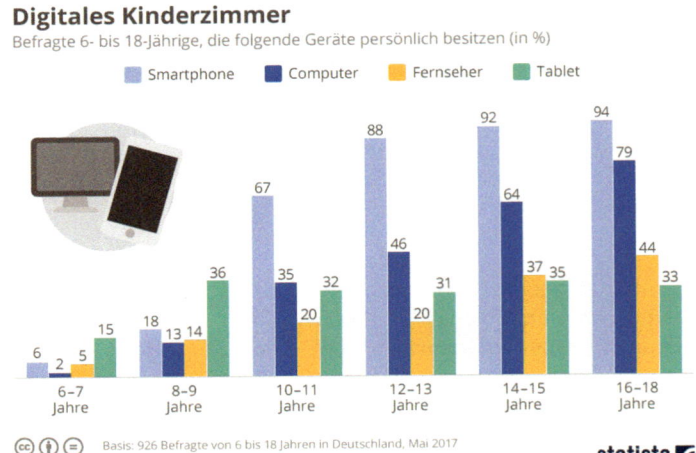

Digitales Kinderzimmer
Befragte 6- bis 18-Jährige, die folgende Geräte persönlich besitzen (in %)

Smartphone   Computer   Fernseher   Tablet

6–7 Jahre: 6, 2, 5, 15
8–9 Jahre: 18, 13, 14, 36
10–11 Jahre: 67, 35, 20, 32
12–13 Jahre: 88, 46, 20, 31
14–15 Jahre: 92, 64, 37, 35
16–18 Jahre: 94, 79, 44, 33

Basis: 926 Befragte von 6 bis 18 Jahren in Deutschland, Mai 2017
Quelle: Bitkom

statista

1 Wunderbare Medienwelt?

1 Beschreibe, wie Kinder und Jugendliche die Medien nutzen, indem du mindestens drei Aussagen zu **Abb.1** formulierst.

2 Deine Mitschülerin soll ein Referat zum Thema „Medien in der Schule" halten und ist hierfür auf der Suche nach einer guten Kindersuchmaschine. Entwickle eine kurze Chatnachricht, in der du ihr Tipps gibst, welche Suchmaschinen sie für ihre Recherche nutzen könnte.

Mensch, bist du verrückt geworden? Du hast ja den ganzen Text einfach kopiert.

Wieso – der Fachbegriff hierfür lautet doch „Copyright".

2 Nicht alles, was geht, ist auch erlaubt…

3 Die Geschwister Konrad und Therese streiten sich (→ **Abb.2**). Begründe, wer von den beiden deiner Meinung nach recht hat.

4 Beantworte die folgenden Fragen und addiere deine Lösungspunkte. Wenn du alle Fragen richtig gelöst hast, muss die Summe aller Zahlen 100 sein.

Sven hat ein Foto mit deinem Smartphone gemacht. Welche seiner Behauptungen ist richtig?	
a) „Natürlich darf ich alle von mir aufgenommenen Fotos ins Netz stellen."	32
b) „Da auf dem Foto ein Onkel von mir zu sehen ist, muss ich ihn um Erlaubnis fragen."	33

Zufällig hat Rita nach dem letzten Fußballspiel nicht nur ein Autogramm eines berühmten Fußballstars bekommen. Er hat ihr auch noch erlaubt, ein Selfie von ihm und ihr zu machen. Welche ihrer Behauptungen ist richtig?	
a) „Ich muss ihn erst um Erlaubnis fragen, ob ich das Foto ins Netz stellen darf."	46
b) „Er ist eine berühmte Person, von der es schon viele Fotos gibt. Natürlich kann ich auch mein Foto posten."	24

Mira hat ein Foto von dem sechsjährigen Nachbarsjungen Malte gemacht. Welche ihrer Behauptungen ist richtig?	
a) „Ich muss Maltes Eltern fragen, ob ich das Foto posten darf."	43
b) „Es reicht, wenn Malte mir sein Einverständnis gibt. Die Eltern muss ich nicht fragen."	44

5 Stell dir vor, dass du an dem Projekt „Handyfasten" teilnimmst. Erläutere, welche der folgenden Aussagen (→ **Abb.3**) auf dich zutreffen könnten. Schreibe diese Aussagen ab und erkläre, warum sie für dich passend sind.

3 Meinungen zum Handyfasten von älteren Schülerinnen und Schülern

6 Stelle die folgenden Daten übersichtlich in einem Säulendiagramm dar.

- Bei einer Umfrage zum Thema „Handyfasten" haben 35 Prozent aller Deutschen gesagt, dass das nichts für sie ist.
- 24 Prozent haben gesagt, dass sie es versucht, aber nicht durchgehalten haben.
- 16 Prozent haben schon einmal einen oder mehrere Tage auf das Handy verzichtet.

- 11 Prozent haben gesagt, dass sie noch nie auf das Handy verzichtet haben, sich das aber für das nächste Jahr vorgenommen haben.
- 7 Prozent aller Befragten machen das regelmäßig für ein paar Stunden am Tag.
- 7 Prozent können/wollen sich nicht zu der Frage äußern.

Die Welt der Medien

Datenschutz
- Profil
- Passwort
- Cybermobbing

Gefahren im Netz
- Abzocke
- Gewinnspiele
- Internetsucht
- Geschäftsbedingungen

Meinungsbildung im Internet
- Fake News
- gefälschte Bilder
- gefälschte Nachrichten

E-Mail
- Zugang
- Adresse
- Anhänge
- Betreffzeile
- Nachricht
- Adressbuch

Social Media
- Netzwerk
- Regeln
- Sicherheit
- Weitergabe von Daten

Erklärvideo
- Thema
- Drehbuch
- Technik
- Probeaufnahme

4 Die wichtigsten Themen des Kapitels im Überblick

MK **Eine Internetrallye entwerfen**

1 Wer ist am schnellsten und macht alles richtig?

„Manchmal finde ich es ganz schön anstrengend, im Internet nach Informationen zu suchen", meint Nele. „Und mich nervt die viele Werbung", ergänzt Ilka. Martin hat auch nicht nur gute Erfahrungen gesammelt: „Erst gestern habe ich eine halbe Stunde vor dem PC gesessen und erfolglos die Suche abgebrochen. Mir gefällt die Idee von Herrn Muschke, dass wir heute eine Internetrallye erarbeiten sollen."

Was ist eine Internetrallye?

Bei einer Internetrallye formuliert man Fragen, die andere Schülerinnen und Schüler aus der Klasse beantworten sollen. Dabei sollen die Lösungen möglichst schnell gefunden und die Fragen richtig beantwortet werden. Eine Internetrallye kann von einzelnen Personen oder in der Gruppe erstellt und gelöst werden.

2 Erarbeitung einer Internetrallye

Themenfindung

„Arbeitet bitte in Gruppen. Zuerst müsst ihr ein Thema finden", fordert Herr Muschke seine Schülerinnen und Schüler auf. „Am besten schaut ihr mal in das Inhaltsverzeichnis des Schulbuchs und sucht euch dann ein Thema aus, das euch besonders interessiert." Nele, Martin, Ilka und Emin entscheiden sich für das Thema „Regeln in der Schule". Eine andere Gruppe legt sich auf das Thema „Kinderarbeit in Afrika" fest.

Aufgabenblatt anlegen

Nele, Martin, Ilka und Emin erstellen ein Word-Dokument mit der Überschrift „Internetrallye". Sie fügen eine dreispaltige Tabelle ein. Die Spalten betiteln sie mit „Fragen", „Antworten" und „Quellen" (→ **Abb. 4**). Anschließend erstellen sie eine Kopie des Dokuments. Die erste Datei nutzen sie, um später ihre Aufgaben und Antworten einzutragen. In die zweite Datei kopieren sie danach lediglich die Aufgaben, die die anderen Schülerinnen und Schüler bearbeiten sollen.

Fragen und Aufgaben formulieren

Bei der Formulierung der Fragen und Aufgaben nutzen die Gruppen das Internet. Nele, Martin, Ilka und Emin notieren in der von ihnen erstellten Datei mit dem Namen „Internetrallye" alle Antworten, damit diese nicht verlorengehen.

Internetrallye bearbeiten

Nach der Erstellung der verschiedenen Rallyes werden diese in der Klasse bearbeitet. Die von den einzelnen Gruppen entwickelten Rallyes werden gegenseitig ausgetauscht. Alle anderen Schülerinnen und Schüler erhalten hierzu den Ausdruck einer Rallye und lösen die Aufgaben. Dabei wird auch die benutzte Quelle notiert. Die Gruppe, die zuerst fertig ist und alle Aufgaben richtig beantwortet hat, hat gewonnen.

Internetrallye besprechen

Herr Muschke ist mit der Arbeit seiner Schülerinnen und Schüler zufrieden. Er fordert seine Klasse auf, den Ablauf der Rallye und die Ergebnisse kurz zu besprechen. Seine Fragen lauten:

- Was ist gut gelaufen?
- Wo gab es Probleme?
- Was hättet Ihr besser machen können?
- War es leichter, Fragen und Aufgaben zu formulieren, oder war es leichter, Antworten auf die Fragen zu finden?

3 Wer kommt zuerst ins Ziel?

Fragen	Antworten	Quellen
Wann wurde in Deutschland das Farbfernsehen eingeführt?	Das Farbfernsehen wurde in Deutschland am 25. August 1967 eingeführt.	https://de.wikipedia.org/wiki/Farbfernsehen
Wann wurde in Deutschland das Privatfernsehen eingeführt?	Das Privatfernsehen wurde in Deutschland am 1. Januar 1984 eingeführt.	https://www.faz.net/aktuell/feuilleton/medien/30-jahre-privatfernsehen-ich-bin-ein-sender-holt-mich-hier-raus-12733660.html
Wann wurde der Buchdruck erfunden?	Der Buchdruck wurde im Jahr 1440 in Deutschland erfunden.	https://www.lernhelfer.de/schuelerlexikon/geschichte/artikel/gutenberg-erfindet-den-buchdruck-mit-beweglichen-lettern
Wer hat den Buchdruck erfunden?	Der Erfinder des Buchdrucks war Johann Gutenberg.	https://www.lernhelfer.de/schuelerlexikon/geschichte/artikel/gutenberg-erfindet-den-buchdruck-mit-beweglichen-lettern
Was beudetet die Abkürzung „html"?		
Welches sind die meistverkauften Smartphone-Marken in Deutschland?		
Was ist eine Talkshow?		
…		

4 Mögliches Aufgabenblatt für eine Rallye zum Thema „Medien"

Merke

- Bei einer Internetrallye sollen Antworten auf Fragen möglichst schnell gefunden und richtig notiert werden.
- Für die Entwicklung einer Internetrallye ist eine gute Internetrecherche wichtig.

Aufgaben

1 👥 Übertragt die Tabelle (→ **Abb. 4**) in euer Heft und löst die noch nicht beantworteten Fragen.

2 👥👥 Entwickelt eine Internetrallye zu einem Thema eurer Wahl.

3 👥👥 Bearbeitet die von einer anderen Gruppe erarbeitete Internetrallye.

4 👥👥 Entwickelt ein Merkblatt mit den wichtigsten Schritten für die Erarbeitung einer Internetrallye.

○1 ◐2, 3 ●4

MK E-Mails schreiben und versenden

1 Sekundenschnell Nachrichten weltweit verschicken – die E-Mail macht es möglich.

„Ich habe gestern in der Zeitung gelesen, dass in jeder Sekunde weltweit über drei Millionen E-Mails verschickt werden", bemerkt Ilka. „Wow – so viele?", wundert sich Emin. „Ich kann mir das ganz gut vorstellen. Meine Eltern haben mir mal gesagt, dass sie jeden Tag ungefähr 30 E-Mails schreiben und erhalten", sagt Nele und ergänzt: „Vor einigen Wochen hatten sie aber Stress, weil sie sich durch eine E-Mail einen ↗ Virus eingefangen haben, der ihren Computer lahmgelegt hat!"

2 Briefe oder Postkarten werden immer seltener verschickt.

Was ist denn eine E-Mail?

Eine E-Mail ist ein elektronischer Brief, der über einen Computer, ein Tablet oder ein Smartphone verschickt wird. Sekundenschnell kann man so mit allen Menschen weltweit Informationen austauschen. Das Versenden und Empfangen von E-Mails ist seit dem Jahr 1990 immer beliebter geworden. Das Schreiben und Versenden von Briefen oder Postkarten (→ **Abb. 2**) hat seitdem abgenommen. Für das Versenden einzelner E-Mails fallen keine Kosten an. Im Anhang einer E-Mail kann man Bilder, Texte und auch ↗ Audiodateien verschicken.

Wie erhält man einen E-Mail-Zugang?

Es gibt verschiedene E-Mail-Anbieter im Internet, bei denen man sich anmelden kann. Nach der Anmeldung erhält man ein eigenes persönliches Postfach, das in der Regel kostenlos ist. Bei der Anmeldung legt man auch seine persönliche E-Mail-Adresse fest. Diese sollte den eigenen Namen enthalten, damit andere Menschen sofort erkennen, von wem sie eine E-Mail erhalten haben. Die Adresse „Michael.Mueller@web.de" macht zum Beispiel einen besseren Eindruck als die Adresse „Faulpelz2008@gmx.de".

Eine E-Mail schreiben

Um eine E-Mail mit dem Programm „Microsoft Office Outlook" zu schreiben, klickt man zuerst auf das Feld „Neue E-Mail". Es öffnet sich ein neues Fenster (→ **Abb. 3**), in das man die Adresse der Person bzw. die Adressen der Personen einträgt, die man erreichen möchte. Nach der Eingabe des Betreffs und des Textes klickt man auf „Senden".

Adressbuch anlegen

Im elektronischen Adressbuch hinterlegt man den Namen der gewünschten Person mit der zugehörigen E-Mail-Adresse. Einzelne Adressen kann man auch zu einer Gruppe zusammenfassen. So kann man zum Beispiel alle Mitglieder einer Sportmannschaft oder einer Schulklasse mit einer E-Mail erreichen.

E-Mails lesen, beantworten und weiterleiten

Hat man eine E-Mail erhalten, öffnet man diese, indem man die E-Mail anklickt. Will man die Nachricht beantworten, so klickt man auf das Feld „Antworten". Will man die Nachricht an andere Personen weiterleiten, so klickt man auf das Feld „Weiterleiten" und gibt die Adresse der Person an, die die E-Mail auch erhalten soll.

Vorsicht: Spam und Viren

Bei ↗ <u>Spam</u>-Nachrichten handelt es sich meistens um Werbung. Oft werden in diesen Nachrichten Geldgewinne versprochen oder es wird für günstige Einkäufe geworben. Viele E-Mail-Anbieter erkennen diese Nachrichten und sortieren sie sofort in einen Ordner mit dem Namen „Spam". Vorsicht ist grundsätzlich geboten, wenn man E-Mails unbekannter Personen oder Organsiationen erhält. Diese enthalten manchmal schädliche Viren, die den Computer, das Tablet oder das Smartphone schädigen können. Deswegen gilt: Wenn du dir bei einer E-Mail nicht sicher bist, von wem diese stammt, sprich mit deinen Eltern darüber. Öffne auf keinen Fall Anhänge von dir unbekannten Absendern.

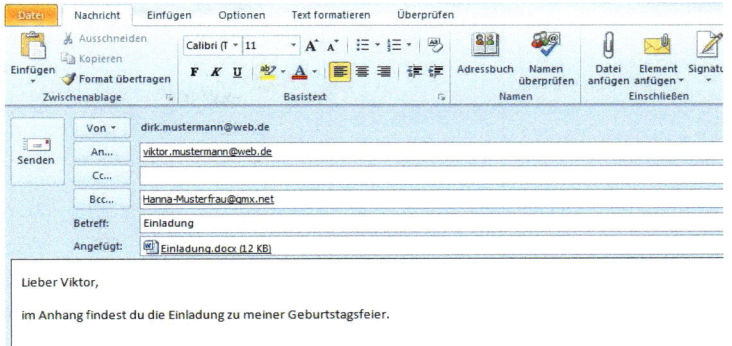

3 So sieht eine E-Mail in Microsoft Office Outlook aus.

Vorteile
- E-Mails sind kostengünstiger als Briefe.
- E-Mails sind schneller als die Briefpost.
- Mit E-Mails kann man gleichzeitig mehrere Personen erreichen.
- E-Mails kann man Informationen anhängen.

Nachteile
- E-Mails sind manchmal unpersönlicher als Postkarten oder Briefe.
- E-Mails enthalten häufig Werbung.
- E-Mails können manchmal Viren enthalten.

4 Vor- und Nachteile von E-Mails

Merke
- Elektronische Post hat eine immer größere Bedeutung im Leben der Menschen.
- Anstelle von Briefen werden heute häufig E-Mails verschickt.

Aufgaben

1 Erläutere, wo du in **Abb. 3** die Absender-Adresse, die Empfänger-Adresse, den Betreff der E-Mail sowie den E-Mail-Anhang findest.

2 a) Begründe, ob dich eher die Vor- oder die Nachteile von E-Mails (→ **Abb. 4**) überzeugen.
b) 👥 Vergleicht und ergänzt eure Ergebnisse.

3 👥 **a)** Recherchiert im Internet nach der Herkunft der Begriffe „Spam" und „Phishing".
b) Präsentiert eure Ergebnisse vor der Klasse in Form eines kurzen Vortrags.

4 Erstelle mithilfe des Wortspeichers einen Kurzvortrag über die Vorteile und die Gefahren von E-Mails.

> **Wortspeicher** ✏️
> – Versand
> – Absender
> – Anhang
> – Virus
> – Spam

○1 ◓2 ●3, 4

In allen Aufgaben in diesem Buch findest du Operatoren.
Sie zeigen dir, was du tun musst, um eine Aufgabe gut zu bearbeiten.

Aufgabe	Operator
Beschreibe mit eigenen Worten, wie ein Kauf im Internet abläuft.	**Beschreibe**
Erkläre, was mit „Folgekosten" gemeint ist.	**Erkläre**

Operator	Was musst du tun?
analysieren	Arbeite bestimmte Merkmale heraus und untersuche sie nach verschiedenen Fragestellungen.
aufzählen, nennen	Du trägst bestimmte Begriffe, Informationen oder Aussagen in Stichworten zusammen.
begründen	Du führst Argumente, Ursachen oder Beweise für etwas an.
beschreiben	Du gibst eine Sache in eigenen Worten und durch Fachbegriffe wieder.
beurteilen, bewerten	Du beschreibst, wie weit etwas den Vorgaben oder deinen eigenen Vorstellungen entspricht.
darstellen	Du gibst ein Ergebnis anschaulich wieder (z. B. als Tabelle, Schaubild, Mindmap, Zeichnung, …).
diskutieren	Ihr tauscht Argumente in einer Gruppe aus und wägt sie ab.
erklären	Du beschreibst eine Sache nachvollziehbar und verständlich.
erläutern	Du beschreibst eine Sache nachvollziehbar und verständlich und verdeutlichst sie zusätzlich mit Beispielen.
erörtern	Du stellst die Vor- und Nachteile zu einem Thema einander gegenüber, formulierst eine eigene Meinung und begründest sie.
präsentieren	Du bereitest ein Ergebnis auf und stellst es den anderen vor, z. B. als Vortrag, PowerPoint-Präsentation, Plakat, …
recherchieren	Du findest Informationen zu einer Sache aus unterschiedlichen Quellen heraus (z. B. Internet, Lexikon, Zeitung, Befragung, …).
Stellung nehmen	Du bildest dir eine eigene Meinung zu dem Sachverhalt (gut oder schlecht, gerecht oder ungerecht, …) und begründest sie.
untersuchen	Du findest heraus, welche Merkmale vorhanden sind, z. B. durch Versuche oder Fragen.
vergleichen	Du setzt Dinge in Beziehung und erkennst, was gleich, ähnlich oder unterschiedlich ist.
Vermutungen anstellen, vermuten	Du gibst wieder, was du über eine Fragestellung oder ein Thema denkst. Dabei beziehst du dein bisheriges Wissen ein.
zusammenfassen	Du schreibst das Wichtigste heraus oder gibst es wieder.

die **Aktionsware**

Ein Händler bietet verschiedene Produkte nur vorrübergehend an. Manche Artikel bewirbt er über eine Aktion, sobald die bestellte Ware verkauft ist, ist sie nicht mehr vorrätig. Dies ist eine beliebte Methode, um Kunden an bestimmten Tagen oder bestimmten Zeiträumen in den Laden zu bekommen. Manche Artikel werden von den Kunden auch nur zu bestimmten Anlässen (z. B. Weihnachten oder Ostern) nachgefragt und würden das restliche Jahr nur herumstehen oder verderben.

das **Angebot**

Der Begriff kommt von anbieten. In einem Markt gibt es zwei Seiten: Angebot und Nachfrage. Zum Beispiel besteht ein Obst- und Gemüsemarkt aus dem Angebot an Obst und Gemüse und den Menschen, die Obst und Gemüse nachfragen. Je mehr Angebot auf einem Markt vorhanden ist, desto größer ist die Auswahlmöglichkeit für die Kunden.

die **Audiodateien**

Dateien, die gesprochene Texte oder Musik beinhalten. Sie werden z. B. als Anhang einer Mail an andere Personen verschickt. Auch in sozialen Netzwerken werden Audio-Dateien häufig versendet.

der **Bedarf**

Der Wunsch des Menschen, sich bestimmte wirtschaftliche Güter zu verschaffen. Somit bildet er die Grundlage für die Nachfrage nach Produkten, Waren und Dienstleistungen, welche der Markt dann bereitstellt.

das **Bedürfnis**

Etwas Notwendiges, das man unbedingt haben oder tun möchte. Es beschreibt den Wunsch und das Verlangen. Zum Beispiel haben müde Menschen das Bedürfnis nach Schlaf. Viele Bedürfnisse signalisiert der menschliche Körper, manche Bedürfnisse entstehen durch Nachdenken oder im Vergleich mit anderen.

die **Bedürfnispyramide**

Die Bedürfnispyramide ist ein Schaubild vom US-amerikanischen Psychologen Abraham Maslow (1908-1970). Hiermit können Wünsche leichter voneinander unterschieden und abgegrenzt werden. Verkürzt dargestellt bedeutet sie: Je niedriger die Stufe, desto lebenswichtiger der Wunsch.

der **Beleg**

Nach einem Einkauf und dem zugehörigen Bezahlvorgang erhalten Kunden einen Kassenbeleg. Auf diesem kleinen Zettel stehen die vollständige Angabe zum Händler, das Kaufdatum, die Bezeichnungen der gekauften Waren und der Kaufpreis. Außerdem lassen sich Angaben zum Bezahlvorgang entnehmen, wie Barzahlung oder die Abbuchung mit einer EC-Karte. Viele Händler möchten im Fall eines Umtausches oder einer Rückgabe der Ware den zugehörigen Beleg einsehen.

die **Bewertungen**

Bei Geschäften, Restaurants oder Hotels können im Internet Bewertungen hinterlassen werden. Oftmals kann der Kunde zwischen 1 bis 5 Sterne oder Punkte anklicken – je höher, desto besser seine Bewertung. Manche Onlineportale erlauben auch eine schriftliche Bewertung: Man kann die eigene Meinung zu dem Produkt abgeben und damit anderen Kunden die Entscheidung erleichtern. Bewertungen müssen nicht der Wahrheit entsprechen, manchmal werden sie gezielt manipuliert.

das **Bildungspaket für Kinder und Jugendliche**

Bezeichnet verschiedene Sozialleistungen. Kinder und Jugendliche aus Familien mit geringem Einkommen erhalten sie, damit sie überall mitmachen können. Beispiele: kostenloses Mittagessen in der Schule, kostenlose Monatskarte für den Schulweg, Zuschuss zum Schulbedarf oder bei Klassenfahrten.

das **Budget**

Meist ein Geldbetrag, der für eine bestimmte Sache zur Verfügung steht. Beispiel: Wer mit Freunden zum Pizzaessen gehen will und maximal 15 Euro für Speisen und Getränke ausgeben möchte, der hat ein Budget von 15 Euro für diesen Anlass.

die **Bürgerinitiative**

Wenn Bürger nicht zufrieden sind mit der Arbeit des Stadt- oder Gemeinderates, bilden sie oft eine eigene Gruppe, die ihre Wünsche in die Öffentlichkeit und die Politik trägt. Sie ergreifen also die Initiative. Sie unternehmen den ersten Anstoß, um ein bestimmtes Ziel zu erreichen. Solche Bürgergruppen nennt man deshalb Bürgerinitiativen.

das **Bußgeld**

Nicht jeder Verstoß gegen eine Vorschrift landet vor Gericht. Bei geringeren Verstößen gegen Vorschriften und Verbote (z. B. gegen ein Parkverbot) verhängt die Kommune eine Geldstrafe. Der Fall kommt nicht vor Gericht, es sei denn, der Betroffene verweigert die Zahlung.

der Code

Auch Passwort genannt, um einen Zugang zu verschlüsseln. Bei Onlineshops wird durch die Eingabe eines solchen Codes bestätigt, dass es sich um den rechtmäßigen Eigentümer, also die richtige Person, handelt und ein Vertrag zustande kommt.

das Cybermobbing

Fachbegriff für das absichtliche Beleidigen, Bedrohen, Bloßstellen oder Belästigen anderer Personen im Internet. Dies kann durch die Veröffentlichung von Texten oder Bildern in sozialen Netzwerken erfolgen.

das Ehrenamt

Wenn Menschen in sozialen Einrichtungen arbeiten, ohne dafür bezahlt zu werden, bekleiden sie ein Ehrenamt.

einschläfern

Als Einschläferung bezeichnet man die Tötung von Tieren mithilfe von Schlafmitteln.

der Einzelhandel

Der Begriff beschreibt alle Geschäfte, die Produkte an Endverbraucher in kleinen Mengen verkaufen. Im Gegensatz hierzu verkauft der Großhandel häufig nur in größeren Mengen und meist direkt an andere Händler.

das Einwegsystem

Einwegflaschen werden nur einmal benutzt. Nach Rückgabe beim Händler werden Einwegflaschen recycelt oder mit anderem Müll verbrannt.

der Elektroschrott

Nicht mehr benutzte oder nicht funktionierende Geräte, die viele elektronische Teile enthalten. Die-ser sollte am Wertstoffhof der Stadt oder Gemeinde abgegeben werden, damit wertvolle Teile wiederverwendet werden können und nicht mit dem Hausmüll vernichtet werden.

die Erfahrungsberichte

Können Teil einer Bewertung sein. Kunden berichten meist schriftlich oder in einer Videobotschaft von ihren Erfahrungen mit dem gekauften Produkt und erleichtern damit anderen Interessenten den Kauf. Trotzdem gilt Vorsicht, da viele Erfahrungsberichte von den Händlern in Auftrag gegeben werden können und somit ein unrealistisches Bild von der Ware entstehen kann.

die Europäische Union (EU)

Verbund von 27 Mitgliedstaaten (Stand: März 2020), die z. B. auch in Umweltfragen gemeinsam handeln wollen. In der EU leben fast 450 Millionen Menschen.

der/die Experte/Expertin

Eine Person, die zu einem ganz bestimmten Thema besonders informiert und erfahren ist. Zum Beispiel ist ein Mathelehrer oder eine Mathelehrerin ein Experte bzw. eine Expertin für bestimmte Rechenarten, wie Bruchrechnen oder Prozentrechnung.

Fairtrade (der „faire Handel")

Beim fairen Handel („Fairtrade") sollen die Hersteller einer Ware einen gerechten Preis dafür bekommen. Meist sind die Hersteller Bauern oder Handwerker in armen Ländern in Afrika, Südamerika oder in Asien. Ursprünglich ging es vor allem um Bananen, Kaffee und Kakao.

die Fake News

Falschmeldungen, die sich im Internet, insbesondere in den Sozialen Netzwerken verbreiten.

die Fälschung

Wenn etwas nicht mehr echt oder original ist, sondern nachgemacht oder kopiert ist, dann kann man von einer Fälschung sprechen.

das Familiengericht

Das Familiengericht ist eine Abteilung des Amtsgerichts und für die Entscheidung von Streitigkeiten innerhalb der Familie verantwortlich. Es trifft zum Beispiel Entscheidungen darüber, wo das Kind bzw. die Kinder nach einer Scheidung leben soll/sollen.

der Flexitarier

Menschen, die sich in der Regel vegetarisch ernähren. Ab und zu essen sie auch Fleisch, meistens solches mit einem BIO-Siegel. Sie sind also flexibel in der Wahl ihrer Nahrungsmittel, essen aber meist fleischlos.

die Gebühren

Für die Müllabfuhr, die Wasserversorgung oder den Eintritt ins Schwimmbad ist ein Preis, die Gebühr, an die jeweilige Kommune zu zahlen. Dabei wird das Geld nur für diesen Zweck genutzt.

das Gesinde

Früher arbeiteten auf großen Bauernhöfen Knechte und Mägde. Sie waren das Gesinde. Das Wort bedeutete ursprünglich Gefährte.

der Gewinn

Ein Geldbetrag, der übrig bleibt, sobald ein hergestelltes Produkt oder eine erbrachte Dienstleistung teurer verkauft werden kann als die eingesetzten Kosten.

gleichgeschlechtlich

Wenn zwei Personen das gleiche Geschlecht (weiblich oder männlich) aufweisen, nennt man das gleichgeschlechtlich. Es ist durchaus möglich, dass zwei Männer bzw. zwei Frauen in einer gleichgeschlechtlichen Partnerschaft/Ehe zusammenleben.

der Großhandel

Unternehmen, das Waren von vielen Unternehmen einkauft und dann an Einzelhandelsunternehmen verkauft.

das Grundbedürfnis

Gemäß der Bedürfnispyramide finden sich auf der untersten Stufe die körperlichen (oder biologischen) Grundbedürfnisse. Hierzu zählen Atmung (saubere Luft), Wärme (z. B. Kleidung), Trinken (sauberes Trinkwasser), Essen (gesunde Nahrung) und Schlaf (Ruhe und Entspannung).

das Gut

Mittel, um Bedürfnisse zu befriedigen. Es kann sich um ein Verbrauchsgut (z. B. Benzi, Nahrungsmittel) handeln, das nach dem Konsum vollständig verbraucht ist. Güter sind in der Regel durch ihre Knappheit gekennzeichnet.

das Handelsunternehmen

Ein Handelsunternehmen ist ein Unternehmen, das Waren von anderen Unternehmen einkauft und dann an Kundinnen und Kunden möglichst mit Gewinn weiterverkauft.

die Hilfsorganisation

Organisation, die anderen Lebewesen (Menschen oder Tieren) in Notfällen Hilfe leistet, beispielsweise bei Naturkatastrophen oder Hungersnöten.

das Impressum

eine gesetzlich vorgeschriebene Herkunftsangabe in Publikationen, die Angaben über den Verlag, Autor, Herausgeber oder die Redaktion enthält

der Influencer/die Influencerin

Eine Person, die ihre öffentliche Bekanntheit (häufig durch Social Media) dazu nutzt, um eine Meinung oder Entscheidung zu beeinflussen. Oft werben Influencer für Produkte und werden hierfür bezahlt.

das Jugendamt

Einrichtung der Städte und Kreise. Es kümmert sich um viele Probleme, mit denen Kinder und Jugendliche zu tun haben. Jugendämter beraten und unterstützen Familien und achten darauf, dass Kinder und Jugendliche vor Gefahren geschützt werden.

der Kämmerer

Städte und Gemeinden nehmen viel Geld ein und geben es wieder aus. Für die Verwaltung des Geldes ist der Kämmerer oder die Kämmerin verantwortlich, sozusagen sind sie der „Finanzminister" bzw. die „Finanzministerin" der Kommune. Die Kämmerei war früher die Schatzkammer, der Kämmerer wachte über den Schatz.

der Kandidat

Zu jeder Wahl gehören diejenigen, die ihre Stimme abgeben (Wähler und Wählerinnen), und Personen, die sich zur Wahl stellen. Sie nennt man Kandidaten bzw. Kandidatinnen. Wenn sich jemand zur Wahl stellt, kandidiert er oder sie.

die Knappheit

Wenn ein bestimmtes Gut (Geld, Kleidung, Elektrogeräte etc.) nur begrenzt vorhanden ist, spricht man von Knappheit.

die Kinderarbeit

Von Kinderarbeit spricht man, wenn Kinder unter 15 Jahren arbeiten und damit Geld verdienen. In Deutschland und überhaupt in der Europäischen Union ist es, bis auf wenige Ausnahmen, verboten, dass Kinder unter 15 arbeiten. Fast 200 Millionen Kinder in armen Ländern in Asien, Südamerika, Afrika und im Osten Europas werden wie Sklaven behandelt und bekommen kein Geld für ihre Arbeit.

die Kommune

Gemeinde. Als Sammelbegriff fasst der Begriff Kommune alle Städte und Dörfer zusammen. Städte sind größere, Dörfer kleinere Kommunen.

der Konsum

Das Wort kommt aus dem Lateinischen und heißt „Verbrauch". Wer ein Produkt verbraucht, zum Beispiel ein Brötchen isst, der konsumiert es.

die Kosten

Um etwas herzustellen, z. B. wenn ein Bäcker aus Mehl ein Brot backt, müssen meist Produktionsmittel und Rohstoffe eingesetzt werden (Strom, Wasser, Maschinen). Dieser Einsatz kostet in der Regel Geld. Man spricht daher von Kosten.

der Kreistag

Der Kreistag besteht aus mehreren Personen, die sich um die politische Vertretung des Volkes in einem Landkreis (bzw. Kreis) kümmern. Die Aufgaben sind vielfältig. Sie reichen vom Naturschutz über Lebensmittelkontrollen bis hin zur Müllentsorgung usw.

161

das Lager
In einem Lager können Gegenstände aufbewahrt werden, die man aktuell nicht braucht und bis zu einem bestimmten Tag dort lagert. Vor allem Unternehmen im Einzelhandel brauchen neben der Verkaufsfläche noch ein Lager, um Produkte schnell wieder auffüllen zu können.

der Landkreis bzw. der **Kreis**
Der Landkreis (Bezeichnung in Nordrhein-Westfalen und Schleswig-Holstein: Kreis) umfasst mehrere Städte bzw. Gemeinden. Kreisfreie Städte (z.B. Dortmund) gehören keinem Landkreis (bzw. Kreis) an.

der Luxus
Bedeutet Verschwendung. Der Begriff Luxus bezeichnet meist ein bestimmtes Gut, das deutlich über den Grundbedürfnissen liegt. Wenn es nur darum geht, das Bedürfnis Hunger zu stillen, könnte man zum Beispiel Kartoffeln essen. Ein teures Steak könnte dagegen als Luxus bezeichnet werden.

der Mangel
Sofern ein Bedürfnis nicht gestillt werden kann, entsteht ein Mangel – das Fehlen einer bestimmten Sache, zum Beispiel ein Mangel an Geld, um Essen zu kaufen.

der Markt
Ein Markt in der Wirtschaft ist an sich nicht sichtbar, sondern mehr ein Gedanke. Zum Beispiel bedeutet der Rohstoffmarkt, dass einige Unternehmen Rohstoffe wie Erdöl oder Eisen anbieten. Andere Unternehmen kaufen die Waren.

das Mehrwegsystem
Beim Kauf einer Mehrwegflasche (z.B. mit Mineralwasser gefüllt) muss zusätzlich Pfand bezahlt werden. Bei der Rückgabe der leeren Flasche beim Händler erhält man das Pfand zurück. Die Flasche wandert zurück in die Getränkefabrik, wird dort gereinigt und wieder befüllt. Auch für die meisten Einwegflaschen muss ein Pfand bezahlt werden.

der Mindestlohn
Unter dem Mindestlohn versteht man in der Wirtschaft ein durch Gesetz oder Tarifvertrag festgelegtes Arbeitsentgelt, das als Mindestpreis gilt und nicht unterschritten werden darf. Der gesetzliche Mindestlohn in Deutschland liegt im Jahr 2020 bei 9,35 Euro pro Stunde.

die Mitgift
Das Wort „Gift" bedeutet Gabe (von „geben"). Mitgift ist das, was die Familie ihrer Tochter, die heiratet, in die Ehe mitgibt.

das Mobbing
Nicht alle Menschen behandeln ihre Mitmenschen, wie es sein sollte. Auch in der Schule werden immer wieder Schülerinnen und Schüler von anderen unter Druck gesetzt, drangsaliert, verspottet oder sogar bedroht und geschlagen. Ein solches Verhalten nennt man Mobbing. Mobbing ist eine strafbare Handlung und kann angezeigt werden.

das Naturalgeld
Bevor es Währungen gab, wurden Steine, Muscheln oder andere Waren dazu genutzt, sie gegen andere Waren zu tauschen.

die Netiquette
Eine Sammlung von Kommunikationsregeln im Internet. „Net" steht für Internet und „Etiquette" für Verhaltensregeln.

die Nutzungsbedingung
Geschäftsbedingung für die Nutzung digitaler Inhalte und elektronischer Anwendungen, der man meistens bei der Registrierung in einem Sozialen Netzwerk mit einem Klick zustimmen muss.

die Peergroup
Gruppe von meist gleichaltrigen Jugendlichen, die Einfluss auf die Werte und Einstellungen anderer Jugendlicher nehmen.

der Plan
Wer eine bevorstehende Handlung oder einen Zeitraum vorausdenkt und sich fest vornimmt, welches Ergebnis am Ende entstehen wird, beginnt zu planen. Einem Plan können die Ziele entnommen werden, zum Beispiel eine Menge oder ein Geldbetrag.

das Posten
Die Veröffentlichung einer Mitteilung im Internet.

präparieren
Das Fell eines Tieres wird mit einer Kunststofffigur gefüllt. Vor allem Jäger lassen Tiere präparieren. Schulen nutzen Tierpräparate für den Biologieunterricht.

die Quelle
Sie verweist auf den Ort, an dem man eine bestimmte Information zu einem Thema gefunden hat. Nutzt man diese Information, so muss man bei einer Quelle aus einem Buch die Autorin oder den Autor, den Namen des Buches, die Seitenzahl, den Verlag und das Erscheinungsjahr nennen. Bei einer Quelle aus dem Internet muss man die genaue Website (URL) und das

Datum nennen, wann man diese Website besucht hat.

die Recherche

Der Begriff beschreibt das Suchen und Herausfinden von Informationen zu einem Thema. Diese Suche kann u.a. in einem Lexikon oder im Internet erfolgen.

das Recycling

Wiederverwertung. Dabei werden z.B. Altglas und Altpapier so aufbereitet, dass sie bei der Herstellung neuer Glasbehälter oder ökologischer Schulhefte benutzt werden können.

der Rohstoff

Ein Rohstoff ist etwas aus der Natur, das die Menschen verwenden können (z.B. Öl, Wasser oder Kohle). Rohstoffe sind noch nicht bearbeitet, darum nennt man sie „roh".

die Schulordnung

Jede Schule braucht Regeln. Allerdings können diese Regeln für jede Schule etwas anders aussehen. Die meisten Regeln sind die gleichen. Aber wenn es um den Unterrichtsbeginn geht oder wo und wie man sich in den Pausen aufhalten darf, gibt es unterschiedliche Regeln. Zu finden sind sie in der Schulordnung jeder Schule.

die Social Media

„Soziale Medien" sind Plattformen und Portale im Internet, in denen sich die Nutzer miteinander vernetzen und austauschen können.

das Sorgerecht

Wenn eine Ehe geschieden wird, stellt sich die Frage, welcher Elternteil weiter für das Kind verantwortlich ist und sich um die Versorgung und Erziehung kümmert. Manchmal haben beide Elternteile das Sorgerecht, manchmal nur einer.

das Sortiment

Als Sortiment werden alle Waren eines Händlers zusammengefasst. Ein Sortiment im Supermarkt besteht aus mehreren Warengruppen, wie Haushaltswaren, Getränken, Nahrungsmitteln und Produkten der Körperpflege.

die Spam-Nachrichten

Als Spam werden unerwünschte, in der Regel auf elektronischem Weg übertragene massenhafte Nachrichten bezeichnet, die dem Empfänger unverlangt zugestellt werden, ihn oft belästigen und auch häufig werbenden Inhalt enthalten.

das Sparziel

ein Ziel (z.B. ein Smartphone, ein Fahrrad o.Ä.) auf das hin gespart wird

der Stadtrat

In jeder Kommune wählen die Bürger Personen, die ihre Interessen vertreten sollen. Die Gewählten treffen sich regelmäßig im Stadtrat oder Gemeinderat und besprechen und beschließen die Dinge, die in der Kommune gemacht werden sollen, z.B. den Bau eines Kinderspielplatzes.

die Steuer

Eine Steuer ist ein bestimmter Geldbetrag. Jeder Einwohner oder jede Familie muss diesen Betrag bezahlen, aber auch jedes Unternehmen. Das Geld erhält die Gemeinde, das Bundesland und auch der Staat. Die brauchen das Geld für den Bau von Krankenhäusern, Schulen, Hallenbädern und anderen Gebäuden. Auch die Politiker oder andere Angestellte werden daraus bezahlt, zum Beispiel Lehrer.

die Stiftung Warentest

Eine Organisation, die extra für die Interessen der Verbraucherinnen und Verbraucher gegründet wurde. Da sie für die Gesellschaft arbeitet und keine Gewinnabsichten hat, ist sie gemeinnützig. Sie testet und bewertet Güter und Dienstleistungen. Die Ergebnisse dieser Tests werden veröffentlicht, damit sich die Konsumenten unabhängig und ohne Einfluss der Unternehmen informieren können.

die Strategie

Ein Plan wird aufgestellt, um Ziele zu erreichen. Sofern diese Ziele über einen längeren Zeitraum hinweg verfolgt werden, bezeichnet man das nötige Verhalten während dieser Zeit als Strategie. Eine Strategie ist nötig, um die im Plan aufgestellten Ziele mit Leben zu füllen.

der Treibhauseffekt

Die Menschheit hat in den letzten 200 Jahren viele schädliche Gase z.B. durch Autos, Flugzeuge oder Kraftwerke in die Luft geblasen, die die Erde erwärmen. Diese Gase sind verantwortlich dafür, dass die Wärme der Erde weniger stark ins Weltall entweichen kann. So erwärmt sich die Erde wie ein Treibhaus aus Glas unter der Sonne.

die Tutorials

Bezeichnen schriftliche oder filmische Gebrauchsanleitungen, die die Nutzung eines Geräts (z.B. eines Staubsaugers) oder einen Hergang (z.B. Filmen eines Videofilmes) beschreiben und erklären.

das Unternehmen

Eine Organisation, die Gewinn erzielen will. Sie besteht häufig aus mehreren Menschen und stellt einen Plan sowie eine Strategie auf, um diese Ziele zu erreichen.

die URL
Die Abkürzung von Uniform Resource Locator (engl.) bezeichnet die genaue Adresse einer Internetseite. Meist werden stattdessen die Begriffe „Internetadresse" oder „Webadresse" benutzt.

die Verbraucherzentrale
Staatlich geförderte Vereine, die den Verbraucherinnen und Verbrauchern in den Fragen des Konsums schützen und beraten sollen. Dies wird durch ein breites, unabhängiges Informationsangebot, Testergebnisse oder persönliche Beratung möglich gemacht.

die Vereinten Nationen
(englisch: United Nations, Abkürzung: UN oder UNO) Den Vereinten Nationen gehören 193 Staaten an. Sie haben ihren Sitz in New York, der größten Stadt der Vereinigten Staaten von Amerika (USA). Zu den wichtigsten Zielen der UN gehört es, den Weltfrieden zu bewahren und möglichst immer mehr Menschen ein menschengerechtes, gesundes Leben zu ermöglichen.

der Verhaltenstest
Ein Wesenstest für Hunde, mit dem der Charakter des Tieres überprüft wird. Ein solcher Test ist bei Hunden bestimmter Rassen (Kampfhunde) und solchen Hunden vorgeschrieben, die schon einmal jemanden gebissen haben.

das Vermögen
Wenn eine Person Güter besitzt (z. B. ein Haus, ein Stück Land oder ein Auto), spricht man von ihrem Vermögen. Hierzu zählen auch alle Geldbeträge.

der/die Vertrauenslehrer/in
Eine Lehrkraft, die eine besondere Vertrauensperson für Schülerinnen und Schüler sein soll. Er/Sie ist Ansprechpartner/in bei als ungerecht empfundener Behandlung und Problemen innerhalb sowie außerhalb der Schule.

der/das Virus
Ist eine Art von schädlicher Software, die z. B. das Betriebssystem eines Computers sowie Dateien und Bilder verändern oder löschen kann. Ein Virus versteckt sich oft in Anhängen von E-Mails.

der Wahlgrundsatz
Jede demokratische Wahl muss bestimmte Dinge beachten. So darf niemand zur Wahl gezwungen werden, alle Stimmen zählen gleich viel und kein Bürger darf ohne guten Grund von der Wahl ausgeschlossen werden.

die Währung
Bezeichnet das gesamte Geldsystem eines Staates. Die Währung der Bundesrepublik Deutschland ist der Euro. Hierzu gehören Münzen und Geldscheine.

der Währungsraum
Das Land oder Gebiet, in dem eine Währung gültig ist und genutzt wird. In Europa wird z. B. in den meisten Ländern mit dem Euro bezahlt.

die Warengruppe
Innerhalb eines Sortiments bestehen verschiedene Warengruppen. Die Warengruppe der Getränke besteht unter anderem aus Wasser, Limonaden, alkoholischen Getränken oder Säften.

die Warenknappheit
siehe Knappheit

der Wettbewerb
Wenn mehrere Anbieter zu einem Produkt vorhanden sind. Beispiel: Es gibt mehrere Bäckereien in einer Straße. Je mehr Wettbewerb herrscht, desto mehr Auswahl besteht für die Kunden. Die verschiedenen Wettbewerber konkurrieren dann um die gleiche Anzahl an Kunden. Dies hat meist eine Auswirkung auf den Preis.

der Wohlstand
Wohlstand bedeutet, dass es den Menschen gut geht. Es fehlt ihnen an nichts, was es zum Leben braucht. Sie haben eine Arbeit, mehr als genügend zu essen und können sich teure Dinge wie Urlaub leisten. Wer über Wohlstand verfügt, wird als wohlhabend bezeichnet. Wenn es in der Bevölkerung viele wohlhabende Menschen gibt, redet man von einer Wohlstandsgesellschaft.

die Zielgruppe
Als Zielgruppe bezeichnet man eine Gruppe von Käuferinnen und Käufern, die an bestimmten Waren oder Dienstleistungen Interesse haben und ähnlich handeln. Die Zielgruppe kann gekennzeichnet sein durch verschiedene, aber gleichartige Merkmale, z. B. Alter, Hobbies, Vorlieben, Wohnort oder Familienstand (Beispiel: Jugendliche, Handballer, Sneaker-Liebhaber, Dorfbewohner oder Singles)

die Züchtigung
Bis vor 50 Jahren war es noch üblich, dass Kinder in der Schule von den Lehrkräften geohrfeigt oder mit dem Stock geschlagen wurden. Eine solche Bestrafung nennt man „körperliche Züchtigung". Sie ist heute verboten.

Bildquellen

Umschlag stock.adobe.com (JackF), Dublin; **4.1** stock.adobe.com (Syda Productions), Dublin; **4.2** ShutterStock.com RF (Monkey Business Images), New York, NY; **5.3** stock.adobe.com (Kzenon), Dublin; **5.4** stock.adobe.com (Halfpoint), Dublin; **6.5** stock.adobe.com (JackF), Dublin; **8** stock.adobe.com (Syda Productions), Dublin; **9.1** Picture-Alliance (dpa / Martin Gerten), Frankfurt; **9.2** stock.adobe.com (Irina Schmidt), Dublin; **9.3** ShutterStock.com RF (Vitalii Vitleo), New York, NY; **9.4** imago images (ingimage), Berlin; **11.3** stock.adobe.com (annanahabed), Dublin; **14.1** Picture-Alliance (Westend61), Frankfurt; **15.3** stock.adobe.com (Oksana Kuzmina), Dublin; **16.1.1** imago images (phothek), Berlin; **16.1.2** imago images (phothek / Thomas Köhler), Berlin; **16.1.3** imago images (ingimage), Berlin; **16.1.4** ShutterStock.com RF (Lopolo), New York, NY; **17.2** stock.adobe.com (Africa Studio), Dublin; **17.3** stock.adobe.com (annanahabed), Dublin; **18.1** Picture-Alliance (imageBROKER), Frankfurt; **19.3** Picture-Alliance (dpa / Daniel Karmann), Frankfurt; **20.1** Picture-Alliance (dpa / Nicolas Armer), Frankfurt; **20.2** Picture-Alliance (Sueddeutsche Zeitung Photo), Frankfurt; **20.3** ShutterStock.com RF (Kristina Postnikova), New York, NY; **21.4** stock.adobe.com (ARochau), Dublin; **21.5** stock.adobe.com (EKH-Pictures), Dublin; **22.1** Picture-Alliance (Eibner-Pressefoto), Frankfurt; **22.2** ShutterStock.com RF (Tanja Esser), New York, NY; **23.3** stock.adobe.com (famveldman), Dublin; **24.1** Picture-Alliance (Geisler-Fotopress), Frankfurt; **24.2** ShutterStock.com RF (The Art of Pics), New York, NY; **26.2** Picture-Alliance (Sven Simon), Frankfurt; **27.3** Picture-Alliance (R. Goldmann), Frankfurt; **28.1** Picture-Alliance (dpa - Bildarchiv), Frankfurt; **28.3** ShutterStock.com RF (Irina Safonova), New York, NY; **29.4** Picture-Alliance (dpa-Zentralbild / ZBWaltraud Grubitzsch), Frankfurt; **30.1.1** Picture-Alliance (dpa / Paul Zinken), Frankfurt; **30.1.2** ShutterStock.com RF (W_NAMKET), New York, NY; **30.1.3** stock.adobe.com (Adrian v. Allenstein), Dublin; **30.1.4** Picture-Alliance (imageBROKER), Frankfurt; **31.2** stock.adobe.com (Tino Hemmann), Dublin; **31.3** stock.adobe.com (olgavolodina), Dublin; **32.2** stock.adobe.com (smartin69), Dublin; **33.3** stock.adobe.com (Олег Копьёв), Dublin; **34.1** stock.adobe.com (wavebreak3), Dublin; **35.2** Picture-Alliance (dpa / Hauke-Christian Dittrich), Frankfurt; **36.1** stock.adobe.com (AntonioDiaz), Dublin; **36.2** Picture-Alliance (dpa Themendienst), Frankfurt; **38.1** akg-images, Berlin; **39.3** akg-images (Bildarchiv Monheim), Berlin; **40** ShutterStock.com RF (Monkey Business Images), New York, NY; **41.1** ShutterStock.com RF (oliveromg), New York, NY; **41.2** ShutterStock.com RF (kryzhov), New York, NY; **41.3** stock.adobe.com (wavebreak3), Dublin; **41.4** ShutterStock.com RF (Little Pig Studio), New York, NY; **42.1** ShutterStock.com RF (Iakov Filimonov), New York, NY; **42.2** stock.adobe.com (.shock), Dublin; **42.3** stock.adobe.com (Syda Productions), Dublin; **42.4** ShutterStock.com RF (DGLimages), New York, NY; **46.1** imago images (Steinach), Berlin; **46.2** ShutterStock.com RF (Denizo71), New York, NY; **49.3** ShutterStock.com RF (Ruslan Huzau), New York, NY; **50.1** stock.adobe.com (Africa Studio), Dublin; **50.2** Quelle: Eurofound/Destatis/eurostat; **55.3** ShutterStock.com RF (Vulp), New York, NY; **55.4** ShutterStock.com RF (Firn), New York, NY; **56.1** Picture-Alliance (imageBROKER), Frankfurt; **58.1** ShutterStock.com RF (Oksana Mizina), New York, NY; **58.2** ShutterStock.com RF (serdjophoto), New York, NY; **59.3** Quelle: © Statistisches Bundesamt (Destatis), 2019; **61.2** Picture-Alliance (dpa-infografik), Frankfurt; **62.1** ShutterStock.com RF (Gladskikh Tatiana), New York, NY; **62.2** Picture-Alliance, dpa-infografik, Frankfurt (Ausschnitt); **63.3** Picture-Alliance (dpa / Frank Rumpenhorst), Frankfurt; **64.2** ShutterStock.com RF (goodluz), New York, NY; **65.3** akg-images, Berlin; **66** stock.adobe.com (Kzenon), Dublin; **67.1** stock.adobe.com (Sergey Ryzhov), Dublin; **67.2** ShutterStock.com RF (Syda Productions), New York, NY; **67.3** imago images (localpic), Berlin;

67.4 stock.adobe.com (Kzenon), Dublin; **68.2** ShutterStock.com RF (Gelpi), New York, NY; **68.3** ShutterStock.com RF (Wavebreak Media), New York, NY; **71.3** ShutterStock.com RF (DGLimages), New York, NY; **73.2** Alexandra Langmeyer/Ursula Winklhofer: Taschengeld und Gelderziehung; Eine Expertise zum Thema Kinder und ihr Umgang mit Geld mit aktualisierten Empfehlungen zum Taschengeld, S. 60, Deutsches Jugendinstiut, München, 2014; **74.1** stock.adobe.com (Nomad_Soul), Dublin; **76.1** stock.adobe.com (Kadmy), Dublin; **76.2** Fotolia.com (Eisenhans), New York; **76.3** stock.adobe.com (highwaystarz), Dublin; **77.4** ullstein bild (Westermann), Berlin; **77.5** Picture-Alliance (dpa / Malte Christians), Frankfurt; **77.6** John, Andrea, Erfurt; **78.2** Picture-Alliance (dpa-infografik), Frankfurt; **79.3** stock.adobe.com (warmworld), Dublin; **80.1** Picture-Alliance (Rolf Kosecki), Frankfurt; **80.2** Picture-Alliance (ullstein bild), Frankfurt; **81.3** ShutterStock.com RF (camilla$$), New York, NY; **82.1** ShutterStock.com RF (Patcharanan), New York, NY; **82.2** ShutterStock.com RF (mandritoiu), New York, NY; **87.2** EZB, Frankfurt; **89.1** Thinkstock (GRAZVYDAS), München; **89.2** Schäflein, Katrin, Stuttgart; **89.3** MEV Verlag GmbH (Elke Bock), Augsburg; **91.3** ShutterStock.com RF (Khakimullin Aleksandr), New York, NY; **92.1** Picture-Alliance (dpa-infografik), Frankfurt; **92.2** Getty Images Plus (iStock / sergeyryzhov), München; **95.3** toonpool.com (Wössner), Berlin; **96.1** stock.adobe.com (Jacob Lund), Dublin; **96.2** ShutterStock.com RF (Tuzemka), New York, NY; **97.3** ShutterStock.com RF (BestPhotoPlus), New York, NY; **98.2** imago images (allOver-MEV), Berlin; **99.3** stock.adobe.com (Nomad_Soul), Dublin; **100** stock.adobe.com (Halfpoint), Dublin; **101.1** Picture-Alliance (dpa-Zentralbild / Patrick Pleul), Frankfurt; **101.2** Picture-Alliance (dpa), Frankfurt; **101.3** Picture-Alliance (ROPI), Frankfurt; **101.4** Picture-Alliance (imageBROKER), Frankfurt; **103.2** Getty Images Plus (E+ / Yarinca), München; **103.3** stock.adobe.com (David Fuentes), Dublin; **104.2.1** imago images (phothek), Berlin; **104.2.2** imago images (phothek / Michael Gottschalk), Berlin; **106.1** stock.adobe.com (Family Business), Dublin; **107.4** Quelle: Gregor Louisoder Umweltstiftung, München (unter Verwendung von Fotos von: Adobe Stock/Eric Isselée (Kuh), Getty Images/Antagain (Huhn), Tsekhmister (Schwein), Vitalina (Getreide), namiroz (Brot), Andrey_Kuzmin (Teller); **110.1** (c) Statistisches Bundesamt (Destatis), 2019; **111.3** Quelle: Recycling-Bilanz für Verpackungen, Berichtsjahr 2017, 25. Ausgabe, Oktober 2018, Gesellschaft für Verpackungmarktforschung, Mainz; **112.1** stock.adobe.com (Richard Carey), Dublin; **112.2** Picture-Alliance (dpa-infografik), Frankfurt; **113.3** PLASTIKATLAS | Appenzeller/Hecher/Sack CC-BY-4.0, siehe *1; **114.A** stock.adobe.com (Valerii), Dublin; **114.B** stock.adobe.com (photka), Dublin; **114.C** stock.adobe.com (Vitezslav Halamka), Dublin; **114.D** stock.adobe.com (Wlodzimierz), Dublin; **116.2** ShutterStock.com RF (Monkey Business Images), New York, NY; **117.3** Picture-Alliance (dpa / Frank Leonhardt), Frankfurt; **117.4** Picture-Alliance (dpa / Roland Weihrauch), Frankfurt; **118.1** ShutterStock.com RF (k_samurkas), New York, NY; **118.2** Interfoto (Danita Delimont / Phil Borges), München; **119.3** Mauritius Images (Alamy/frans lemmens), Mittenwald; **119.4** ShutterStock.com RF (Michael Courtney), New York, NY; **120.1** ullstein bild (Still Pictures), Berlin; **120.2** ullstein bild (Lineair), Berlin; **121.3** Quelle: The World Bank Group; **122.2** laif (Polaris / Marwan Naamani), Köln; **123.3** epd-bild (Elvira Treffinger), Frankfurt; **123.4** laif (Guenay Ulutuncok), Köln; **124.1** Plaßmann, Thomas, Essen; **125.2** stock.adobe.com (mahod84), Dublin; **125.3** stock.adobe.com (reshoot), Dublin; **126.1** Picture-Alliance (Winfried Rothermel), Frankfurt; **129.2** ShutterStock.com RF (Soeren Schulz), New York, NY; **129.3** Picture-Alliance (dpa / Robert B. Fishman), Frankfurt; **130** stock.adobe.com (JackF), Dublin; **131.1** stock.adobe.com (New Africa), Dublin;

1. Auflage

1 6 5 4 3 2 | 26 25 24 23 22

Alle Drucke dieser Auflage sind unverändert und können im Unterricht nebeneinander verwendet werden.
Die letzte Zahl bezeichnet das Jahr des Druckes.

Hinweis: Die Mediencodes enthalten zusätzliche Unterrichtsmaterialien, die der Verlag in eigener Verantwortung zur Verfügung stellt.

Autorinnen und Autoren: Uli Boldt, Thomas Hoffmann, Heinrich Lübbert, Stefan Schlösser

Externe Redaktion: Jürgen Patner, Braunschweig

Entstanden in Zusammenarbeit mit dem Projektteam des Verlages.

Gestaltung: Gourdin & Müller, Leipzig
Illustrationen: Hendrik Kranenberg, Drolshagen; Eike Marcus, Berlin; Sandy Lohß, Chemnitz; Katja Rau, Berglen; Sabine Wiemers, Düsseldorf; Katrin Wolff, Wiesbaden
Satz: Fotosatz H. Buck, Kumhausen
Reproduktion: Bildwerkstatt Till Traub, Leonberg
Druck: Industriedruck Brandenburg GmbH, Wustermark

Printed in Germany
ISBN 978-3-12-007344-4